国家级一流本科专业建设点配套教材
高等院校交通运输类专业"互联网+"创新规划教材

交通运筹学

主　编　咸化彩　代洪娜
副主编　吴伟阳　李　炜
　　　　石鈜健　张丽彩

内 容 简 介

本书系统地介绍了交通运筹学的基本理论和方法,以及其在交通运输领域的实际应用;主要讲解了运筹学的起源、发展、在交通行业中的应用,线性规划的数学模型,线性规划的对偶理论和灵敏度分析,运输问题等的数学模型和应用,整数规划的数学模型,目标规划的数学模型,动态规划的基本方法及其在交通运输方面的应用,图的基本概念、最短路问题和网络最大流问题,网络图的绘制和时间参数,网络计划的优化及其在交通方面的应用,排队论、存储论、决策论的基本概念和模型等内容。本书内容由易到难,所选案例大部分为交通运筹学在交通领域中的实际应用。

本书可作为高等学校交通工程、交通设备与控制工程、智慧交通、交通运输、物流管理、汽车服务工程、安全工程等专业的本科生教材,也可作为研究生教学参考书。

图书在版编目(CIP)数据

交通运筹学/咸化彩,代洪娜主编. —北京:北京大学出版社,2023.10
高等院校交通运输类专业"互联网+"创新规划教材
ISBN 978-7-301-33618-2

Ⅰ.①交… Ⅱ.①咸…②代… Ⅲ.①运筹学—应用—交通运输管理—高等学校—教材 Ⅳ.①F502

中国版本图书馆 CIP 数据核字(2022)第 222704 号

书　　名	交通运筹学 JIAOTONG YUNCHOUXUE
著作责任者	咸化彩　代洪娜　主编
策划编辑	郑　双
责任编辑	杜　鹃
数字编辑	金常伟
标准书号	ISBN 978-7-301-33618-2
出版发行	北京大学出版社
地　　址	北京市海淀区成府路 205 号　100871
网　　址	http://www.pup.cn　新浪微博:@北京大学出版社
电子邮箱	编辑部 pup6@pup.cn　总编室 zpup@pup.cn
电　　话	邮购部 010-62752015　发行部 010-62750672　编辑部 010-62750667
印刷者	河北文福旺印刷有限公司
经销者	新华书店
	787 毫米×1092 毫米　16 开本　17.5 印张　420 千字 2023 年 10 月第 1 版　2023 年 10 月第 1 次印刷
定　　价	49.00 元

未经许可,不得以任何方式复制或抄袭本书之部分或全部内容。
版权所有,侵权必究
举报电话:010-62752024　电子邮箱:fd@pup.cn
图书如有印装质量问题,请与出版部联系,电话 010-62756370

前 言

随着生产力水平的提高和科学技术的进步,交通运输方式从手提肩扛、牲畜驮运,发展到现代化的铁路运输、公路运输、水路运输、航空运输、管道运输等。党的二十大报告提出,要"加快推动产业结构、能源结构、交通运输结构等调整优化"。交通运输是人类生活、发展生产的重要一环,是连接生产与应用、工业与农业、城镇与农村的纽带;是跨越陆地与海洋、地下与空中等自然限制,实现物资与人员转移的基础。为了能够满足交通运输系统快速、安全、价格低、绿色环保、通达便捷、布局合理等基本要求,需要解决控制和规划、管理和运营等技术层面出现的一系列问题,随着时间的推移,利用运筹学解决交通运输问题的这种方法就演变成了交通运筹学。

交通运筹学是为交通运输管理决策提供定量依据的应用科学,随着我国现代化的发展,交通运筹学作为一门拥有应用价值高的综合性技术学科,必将发挥越来越重要的作用。

本书系统地介绍了交通运筹学的基本理论和方法,以及其在交通运输领域的实际应用;主要讲解了运筹学的起源、发展、在交通行业中的应用,线性规划的数学模型,线性规划的对偶理论和灵敏度分析,运输问题等的数学模型和应用,整数规划的数学模型,目标规划的数学模型,动态规划的基本方法及其在交通运输方面的应用,图的基本概念、最短路问题和网络最大流问题,网络图的绘制和时间参数,网络计划的优化及其在交通方面的应用,排队论、存储论、决策论的基本概念和模型等内容。

本书具有以下特色。

(1)应用性强。本书内容由易到难,适合读者全面掌握交通运筹学的基本理论和方法。

(2)针对性强。本书针对交通运输领域的特点和需要,所选案例均为交通运筹学在交通运输领域的实际应用。

本书由山东交通学院咸化彩和代洪娜担任主编并构建框架,吴伟阳、李炜、石鉉健、张丽彩担任副主编,参与编写的还有侯玉佳、王秀兰、王宇、姜勇、司昌平、樊丹丹、张伟华、曾辉莉、康佳宜、王前前。

本书在编写过程中,编者参考了大量的书籍和文献,以及互联网上有关交通运筹学的案例,在此对相关作者表示衷心的感谢。

运筹学知识体系庞大、深奥，交通运筹学理论研究和实践应用不断发展，再加上编者水平有限，书中难免存在不足之处，敬请广大读者和专家批评指正。

编 者

2023 年 5 月

目 录

第1章 绪论 1
  1.1 运筹学的定义 1
  1.2 运筹学的起源与发展 2
  1.3 运筹学在交通行业中的应用 6
  1.4 交通运筹学的主要内容 8

第2章 线性规划 12
  2.1 线性规划问题及其数学模型 12
      2.1.1 线性规划问题 12
      2.1.2 线性规划问题的数学模型及其标准形式 14
  2.2 图解法 17
  2.3 单纯形法的基本原理 20
      2.3.1 线性规划问题解的相关概念 20
      2.3.2 线性规划问题的几何意义 23
      2.3.3 线性规划问题的基本定理 23
  2.4 单纯形法的计算步骤 24
      2.4.1 单纯形表 27
      2.4.2 计算步骤 28
  2.5 人工变量法 31
      2.5.1 大 M 法 32
      2.5.2 两阶段法 33
  2.6 解的退化与循环 35
  2.7 线性规划问题在交通领域中的应用 37
  2.8 习题 41

第3章 对偶理论与灵敏度分析 44
  3.1 线性规划问题的对偶模型 44
      3.1.1 对偶问题的提出 44

  3.1.2 原问题和对偶问题的关系 45
  3.1.3 对偶问题的数学模型 47
 3.2 对偶问题的基本性质 48
 3.3 影子价格 50
 3.4 对偶单纯形法 51
  3.4.1 对偶单纯形法的基本思路 51
  3.4.2 对偶单纯形法的计算步骤 52
 3.5 灵敏度分析 54
  3.5.1 资源数量的灵敏度分析 55
  3.5.2 价值系数的灵敏度分析 57
  3.5.3 技术系数灵敏度分析 58
 3.6 习题 61

第 4 章　运输问题 65
 4.1 运输问题的数学模型 65
 4.2 表上作业法 67
  4.2.1 初始调运方案的确定 67
  4.2.2 最优方案的判别 71
  4.2.3 方案的调整 74
 4.3 运输问题的应用 76
  4.3.1 产销不平衡问题求解 76
  4.3.2 求极大值问题 79
  4.3.3 运输问题应用举例 80
 4.4 习题 83

第 5 章　整数规划 85
 5.1 整数规划的数学模型及解的特点 85
  5.1.1 整数规划数学模型的一般形式 85
  5.1.2 整数规划的例子 86
  5.1.3 整数规划问题解的特点 87
 5.2 割平面法 87
  5.2.1 割平面法的思想 87
  5.2.2 构造割平面的方法 87
 5.3 分支定界法 89
 5.4 0-1 整数规划 94
  5.4.1 0-1 变量及其应用 94
  5.4.2 0-1 整数规划的解法 95

5.5 指派问题 97
5.5.1 指派问题的标准形式及其数学模型 97
5.5.2 匈牙利解法 98
5.5.3 非标准形式的指派问题 101
5.6 习题 103

第 6 章 目标规划 105
6.1 目标规划问题及其数学模型 105
6.2 目标规划问题的图解法 109
6.3 目标规划问题的单纯形法 111
6.3.1 检验数分列的单纯形法 111
6.3.2 对优先因子给定权重的计算方法 113
6.3.3 优先级分层优化的计算方法 113
6.4 习题 114

第 7 章 动态规划 116
7.1 动态规划的基本方法 116
7.1.1 动态规划的基本概念 116
7.1.2 动态规划的基本方程 119
7.2 动态规划在交通运输方面的应用 120
7.2.1 最短路径问题 120
7.2.2 资源分配问题 126
7.2.3 生产存储问题 130
7.2.4 背包问题 134
7.2.5 设备更新问题 136
7.2.6 复合系统可靠性问题 139
7.3 习题 143

第 8 章 图与网络优化 145
8.1 图的基本概念 146
8.1.1 图的定义 146
8.1.2 图的矩阵表示 151
8.2 树 153
8.2.1 树的性质 153
8.2.2 支撑树的概念 154
8.2.3 最小支撑树的解法 155
8.3 最短路问题 158

>   8.3.1 问题的提出 158
>   8.3.2 最短路算法 159
>   8.4 网络最大流问题 168
>   8.4.1 基本概念与基本定理 168
>   8.4.2 最大流的标号法 172
>   8.5 最小费用最大流问题 180
>   8.6 习题 185

第9章 网络计划 187

>   9.1 网络图的绘制 187
>   9.1.1 基本概念 187
>   9.1.2 绘制网络图的步骤和方法 189
>   9.2 网络图时间参数 193
>   9.3 网络计划的优化 195
>   9.3.1 工期优化 196
>   9.3.2 资源优化 196
>   9.3.3 时间-费用优化 197
>   9.4 网络计划在交通方面的应用 200
>   9.5 习题 202

第10章 排队论 205

>   10.1 排队论的基本概念 205
>   10.1.1 排队论的定义 205
>   10.1.2 排队系统的组成 206
>   10.1.3 排队系统模型的分类 208
>   10.1.4 排队论研究的基本问题 209
>   10.1.5 排队系统的数量指标 209
>   10.2 单服务台排队系统模型 210
>   10.2.1 模型假设条件 210
>   10.2.2 排队系统状态概率分布 211
>   10.2.3 排队系统运行指标 212
>   10.3 多服务台排队系统模型 214
>   10.3.1 标准的 $M/M/c/\infty/\infty$ 排队系统 214
>   10.3.2 $M/M/c/N/\infty$ 排队系统 216
>   10.3.3 $M/M/c/\infty/m$ 排队系统 217
>   10.4 排队论在交通系统中的应用 218
>   10.4.1 排队系统的最优化问题 218

10.4.2　以服务率为控制变量的排队系统优化 219
10.4.3　以服务台数为控制变量的排队系统优化 220
10.5　习题 221

第 11 章　存储论 224
11.1　存储论的基本概念 224
11.1.1　存储问题的提出 224
11.1.2　存储问题及其基本概念 225
11.2　确定型存储模型 227
11.2.1　模型 1：不允许缺货，补充时间较短 227
11.2.2　模型 2：不允许缺货，补充时间较长 229
11.2.3　模型 3：允许缺货，补充时间较长 230
11.2.4　模型 4：允许缺货，补充时间较短 233
11.3　随机型存储模型 236
11.3.1　单周期随机型存储模型 236
11.3.2　多周期随机型存储模型 239
11.4　习题 244

第 12 章　决策论 246
12.1　决策分析的基本问题 246
12.2　不确定型决策 249
12.3　风险型决策 253
12.4　效用理论在决策论中的应用 257
12.4.1　效用的概念 257
12.4.2　效用曲线的类型 257
12.4.3　效用曲线的确定 258
12.5　层次分析法在交通中的应用 261
12.5.1　建立递阶层次结构 262
12.5.2　构造判断矩阵并赋值 263
12.5.3　层次单排序及其一致性检验 264
12.5.4　层次总排序与结果分析 266
12.6　习题 267

参考文献 270

第 1 章 绪 论

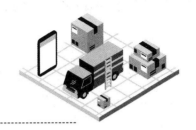

1.1 运筹学的定义

运筹学是近代应用数学的一个分支,是一门主要研究如何将生产、管理等事件中出现的运筹问题加以提炼,然后利用数学方法进行解决的学科。运筹学是涉及应用数学和形式科学的跨领域研究,利用统计学、数学模型和算法等方法,去寻找复杂问题中的最佳或近似最佳的解答。运筹学不仅在农业、军事、国防、建筑等方面有重要的运用,而且经常用于解决现实生活中的复杂问题,特别是改善或优化现有系统的工作效率,在我们的实际生活中应用也很广泛。

运筹学在英国被称为"Operational Research",在美国被称为"Operations Research",英文缩写都是 OR。中国科学工作者取"运筹"一词作为 OR 的意译,包含运用筹划、以策略取胜等意义。

对运筹学定义的不同解释如下。

《大英百科全书》的解释:运筹学是一门应用于管理组织系统的科学,运筹学为掌管这类系统的人(决策者)提供决策目标和数量分析的工具。

《中国大百科全书》(第二版)的解释:运筹学是用定量化方法了解和解释运行系统,为管理决策提供科学依据的学科。它把有关的运行系统首先归结成数学模型,然后用数学方法进行定量分析和比较,求得合理运用人力、物力和财力的系统运行最优方案。

《辞海》(第七版)的解释:运筹学是主要研究经济、管理与军事活动中能用数量来表达的有关运行、筹划与决策等方面的问题的一门学科。20 世纪 40 年代开始形成。根据问题的要求,通过数学的分析与运算,做出综合性的、合理的安排,以便较经济、较有效地使用人力物力。20 世纪 80 年代以来,在理论与应用方面都有较大发展。其主要分支有规划论、对策论、排队论、存贮(储)论、更新论、时间表理论等。

《中国企业管理百科全书》(1984 年版)的解释:运筹学应用分析、试验、量化的方法,对经济管理系统中人、财、物等有限资源进行统筹安排,为决策者提供有依据的最优方案,以实现最有效的管理。

1.2 运筹学的起源与发展

运筹学作为一门科学是在20世纪40年代前后发展起来的，其某些分支却形成得更早些。早在古代，我们的祖先就具有运筹学的某些朴素思想。

田忌赛马。战国时期，齐威王常与大将田忌赛马赌金，双方约定每方出上马、中马、下马各一匹各赛一局。由于在同等马中，田忌的马稍逊一筹，因此每次赛马田忌都输于齐威王。田忌的一个谋士孙膑为其献策：以下马对齐威王的上马，以上马对齐威王的中马，以中马对齐威王的下马。田忌依计而行，结果一负两胜，净赢千金。

在这个典故中，由于孙膑运筹有方，田忌终于以弱胜强。这不仅显示出我国古朴运筹学的某些思想精华及实践成就，还蕴涵着现代运筹学的重要分支之一——"对策论"（或"博弈论"）的某些思想萌芽。

丁谓挖沟。北宋真宗年间，皇宫失火被毁，主持重建工作的丁谓对这项既定任务进行统筹规划，他抓住取土、运材、除圾三个关键环节，有针对性地采取了一个有力措施——在宫址前的大街上挖一条长沟。这样，先挖沟取土就近烧制砖瓦；再将汴京（开封）附近的汴水引入沟内形成一条水上通道，使载运外地建筑材料的船只、排筏直抵宫址前；待全部工程完毕，将失火焚毁和施工中产生的残砖碎瓦等建筑垃圾就近填入沟内，修复大街。

在这个典故中，一沟三用，一举数得，可节省大量的人力、物力、财力和施工时间。这不仅是我国古朴运筹学的又一思想建树和实践成就，还蕴涵着现代运筹学的重要方法之一——"统筹法"的某些思想萌芽。

沈括运粮。沈括生于北宋时期，是我国历史上著名的科学家，还曾率兵抗击过西夏军队的侵扰。在他为后世留下的《梦溪笔谈》中，记有他运用定量分析的方法研究军队的人数及其行军的天数与所需粮数和运粮的民夫数之间关系的具体实例。沈括认为，自运军粮花费颇大且难以运行，因此做出了从敌国就地征粮，保障前方供应的重要决策。

尽管沈括运用的定量分析方法与现代运筹学方法相差很大，但仅就其成功运用该法于运筹实践体现出运筹学的这一显著特点而言，已显示出我国古典军事运筹学的卓越思想和悠久历史。

以上三个典故虽然不能概括我国古朴运筹学的思想精华和实践成就的全貌，但从中已能粗略看出运筹学的某些基本特征。

第1章
绪 论

除了军事活动，在古代的一些浩大的工程活动中，先人也曾运用过运筹学的某些思想，如埃及的金字塔、中国的都江堰等著名的古建筑，都凝聚着工程运筹学的古朴思想精华。

虽然运筹学的某些思想在古代就已萌生，但在而后的中古、近古时期，这两千多年中却未得到升华，人们只是偶然地、零散地萌发和运用着运筹学的某些朴素思想，其认识水平远未达到现代科学的高度。运筹学作为一门现代科学，是第二次世界大战期间首先在英美两国发展起来的。

（1）运筹学在国外的发展。

运筹学作为科学名词出现在20世纪30年代末。当时，英国、美国对付德国的空袭，雷达作为防空系统的一部分，从技术上是可行的，但在实际运用中却并不好用。为此，以曼彻斯特大学物理学家、英国战斗机司令部科学顾问、诺贝尔奖获得者布莱克特为首，英国成立了代号为"Blackett 马戏团"的小组，对如何合理运用雷达进行研究。

"Blackett 马戏团"是世界上第一个运筹学小组。在他们就此项研究所写的秘密报告中，使用了"Operational Research"一词，意指"作战研究"或"运用研究"，就是我们所说的运筹学。1942年，美国和加拿大相继建立了运筹学小组。这些运筹学小组在确定护航舰队的规模、开展反潜艇战的侦察、组织有效的对敌轰炸等方面做了大量研究，为运筹学有关分支的建立做出了贡献。

第二次世界大战后，在这些军事运筹学小组中工作过的科学家转向研究在民用部门应用运筹学方法的可能性，从而促进了在民用部门应用运筹学的发展。1947年，丹齐格在研究美国空军资源配置问题时提出线性规划及其通用解法——单纯形法，20世纪50年代初用电子计算机求解线性规划问题获得成功。1951年，莫尔斯和金博尔合著《运筹学方法》一书正式出版，标志着运筹学这一学科已基本形成。到20世纪50年代末，美国大型企业在经营管理中大量应用运筹学。开始时主要用于制订生产计划，后来在物资储备、资源分配、设备更新、任务分派等方面应用和发展了许多新的方法和模型。20世纪60年代中期，运筹学开始应用于服务性行业和公用事业。一些发达国家的企业、政府、军事等部门都拥有相当规模的运筹学研究机构，专门从事有关方法和建模的研究，为决策提供科学的依据。

（2）运筹学在国内的发展。

虽然我国早在上古时期就萌发了运筹学的某些朴素思想，并且产生了人类最早的运筹活动，但其作为一门学科传播到我国则经历了半个世纪。

1956年，中国科学院数学所成立运筹学室，开始尝试研究现代理论。1958年，他们编写的通俗小册子《运筹学》出版，这本书发行较广，开创了我国运筹学启蒙读物之先河。

1958年，运筹学在全国范围内得到快速发展，在研究、实践、教育、文献等许多方面都有了良好的开端。例如，我国运筹学工作者总结了粮食部门和运输部门在粮食调配及运输方面的创举和经验，在世界上首次提出了一种简易可行、独具特色的求解线性规划运输问题的"图上作业法"。同年，我国著名数学家华罗庚在兼任中国科技大学新创办的应用数学与计算机系主任时，十分重视运筹学这门新兴学科，亲自为高年级学生和教师创办了运筹学（主要是规划论）讨论班，此后又在该系设置了运筹学专业。

1960年，在山东济南召开了全国运筹学现场会议。这是我国最早的一次全国性运筹学应用成果与经验交流会，会上华罗庚报告了他的研究心得和取得的成果，一大批优秀数学工作者因此转向运筹学，并且成为我国运筹学研究工作中的中坚分子。

1962年，山东师范大学管梅谷首创邮递员巡回路线奇偶点方法这一新技术，后来国际上把他研究的问题称为"中国邮递员问题"。

1965年起，华罗庚和他的小分队开始在全国工业部门普及推广统筹法的群众运动，并在此后的二十年中，取得了巨大的社会效益和经济效益。

1970年起，华罗庚和他的小分队开始在全国范围内普及推广优选法的群众运动。从此，统筹法与优选法（简称双法）变得家喻户晓，双法的普及推广也取得了极为可观的社会、经济效益。

1979年8月，我国第一个运筹学专业学会——东北地区运筹学会在大连工学院等高校倡建下，在大连成立。该组织不仅促进了东北地区运筹学的理论与应用研究的发展，还在全国范围招员，举办了近百次培训班，培养出一支初具规模的运筹学队伍，并组织编写了一套运筹学小丛书，由辽宁教育出版社陆续出版，为运筹学在我国的普及和发展做出了重要贡献。

1980年4月，中国数学会运筹学会在山东济南正式成立，由华罗庚任第一届理事长。随后，其下属的几个专门委员会以及各大区、各省市级的协作组和分会也相继成立。

1982年年初，中国数学会运筹学会创办了《运筹通讯》，为广大会员及时报道国内外的学术动态，在促进交流、传达信息等方面，提供了良好的服务，1984年开始铅印发行。同年秋季，学会主办的第一个学术性刊物《运筹学杂志》创刊，华罗庚为名誉主编，越民义为主编，编辑部设在上海。从此，国内运筹学工作者就有了发表和交流科研成果的园地。

1982年4月，我国运筹学会正式加入国际运筹学联合会，1985年年初加入亚太运筹学联合会。

（3）运筹学的发展近况。

近20年来，信息科学、生命科学等现代高科技对人类社会产生了巨大的影响，中国运筹学工作者也关注到其中一些运筹学起作用的新工作方向。例如，我国的运筹学工作者将全局最优化、图论、神经网络等理论及方法应用于分子生物信息学中的DNA与蛋白质序列比较、芯片测试、生物进化分析、蛋白质结构预测等问题的研究；在金融管理方面，将优化及决策分析方法应用于金融风险控制与管理、资产评估与定价分析模型等；在网络管理上，利用随机过程方法，研究排队网络的数量指标分析；在供应链管理问题中，利用动态规划模型，研究多重决策最优策略的计算方法。在这些重要的新方向上，我国运筹学工作者都取得了可喜的进展及成绩，有一些已进入国际先进水平的行列，被有关同行认可。

许多学科如计算数学、系统科学等正在进行着由硬到软的演变，于是运筹学界在20世纪末开始出现了"软运筹学"一词。软运筹学是运筹学发展的必然产物，尽管还很不成熟，但却有潜在的生命力。软运筹学的发展，将在各个领域推动运筹学的实际运用和效益发挥，在理论和方法上为运筹学创造一个新的境界。软对策论、软决策论的出现更加丰富了软运筹学的内容。钱学森同志得出的"从定性到定量的综合集成研讨厅体系"是软运筹学的基本方法，主要包括以下内容：几十年来世界学术讨论会的经验、从定性到定量的综合集成方法、C3I及作战模拟、情报信息技术、灵境技术、人工智能、人-机结合的智能系统、系统学"第五次产业革命"中的其他信息技术。现简要介绍一下人工智能和人-机结合的智能系统。

① 人工智能。

人工智能领域的研究是从1956年正式开始的，这一年在美国的达特茅斯学院召开的会议上正式使用了"人工智能"（Artificial Intelligence，AI）这个术语。随后的几十年中，人们从问题求解、逻辑推理与定理证明、自然语言理解、博弈、自动程序设计、专家系统、机器学习以及机器人学等多个角度展开了研究，已经建立了一些具有不同程度人工智能的计算机系统，例如能够求解微分方程、设计分析集成电路、合成人类自然语言，提供语音识别、手写体识别的多模式接口，应用于疾病诊断的专家系统以及控制太空飞行器和水下机器人，更加贴近我们的生活。我们熟知的IBM公司研制的"深蓝"计算机战胜了国际象棋世界冠军卡斯帕罗夫就是比较突出的例子。

我国开始国家高技术研究发展计划（简称863计划）时，正值全世界的人工智能热潮。"863-306"主题的名称是智能计算机系统，其任务就是在充分发掘现有计算机潜力的基础上，分析现有计算机在应用中的缺陷和"瓶颈"，用人工智能技术克服这些问题，建立更为和谐的人-机环境。经过十几年的努力，缩短了我国人工智能技术与世界先进水平的差距，也为未来的发展奠定了基础。

② 人-机结合的智能系统。

1987年，钱学森提出"思维科学"研究的重要性。他创建的"思维（认知）科学"体现了从工程技术、科学、哲学的不同层次的多学科、跨领域之间的交叉融合。思维科学在国内外具有深远的影响。20世纪90年代，我国对攀登计划进行了智能模拟研究，21世纪初，国家自然科学重大基金项目《人-机结合综合集成研讨厅体系》顺利完成。

在科技与人文交融，自然与社会发展，系统科学、思维科学、复杂性科学的交叉融合基础上，为处理"开放的复杂巨系统"，钱学森创造性地提出了"从定性到定量的综合集成法"，并且作为思维科学的一项应用技术构思了"综合集成研讨厅"。

1990年，钱学森等在《自然杂志》发表了《一个科学新领域——开放的复杂巨系统及其方法论》。后来，他又发表了《再谈开放的复杂巨系统》，把"定性与定量相结合的综合集成技术"改为"从定性到定量的综合集成法"；并安排戴汝为同时发表了《从定性到定量的综合集成技术》的论文，对处理"开放的复杂巨系统"的方法论做了准确的阐述。

1992年，钱学森进一步把处理开放的复杂巨系统的"从定性到定量的综合集成法"加以扩展，把专家们和知识库信息系统、各种AI系统、几十亿次/秒的巨型计算机，像作战指挥演示厅那样组织起来，成为巨型人-机结合的智能系统。戴汝为针对"以人为主，人-机结合"科技发展的新方向，从而开展了"从定性到定量的综合集成研讨厅"的创建工作，承担了"863"项目、"攀登计划"项目，并从1999年起承担了国家自然科学基金委的重大项目"支持宏观经济决策的综合集成研讨厅体系"项目。充分利用专家集体的智慧，并以网络技术和信息技术为基础，把"研讨厅"从"大厅"扩展到了"信息空间"，从而构成了"信息空间的综合集成研讨体系"。

通过研究运筹学学科演化的历史，可以使我们从中发现学科的发展规律。随着我国现代化的发展，运筹学作为一个拥有极高应用价值的综合性技术学科，必将发挥越来越重要的作用，同时学科自身也会取得越来越大的进步，使我国在不远的将来跻身于运筹学强国之列。

1.3 运筹学在交通行业中的应用

为了能够满足交通运输系统的特点，需要在控制和规划、管理和运营等技术层面提出一系列运行问题。随着时间的推移，利用运筹学解决交通问题的方法就演变成了交通运筹学。

（1）运筹学在路网优化设计中的应用。

运筹学在路网优化设计中的应用包括目标、乘客选择乘车线路的依据、公交线路选择的基本原则和约束条件。

目标：总交通时间最短、总出行时间最短、成本最少。

乘客选择乘车线路的依据：①选择从 i 到 j 所花交通时间最短的线路；②选择从 i 到 j 中转次数最少的线路。

公交线路选择的基本原则：①线路的非直达系数小，尽量使线路总距离最短；②线路上直达人数应尽量多，以减少中转次数；③全线路满载系数不宜过小，过小会增加中转次数，并使车辆在端点站的停留时间增加；全线路满载系数不宜过大，过大对调度管理不利。

约束条件：①起终点位置约束；②非直达系数约束；③长度约束；④起终点容量约束；⑤道路容量约束；⑥中转量约束；⑦最大乘次约束；等等。

（2）运筹学在城市物流中的应用。

配送中心是具备加工、包装、储存、装卸等功能的物流集散地，它的主要职能是进行物流的集中与配送。在物流运输系统中，配送中心是一个必不可少的转运点，它的一端连接着货物的供应方，另一端则连接着货物的需求方，在整个物流链中发挥着重要作用。运筹学中的某些理论就是为了解决这些现实中所遇到的难以解决的问题，它能够大大提高物流运输的周转效率。系统论的思路是从宏观角度来掌控交通工程的发展动向，运筹学这门学科则是从微观角度出发，充分挖掘运筹方法对物流、交通发展的作用，寻找以最少的投入与支出，获得最大的社会效益和经济效益。随着计算机技术的迅速发展与广泛应用，使得原本复杂的计算过程变得简单可行，很大程度上推动了以计算为主的运筹学科的发展，推动物流配送问题的解决。

应用运筹学的相关理论解决城市物流中的公司选址、车辆调度、储存转运等问题，方便且高效，能够最大限度地增加物流公司的收益，并且能够为用户带来更加高效、便利的物流服务。

（3）运筹学在铁路中的应用。

① 车流组织问题：解决货物如何从出发地运送到目的地的问题，包括运送货物的种类，如何组装列车，列车的运行路径，列车在哪个车站解体并重新组装列车。

目标：总运送时间最短、运输费用最少、运营收入最大、货主满意度最高等。

约束条件：线路运输时间约束、车流不可拆散约束、车流合并约束、线路能力约束等。

② 时刻表问题：解决交通工具运行时间的安排问题，如规定列车（或车辆）车站到发时间、交会和越行方式、机车运用、乘务派班等。

目标：总旅行时间最短、运用机车数最少、旅客和货主满意度最高、成本最低等。

约束：线路运行时间约束、车站列车到发间隔时间约束、列车单独占有线路约束、列车禁停约束、运行路径约束、机车乘务组工作时间约束、列车到发时刻特殊要求约束、车站到发线约束等。

③ 调度问题：解决日常运输组织的指挥问题，如空车分配、机车运用、列车运行调整、车站作业安排（包括调机运用、到发线运用、车流接续协调）等。

目标：车辆在车站停留时间最短、出发正点率最高，可转化为排序网络流问题。

（4）运筹学在航天中的应用。

运筹学在航天中的应用主要包括制订航天装备试验计划、调度航天装备试验测控资源和评估航天装备试验等。目前，制订航天装备试验计划主要采用网络计划图方法，通过网络计划图可以清晰地表示各项工作之间的先后顺序及每项工作所需的时间或费用。调度航天装备试验测控资源采用的方法主要是先建立问题的规划模型，然后用遗传算法、启发式搜索算法等进行模型求解。在航天装备试验过程中，有限的测控资源不仅要保障试验任务的顺利进行，还要监测其他在轨航天装备的状态，而且在试验过程中存在许多不确定性因素，如何在规划调度模型中综合考虑这些复杂动态因素是航天装备试验测控资源调度有待解决的问题。评估航天装备试验采用的方法主要是在关键节点比较试验得到的功能性指标与相应的设计指标。

（5）运筹学在船舶近海安全中的应用。

船舶由一个港口驶入另一个港口，依据操船任务和操船环境不同，可分为3个阶段：大洋航行操船、近海航行操船和港口水域操船。大量数据表明，离岸20千米左右的海域最易发生海上安全事故，一方面是由于航道条件不好以及绝大部分的浅滩、暗礁和沉船等碍航物都分布在近海区域，因此造成船舶操纵困难而发生海上安全事故；另一方面是由于近海船舶通航密度较大，船舶发生碰撞事故的概率相应增大，因此造成船舶在安全航行上受到某种程度的威胁。依据定量分析的思想，运用层次分析法，对影响其安全的诸多因素，如船舶因素、人员因素、管理因素和环境因素等的重要性程度进行比较分析，得到各个影响因素所占的权重，进而确定船舶在近海安全中需注重的关键因素。

1.4 交通运筹学的主要内容

交通运筹学的主要内容如下。

1）线性规划

企业经营管理中如何有效地利用现有人力、物力完成更多的任务，或在预定的任务目标下，如何耗用最少的人力、物力去实现目标。这类问题的解决方法是：先根据问题要达到的目标选取适当的变量，问题的目标通过变量的函数形式表示（称为目标函数），对问题的限制条件采用有关变量的等式或不等式表达（称为约束条件）。当变量取连续值，且目标函数和约束条件均为线性时，称这类模型为线性规划（Linear Programming，LP）模型。

2）对偶理论与灵敏度分析

对偶理论是研究线性规划中原始问题与对偶问题之间关系的理论，即每一个线性规划问题（称为原始问题）都有一个与它对应的对偶线性规划问题（称为对偶问题）。对偶理论主要研究经济学中的相互确定关系，涉及经济学的诸多方面。产出与成本的对偶、效用与支出的对偶，是经济学中典型的对偶关系。

灵敏度分析是研究与分析一个系统（或模型）的状态或输出变化对系统参数或周围条件变化的敏感程度的方法。在最优化方法中经常利用灵敏度分析来研究原始数据不准确或发生变化时最优解的稳定性。通过灵敏度分析还可以确定哪些参数对系统或模型有较大的影响。因此，灵敏度分析几乎在所有的运筹学方法中，以及在对各种方案进行评价时都是很重要的。

3）运输问题

在交通和物流运作过程中经常遇到运输问题这种特殊类型的线性规划模型，可以描述为某时期把某种产品从若干个产地调运到若干个销地。在已知各地生产量和需求量及各地之间运输费用的前提下，要求制订总运输费用最少的运输方案。运输问题属于特殊类型的线性规划，是线性规划在道路交通中应用的显著体现。

4）整数规划

一般线性规划问题的变量都取实数值。但在实际问题中，有些变量必须取整数值，例如在公交规划中公交车辆的分配、建筑设备的合理分配等应用中，都要求其中的车辆数、机械设备数和产品件数为整数。这种要求部分或全部决策变量是整数的线性规划问题称为整数规划（Integer Programming，IP）。整数规划问题可以分为纯整数规划、混合整数规划和 0-1 整数规划。

5）目标规划

线性规划求解最优解问题在实践中得到了广泛的应用，但是它不能处理多目标的优化问题，而且其约束条件过于刚性化。而在实际生活中最优只是相对的，或者说没有绝对意义上的最优，只有相对意义上的满意，为了解决上述问题，提出目标规划。目标规划是在线性规划的基础上，为适应经济管理中多目标决策的需要而逐步发展起来的一个分支。目标规划通过引入目标值和偏差变量，可以将目标函数转化为目标约束。目标值是指预先给定的某个目标的一个期望值。实现值或决策值是指决策变量 x 选定后，目标函数的对应值。偏差变量（事先无法确定的未知数）是指实现值和目标值之间的差异，记为 d。

6）动态规划

在现实生活中有一类活动，由于它的特殊性，可将过程分成若干个互相联系的阶段，在它的每个阶段都需要做出决策，从而使整个过程达到最好的活动效果。因此各个阶段决策的选取不能任意确定，它依赖于当前面临的状态，影响以后的发展。当各个阶段决策确定后，就组成一个决策序列，因而也就确定了整个过程的一条活动路线。这种把一个问题看作一个前后关联具有链状结构的多阶段过程就称为多阶段决策过程，这种问题称为多阶段决策问题。在多阶段决策问题中，各个阶段采取的决策，一般来说与时间有关，决策依赖于当前状态，又随即引起状态的转移，一个决策序列就是在变化的状态中产生出来的，故有"动态"的含义，称这种解决多阶段决策最优化的过程为动态规划（Dynamic Programming，DP）方法。

7）图与网络优化

图与网络理论在系统分析中占有重要的地位。在实际工程中，许多工程系统都可以用图来描述。因此，可以把一个工程系统的各种物理量之间的关系用一个抽象的图或网络模型来描述，利用图与网络的某些性质求解网络模型往往要比求解数学模型简单很多。运筹学中研究的图具有下列特征。

（1）用点表示研究对象，用边（有方向或无方向）表示对象之间的某种关系。

（2）强调点与点之间的关联关系，不讲究图的比例大小、形状以及位置等。

（3）每条边上都赋予一个权值，称为赋权图。在实际应用中，权值可以表示两点之间的距离、费用、利润、时间、容量等不同的含义。

（4）建立一个网络模型，求最大值或最小值。

8）网络计划

运输系统的计划工作是运输工作的重要组成部分，而运输系统又是一个要素数量多、结构复杂的大系统。为编制交通运输系统计划，并在此基础上进一步进行优化和控制，采取传统的经验方法往往不能胜任，而网络计划技术是完成这一任务的有效方法之一。

网络计划技术是指应用计划评审技术和关键路线法对计划项目进行核算、评价，而后选定最优方案的一种技术。其主要内容包括绘制网络图、计算时间参数以及对网络计划进行优化。应用计划评审技术主要是指以完成工作的时间估计为概率型，通常用三时估计法，注重计划的评价和审查。关键路线法是指以经验数据确定工作时间，即时间估计为确定型，注重项目的费用和工期的相互关系。这两种技术统称为网络计划协调技术。

9）排队论

在生产和生活中，人们经常会遇到各种排队现象，如汽车在加油站排队等待加油，汽车在十字路口等待允许通行的交通信号，汽车在客（货）运站排队等待旅客（货物）上车，满载货物的汽车在仓库排队等待卸货，旅客在候车室排队等待上车，汽车在修理车间排队等待修理，顾客在理发店排队等待理发。上述诸现象有一个共同的特征，即等待。如果一个个体要求某种服务，另一个个体也要求该种服务，在服务能力有限的情况下，就不可避免会出现等待。接受服务的个体数量与服务能力有密切关系，一般来说服务能力弱，则接受该种服务的个体数量就少，相应地，等待接受该种服务的个体数量就多，表现为排队的队伍很长，等待时间很久。如何加强管理，使被浪费的时间减少到最低程度，就要使用排队论（也称随机服务系统）进行解决。

排队论是通过统计研究服务对象及服务时间，得出这些数量指标（等待时间、排队长度、忙期长短等）的统计规律，然后根据这些规律来改进服务系统的结构或重新组织被服务对象，使得服务系统既能满足服务对象的需要，又能使机构的费用最经济或某些指标最优。排队论是广泛应用于计算机网络、生产、运输、库存等各项资源共享的随机服务系统。排队论研究的内容有3个方面：统计推断，即根据资料建立模型；系统的形态，即和排队有关的数量指标的概率规律性；系统的优化问题，即正确设计和有效运行各个服务系统，使之发挥最佳效益。

10）存储论

现代化的生产和经营活动都离不开存储，为了使生产和经营活动有条不紊地进行，一般的企业需要一定数量的储备物资来支撑。例如，一个工厂为了连续进行生产，就需要储备一定数量的原材料或半成品；一个商店为了满足顾客的需求，就必须有足够的商品库存；农业部门为了进行正常生产，需要储备一定数量的种子、化肥、农药；军事部门为了战备的需求存储各种武器弹药等军用物品；在信息时代，人们又建立了各种数据库和信息库，存储大量的信息，等等。因此，存储问题是人类社会活动，特别是生产活动中一个普遍存在的问题。但是，存储物资需要占用大量的资金、人力和物力，有时甚至造成资源的严重浪费。那么，一个企业究竟应存放多少物资最适宜呢？

存储论是研究如何确定合理的存储量及相应的订货周期、生产批量和生产周期，保证供应且使总的支出费用保持最小值的一种数学方法。控制和保持存货是每个经济部门和单位的共同课题。按未来需求量情况来划分存货问题的类型有确定型、风险型和不确定型3种。确定型是指确切地知道未来需求量的存货问题；风险型是指知道未来需求量概率分布的存货问题；不确定型是指未来的需求没有确定概率的存货问题。

11）决策论

决策是一种对已知目标和方案进行选择的过程，是人们已知需要实现的目标，并根据一定的原则，作出判断、得出结论的过程。决策是人们日常生活和工作中普遍存在的一种活动。进入20世纪以来，随着生产社会化的发展，社会生产、科学研究以及其他社会活动规模越来越大，社会系统结构越来越复杂，涉及因素也越来越多，从而使得人类决策活动的不确定因素与风险都相应地增加了许多，稍有不慎就可能酿成重大的决策失误。因此，世界各国越来越重视决策与决策方法的研究，个人决策也渐渐被"群体决策"所取代。

决策论是研究为了达到预期目的，从多个可供选择的方案中如何选取最好或最满意方案的学科，是运筹学的一个分支和决策分析的理论基础。一般决策分为确定型决策、风险型决策和不确定型决策3类。确定型决策又分为静态确定型决策和动态确定型决策两种；不确定型决策分为静态不确定型决策和动态不确定型决策两种。风险型决策问题和不确定型决策问题，都是随机型决策问题。随机型决策的基本特点是后果的不确定性和后果的效用表示。如果决策者采用的策略和依据的客观条件（简称状态）是不确定的，做出某种决策所出现的后果也是不确定的，后果的这种不确定性是随机型决策问题的主要特征之一。此外，在进行决策之前，必须确定各种后果的效用，效用是对后果价值的定量分析。

第 2 章 线 性 规 划

2.1 线性规划问题及其数学模型

2.1.1 线性规划问题

党的二十大报告指出,要"推进各类资源节约集约利用"。在生产管理和经营活动中也经常会提出此类问题,即如何合理地利用有限的人力、物力、财力等资源,以便得到最好的经济效果,可以使用线性规划解决此类问题。下面以案例说明线性规划问题。

例 2.1 设甲、乙两个仓库存有某种货物,库存量分别为 7t 和 9t。现在要把货物分送到 A、B、C 三个商场,三个商场需求量分别为 4t、5t 和 7t,各仓库到各商场的每吨运费如表 2-1 所示。问如何将甲、乙两个仓库的货物送到 A、B、C 三个商场,才能使总运费最少?

表 2-1 仓库到商场的运费

单位:千元

仓库	商场		
	A	B	C
甲	2	3	4
乙	3	2	1

解:设由仓库甲运送到 A、B、C 三个商场的货物分别为 x_1、x_2、x_3,由仓库乙运送到 A、B、C 三个商场的货物分别为 x_4、x_5、x_6。根据库存量及商场需求量的限制,6 个变量 x_i $(i=1,2,\cdots,6)$ 必须满足以下约束条件

$$\begin{cases} x_1 + x_2 + x_3 = 7 \\ x_4 + x_5 + x_6 = 9 \\ x_1 + x_4 = 4 \\ x_2 + x_5 = 5 \\ x_3 + x_6 = 7 \\ x_i \geqslant 0, i = 1, 2, \cdots, 6 \end{cases}$$

目标函数：$f(x) = 2x_1 + 3x_2 + 4x_3 + 3x_4 + 2x_5 + x_6$

变量在满足所有约束条件时，使目标函数达到最小值，总运费最少。

问题：变量在满足所有约束条件时，取何值能使目标函数达到最小值，即运费最少。

例 2.2 某河流附近有两个化工厂（图 2-1），流经第一化工厂的河流流量为每天 500 万立方米，在两个化工厂之间有一条流量为每天 200 万立方米的支流。第一化工厂每天排放含有某种有害物质的工业污水 2 万立方米，第二化工厂每天排放这种工业污水 1.4 万立方米。从第一化工厂排出的工业污水流到第二化工厂前，有 20%的污水可自然净化。根据环保要求，河流中工业污水的含量应不高于 0.2%。这两个化工厂都需各自处理一部分工业污水。第一化工厂处理工业污水的成本是 1000 元/万立方米，第二化工厂处理工业污水的成本是 800 元/万立方米。在满足环保要求的条件下，每个化工厂各应处理多少万立方米的工业污水，使这两个化工厂处理工业污水的总费用最少？

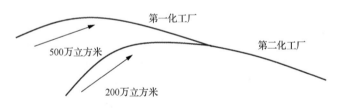

图 2-1 工厂河流图

解： 设第一化工厂每天处理的工业污水量为 x_1 万立方米，第二化工厂每天处理的工业污水量为 x_2 万立方米，从第一化工厂到第二化工厂之间，河流中工业污水含量要不高于 0.2%，由此可得近似关系式

$$(2 - x_1)/500 \leqslant 2/1000$$

流经第二化工厂后，河流中的工业污水量仍要不高于 0.2%，可得近似关系式

$$[0.8(2 - x_1) + (1.4 - x_2)]/700 \leqslant 2/1000$$

由于每个化工厂每天处理的工业污水量不会大于每天的排放量，故有 $x_1 \leqslant 2$，$x_2 \leqslant 1.4$。

此问题的目标是两个化工厂用于处理工业污水的总费用最少，即 $z = 1000x_1 + 800x_2$。综上所述，这个环保问题可建立数学模型如下。

目标函数：$\min z = 1000x_1 + 800x_2$

满足约束条件：
$$\begin{cases} x_1 \geqslant 1 \\ 0.8x_1 + x_2 \geqslant 1.6 \\ x_1 \leqslant 2 \\ x_2 \leqslant 1.4 \\ x_1, x_2 \geqslant 0 \end{cases}$$

从例 2.1 和例 2.2 可以看出，它们属于一类优化问题。它们的共同特征如下。

（1）在既定目标下选取最优方案，表示这个目标的数学表达式称为目标函数。

（2）目标必须满足一定的条件，称这些条件为约束条件。

（3）目标函数及约束条件方程式均为变量的线性表达。

（4）变量均为非负值。

在一定的约束条件下求目标函数的极值（极大值或极小值）问题，称为线性规划问题。

2.1.2 线性规划问题的数学模型及其标准形式

1. 线性规划问题的数学模型

线性规划问题的数学模型如下。

目标函数：$\max(\min) z = c_1x_1 + c_2x_2 + \cdots + c_nx_n$ （2.1）

满足约束条件：
$$\begin{cases} a_{11}x_1 + a_{12}x_2 + \cdots + a_{1n}x_n \leqslant (=, \geqslant) b_1 \\ a_{21}x_1 + a_{22}x_2 + \cdots + a_{2n}x_n \leqslant (=, \geqslant) b_2 \\ \cdots\cdots \\ a_{m1}x_1 + a_{m2}x_2 + \cdots + a_{mn}x_n \leqslant (=, \geqslant) b_m \end{cases}$$ （2.2）

$$x_1, x_2, \cdots, x_n \geqslant 0$$ （2.3）

在线性规划的数学模型中，式（2.1）称为目标函数；$c_j(j=1,2,\cdots,n)$ 为价值系数；式（2.2）和式（2.3）称为约束条件；$a_{ij}(i=1,2,\cdots,m; j=1,2,\cdots,n)$ 称为技术系数，$b_i(i=1,2,\cdots,m)$ 称为限额系数；式（2.3）也称变量的非负约束条件。

一般情况下，$m<n$，线性规划问题的数学模型是建立在以下隐含的重要假设基础上的。

① 比例性。比例性是指每个决策变量 x_j 在约束条件中与在目标函数中数值变化时，按 x_j 对应的技术系数 a_{ij} 与价值系数 c_j 严格地成比例变化。

② 可加性。即目标函数的总值是各组成部分值 (c_jx_j) 之和；第 i 个约束关系式中各组成部分值 $(a_{ij}x_j)$ 之和就是第 i 项资源需求总值。决策变量是独立的，即决策变量之间不

发生关联，且不允许变量之间有交叉。例如，规划广告预期收益时不能选择看球赛的观众为决策变量 x_1，看电影的观众为决策变量 x_2 等。

③ 可分性。决策变量的值具有可分性，即允许非整数值。

④ 确定性。即决策变量都是确定的已知值。

由上可见，线性规划数学模型是实际管理问题的抽象与近似。

2. 线性规划问题的标准形式

线性规划问题有各种不同的形式。对于目标函数，有的要求实现最大化，有的要求实现最小化；约束条件可以是"≥"形式的不等式，也可以是"≤"形式的不等式，也可以是等式；决策变量通常是非负约束，但也允许在 $(-\infty, +\infty)$ 范围内取值，即无约束。在用单纯形法求解线性规划问题时，为了讨论问题方便，需将线性规划模型变换为统一的标准形式。线性规划问题的标准型如下。

① 求目标函数的最大值（也可以求最小值，本书以最大值为例）。

② 约束条件均为等式方程。

③ 变量 x_j 为非负。

④ 常数 b_i 大于或等于零。

数学模型可表示如下。

目标函数 (M_1)：$\max z = c_1x_1 + c_2x_2 + \cdots + c_nx_n$ （2.4）

约束条件：
$$\begin{cases} a_{11}x_1 + a_{12}x_2 + \cdots + a_{1n}x_n = b_1 \\ a_{21}x_1 + a_{22}x_2 + \cdots + a_{2n}x_n = b_2 \\ \cdots\cdots \\ a_{m1}x_1 + a_{m2}x_2 + \cdots + a_{mn}x_n = b_m \\ x_j \geq 0, j = 1, 2, \cdots, n \\ b_i \geq 0, i = 1, 2, \cdots, m \end{cases}$$
（2.5）

数学模型可简写为

$$\max z = \sum_{j=1}^{n} c_j x_j \quad (2.6)$$

$$\text{s.t.} \begin{cases} \sum_{j=1}^{n} a_{ij} x_j = b_i, i = 1, 2, \cdots, m \\ x_j \geq 0, j = 1, 2, \cdots, n \\ b_i \geq 0 \end{cases} \quad (2.7)$$

用向量和矩阵表示该线性规划问题，可以使数学模型更简洁，即

$$\max z = \boldsymbol{CX} \quad (2.8)$$

$$\begin{cases} \boldsymbol{AX} = \boldsymbol{b} \\ x_j \geq 0, j = 1, 2, \cdots, n \\ b_i \geq 0, i = 1, 2, \cdots, m \end{cases} \quad (2.9)$$

式中

$$A = \begin{pmatrix} a_{11} & a_{12} & \cdots & a_{1n} \\ a_{21} & a_{22} & \cdots & a_{2n} \\ \vdots & \vdots & & \vdots \\ a_{m1} & a_{m2} & \cdots & a_{mn} \end{pmatrix}; \quad X = \begin{pmatrix} x_1 \\ x_2 \\ \vdots \\ x_n \end{pmatrix}; \quad b = \begin{pmatrix} b_1 \\ b_2 \\ \vdots \\ b_m \end{pmatrix}; \quad C = [c_1\, c_2 \cdots c_n]$$

A——约束方程的 $m \times n$ 维系数矩阵，一般 $m \leq n$，且 A 的秩为 m，记为 $r(A) = m$；

b——资源向量；

C——价值向量；

X——决策变量向量。

实际提出的线性规划问题的数学模型都应转换为标准型后求解。以下讨论如何将线性规划问题的数学模型转换为标准型的问题。

① 若目标函数最小化，即 $\min z = CX$。这时只需将目标函数最小化转换为目标函数最大化，即令 $z' = -z$，于是得到 $\max z' = -CX$。

② 若约束方程为不等式。这里有两种情况：一种是约束方程为"$\leq$"的不等式，则可在不等式的左端加入非负松弛变量，把原不等式变为等式；另一种是约束方程为"$\geq$"的不等式，则可在不等式的左端减去非负剩余变量，把原不等式变为等式。

③ 若变量不满足 $x_j \geq 0$。这里也有两种情况：一种是 $x_j < 0$，可令 $x_j' = -x_j$，用 $-x_j'$ 代替 x_j；另一种是 x_j 无约束，可令 $x_j = x_j' - x_j''$，用 $x_j' - x_j''$ 代替 x_j，其中 $x_j' \geq 0$，$x_j'' \geq 0$。

④ 若 $b_i \leq 0$。这时只需将约束方程两边同时乘以 -1。

下面举例说明将线性规划问题的数学模型转换为标准形式。

例 2.3 把下列线性规划问题的数学模型转换为标准形式。

$$\min s = x_1 + 3x_2$$
$$\text{s.t.} \begin{cases} 6x_1 + 7x_2 \leq 8 \\ -x_1 + 3x_2 \leq -6 \\ x_1 \geq 0 \end{cases}$$

解：目标函数极大值：$\max(-s) = -x_1 - 3x_2$

消除自由变量 x_2：$\begin{cases} x_2 = x_3 - x_4 \\ x_3 \geq 0,\ x_4 \geq 0 \end{cases}$

b_2 为负，不等式两边同时乘以 -1：$-x_1 + 3x_2 \leq -6 \rightarrow x_1 - 3x_2 \geq 6$

代入松弛变量 x_5，剩余变量 x_6，前两个约束条件转化为等式：$\begin{cases} 6x_1 + 7x_2 + x_5 = 8 \\ x_1 - 3x_2 - x_6 = 6 \end{cases}$

标准形式为

$$\max(-s) = -x_1 - 3x_3 + 3x_4$$

$$\text{s.t.} \begin{cases} 6x_1 + 7x_3 - 7x_4 + x_5 = 8 \\ x_1 - 3x_3 + 3x_4 - x_6 = 6 \\ x_1, x_2, x_3, x_4, x_5, x_6 \geq 0 \end{cases}$$

上述问题中对 x, y 的限制条件称为 x, y 的约束条件。由于 x, y 都是一次的,又称约束条件为线性约束条件,目标函数为线性目标函数。求线性目标函数在线性约束条件下的最大值或最小值问题称为线性规划问题。满足线性约束条件的解 (x, y) 称为可行解,所有可行解组成的集合称为可行域。使目标函数取得最大值或最小值的可行解称为最优解。

2.2 图解法

图解法是直接在平面直角坐标系中作图来求解线性规划问题的一种方法。这种方法简单直观,有助于理解线性规划问题求解的基本原理,但它不是解线性规划问题的主要方法,只适合于求解含有两个变量的线性规划问题。

图解法的操作步骤如下。

(1) 确定可行域。分别求出满足每个约束条件包括变量非负的区域,其交集就是可行解集合,即为可行域。

(2) 绘制目标函数等值线。先过原点作一条向量指向点 (c_1, c_2),向量的方向就是目标函数值增加的方向,称为梯度方向,再作一条与向量垂直的直线,这条直线就是目标函数等值线。

图解法举例

(3) 求最优解。依据目标函数求最大值或最小值来移动目标函数等值线,该直线与可行域边界相交的点的坐标就是最优解。一般情况下,求最大值时等值线沿着向量的方向平行移动,求最小值时该直线沿着向量的反方向平行移动。

例 2.4 用图解法求解下列线性规划问题。

$$\max z = x_1 + x_2$$

$$\text{s.t.} \begin{cases} x_1 + 2x_2 \leq 20 \\ 2x_1 + x_2 \leq 20 \\ x_1, x_2 \geq 0 \end{cases}$$

解:(1) 确定可行域。令上述约束条件为等式,得到四条直线,在第一象限画出满足不等式的区域,其交集就是可行域。

（2）绘制目标函数等值线。将目标函数的系数组成一个坐标点(1,1)，过原点O作一条向量指向点(1,1)，矢量长度不限，矢量的斜率保持 1，再作一条与向量垂直的直线，这条直线就是目标函数等值线，该直线的位置任意，如果其通过原点，则目标函数值$z=0$，如图 2-2 所示。

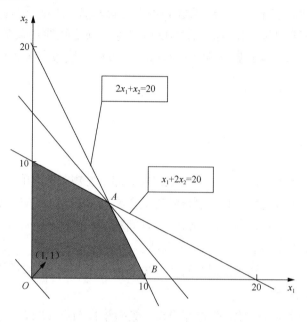

图 2-2　线性规划问题的唯一最优解

（3）求最优解。图 2-2 中的向量方向是目标函数增加的方向，称为梯度方向，在求最大值时，目标函数等值线沿着梯度方向平行移动（求最小值时将目标函数等值线沿着梯度方向的反方向平行移动），直至移动到可行域的边界，停止移动，其交点对应的坐标就是最优解。本题在 A 点处取得最大值，使目标函数达到最优解，最优解为 $X=\left(\dfrac{20}{3},\dfrac{20}{3}\right)$，目标函数最大值为 $z=\dfrac{40}{3}$。

例 2.4 中求解得到问题的最优解是唯一的，但对于一般线性规划问题，求解结果还可能出现以下几种情况。

（1）多重最优解（无穷多最优解）。

例 2.5　将例 2.4 中的目标函数改为 $\max z=4x_1+2x_2$，约束条件不变，则表示目标函数中以参数 z 的这组平行直线与约束条件 $2x_1+x_2\leqslant 20$ 的边界线平行。平行移动目标函数直线与可行域相交于线段 AB，则线段 AB 上任意点都是最优解，如图 2-3 所示，即最优解不唯一，有无穷多个，称为多重解。最优解的通解可表示为

$$X=\alpha X^{(1)}+(1-\alpha)X^{(2)},0\leqslant\alpha\leqslant 1$$

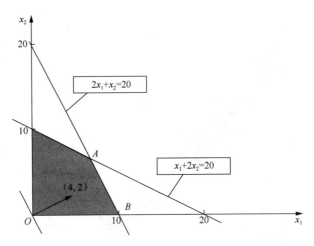

图 2-3 线性规划问题的多重最优解

（2）无界解。

例 2.6 将例 2.4 的约束条件改为 $\begin{cases} x_1 + 2x_2 \geqslant 20 \\ 2x_1 + x_2 \geqslant 20 \\ x_1, x_2 \geqslant 0 \end{cases}$，目标函数不变，得到可行域如图 2-4 所示，目标函数值增加的方向与例 2.4 相同，A 点是最小值点，要达到最大值，目标函数等值线可在可行域中沿梯度方向继续平移直到无穷远，x_1、x_2 及 z 都趋于无穷大（无上界），这种情形称为无界解，即无最优解。

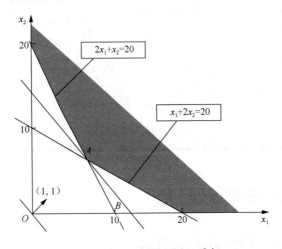

图 2-4 线性规划问题的无界解

（3）无可行解。

在例 2.4 的数学模型中增加一个约束条件 $x_1 + x_2 \geqslant 30$，则该问题的可行域为空集，如图 2-5 所示，即无可行解，因此该问题也就不存在最优解。

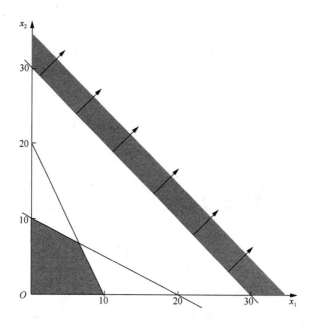

图 2-5 线性规划问题的无可行解

通过以上例题分析，可将图解法得出线性规划问题解的几种情况进行归纳，如表 2-2 所示。

表 2-2 线性规划问题解的几种情况

解的几种情况	约束条件图形的特点	数学模型的特点
唯一最优解	一般围成有界可行域，且只在一个顶点得到最优值	无
多重最优解	在围成有界可行域的边界上，至少在两个顶点处得到最优值	目标函数和某一约束条件成比例
无可行解（无解）	围不成可行域	有矛盾的约束条件
无界解	围成无界可行域，且无有限最优值	缺乏必要的约束条件

2.3 单纯形法的基本原理

2.3.1 线性规划问题解的相关概念

在讨论线性规划问题的求解前，先要了解线性规划问题解的概念。由 2.1.2 小节可知，一般线性规划问题的标准型为

$$\max z = \sum_{j=1}^{n} c_j x_j \tag{2.10}$$

$$\text{s.t.} \begin{cases} \sum_{j=1}^{n} a_{ij}x_j = b_i, \ i=1,2,\cdots,m & (2.11) \\ x_j \geqslant 0, \ j=1,2,\cdots,n & (2.12) \\ b_i \geqslant 0 & \end{cases}$$

（1）可行解。

满足线性规划问题所有约束条件的向量 X 称为可行解，所有可行解构成的集合称为可行域，记为 R。

例如，标准型线性规划问题的可行解为满足式（2.11）的向量 $X=(x_1,x_2,\cdots,x_n)^{\text{T}}$，其可行域 $R=\{X\,|\,AX=b, X\geqslant 0\}$。

（2）最优解。

满足目标函数的可行解称为最优解，记为 X^*，它所对应的目标函数值称为最优值，记为 z^*。有时把 X^*、z^* 统称为最优解，简称为解。

例如，标准型线性规划问题的最优解满足式（2.10），即让目标函数 $z=C^{\text{T}}X$ 达到最大值的解 $X^*=(x_1^*,x_2^*,\cdots,x_n^*)^{\text{T}}$，最优值为 $z^*=C^{\text{T}}X^*$。

（3）基。

设 A 是约束方程组的 $m\times n(m<n)$ 维系数矩阵，其秩为 m。B 是矩阵 A 中 $m\times m$ 阶非奇异子矩阵（$|B|\neq 0$），则称 B 是线性规划问题的一个基，矩阵 B 是由 m 个线性独立的列向量组成的。为不失一般性，可设

$$B = \begin{pmatrix} a_{11} & a_{12} & \cdots & a_{1m} \\ a_{21} & a_{22} & \cdots & a_{2m} \\ \vdots & \vdots & & \vdots \\ a_{m1} & a_{m2} & \cdots & a_{mm} \end{pmatrix} = (P_1, P_2, \cdots, P_m) \quad (2.13)$$

称 $P_j(j=1,2,\cdots,m)$ 为基向量，与基向量 P_j 对应的变量 $x_j(j=1,2,\cdots,m)$ 为基变量，否则称为非基变量。为了进一步讨论线性规划问题的解，下面研究约束方程组（2.11）的求解问题。假设该方程组系数矩阵 A 的秩为 m，因为 $m<n$，所以它有无穷多个解。假设前 m 个变量的系数列向量是线性独立的。这时式（2.11）可写成

$$\begin{pmatrix} a_{11} \\ a_{21} \\ \vdots \\ a_{m1} \end{pmatrix} x_1 + \begin{pmatrix} a_{12} \\ a_{22} \\ \vdots \\ a_{m2} \end{pmatrix} x_2 + \cdots + \begin{pmatrix} a_{1m} \\ a_{2m} \\ \vdots \\ a_{mm} \end{pmatrix} x_m$$

$$= \begin{pmatrix} b_1 \\ b_2 \\ \vdots \\ b_m \end{pmatrix} - \begin{pmatrix} a_{1,m+1} \\ a_{2,m+2} \\ \vdots \\ a_{m,m+m} \end{pmatrix} x_{m+1} - \cdots - \begin{pmatrix} a_{1m} \\ a_{2m} \\ \vdots \\ a_{mm} \end{pmatrix} x_m \quad (2.14)$$

或

$$\sum_{j=1}^{m} P_j x_j = b - \sum_{j=m+1}^{n} P_j x_j \qquad (2.15)$$

方程组（2.14）的一个基是

$$B = \begin{pmatrix} a_{11} & a_{12} & \cdots & a_{1m} \\ a_{21} & a_{22} & \cdots & a_{2m} \\ \vdots & \vdots & & \vdots \\ a_{m1} & a_{m2} & \cdots & a_{mm} \end{pmatrix} = (P_1, P_2, \cdots, P_m) \qquad (2.16)$$

设 X_B 是对应于这个基的基变量

$$X_B = (x_1, x_2, \cdots, x_m)^T$$

现若令式（2.14）的非基变量 $x_{m+1} = x_{m+2} = \cdots = x_n = 0$，这时变量的个数等于线性方程的个数。用高斯消元法求出一个解

$$X = (x_1, x_2, \cdots, x_m, 0, \cdots, 0)^T$$

该解的非零分量的数目不大于方程个数 m，称 X 为基本解。由此可见，有一个基就可以求出一个基本解。因此，把基本解定义为：对给定的一个基，让所有的非基变量都取零值后得到的该基的解。

（4）基本可行解。

满足非负条件（2.12）的基本解，称为基本可行解。基本可行解的非零分量的数目也不大于 m，并且都是非负的。约束方程组（2.11）具有基本解的数目最多是 C_n^m 个。一般基本可行解的数目要小于基本解的数目。

（5）可行基。

对应于基本可行解的基，称为可行基。

以上提到的几种解的概念，它们之间的关系可用图 2-6 表明。另外还要说明一点，当基本解中的非零分量的个数小于 m 个时，该基本解是退化解。在本书后面进行讨论时，均假设不出现退化的情况。以上给出的线性规划问题解的概念，将有助于分析线性规划问题的求解过程。

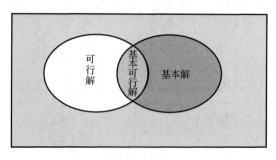

图 2-6　线性规划问题解的关系

2.3.2 线性规划问题的几何意义

在 2.2 节介绍图解法时，可以直观地看到可行域和最优解的几何意义，这一节从理论上进一步进行讨论。

下面介绍几个基本概念。

（1）凸集。

设 K 是 n 维欧氏空间的一个点集，若任意两点 $X^{(1)} \in K$，$X^{(2)} \in K$ 的连线上的所有点 $\alpha X^{(1)} + (1-\alpha)X^{(2)} \in K$，$(0 \leqslant \alpha \leqslant 1)$，则称 K 为凸集。

实心圆、实心球体、实心立方体等都是凸集，圆环不是凸集，从直观上讲，凸集没有凹入部分，其内部没有空洞。图 2-7（a）和图 2-7（b）是凸集，图 2-7（c）不是凸集。图 2-7（d）所示的两个圆分别是凸集，任意两个凸集的交集也是凸集。

（2）凸组合。

设 $X^{(1)}, X^{(2)}, \cdots, X^{(k)}$ 是 n 维欧氏空间 E^n 中的 k 个点。若存在 $\mu_1, \mu_2, \cdots, \mu_k$，且 $0 \leqslant \mu_i \leqslant 1$, $i=1,2,\cdots,k$；$\sum_{i=1}^{k} \mu_i = 1$，使

$$X = \mu_1 X^{(1)} + \mu_2 X^{(2)} + \cdots + \mu_k X^{(k)} \tag{2.17}$$

则称 X 为 $X^{(1)}, X^{(2)}, \cdots, X^{(k)}$ 的凸组合（当 $0 < \mu_i < 1$ 时，称为严格凸组合）。

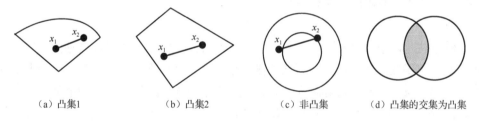

（a）凸集1　　（b）凸集2　　（c）非凸集　　（d）凸集的交集为凸集

图 2-7　凸集判定实例

（3）顶点。

设 K 是凸集，$X \in K$，若 X 不能用不同的两点 $X^{(1)} \in K$ 和 $X^{(2)} \in K$ 的线性组合表示为

$$X = \alpha X^{(1)} + (1-\alpha)X^{(2)}, \quad (0 < \alpha < 1)$$

则称 X 为 K 的一个顶点（或极点）。

2.3.3 线性规划问题的基本定理

定理 2.1：若线性规划问题的可行解 k 非空，则 K 是凸集。

定理 2.2：若线性规划问题的可行解集合 K 的点 X 是顶点，其充要条件为 X 是基本可行解。

定理 2.3：若线性规划问题有最优解，则最优解一定可以在可行解集合的某个顶点上得到。

定理 2.1 描述了可行解集的几何特征。

定理 2.2 描述了可行解集的顶点与基本可行解的对应关系。顶点是基本可行解，基本可行解在顶点上，但它们并非一一对应，可能有两个或几个基本可行解对应于同一个顶点（退化基本可行解）。

定理 2.3 描述了最优解在可行解集中的位置。若最优解唯一，则最优解只能在某一个顶点上；若具有多重最优解，则最优解是在某些顶点上的凸组合。因此，最优解是可行解集的顶点或界点，不可能是可行解集的内点。

由定理 2.2 和定理 2.3 可知，线性规划的最优解是在有限个基本可行解中求得的，这样可以找到一种解题方法：先求出可行域的所有顶点，然后计算这些顶点的目标函数值，选取最大的值为最优值，其相应的顶点坐标就是最优解。但当 m、n 较大时，这种方法是不可行的。

综上所述，若线性规划的可行解集非空且有界，则一定有最优解；若可行解集无界，则线性规划可能有最优解，也可能没有最优解。若线性规划具有无界解，则可行域一定无界。

2.4 单纯形法的计算步骤

单纯形法是求解线性规划问题最主要的一种方法。根据上述线性规划问题的基本定理可知，目标函数的最大值在可行域的某一个顶点，而且顶点个数有限。单纯形法是先任取一个顶点 $X^{(1)}$，代入目标函数得 z_1，然后在顶点 $X^{(1)}$ 的基础上换一个顶点 $X^{(2)}$，代入目标函数 z_2，使得 $z_2 > z_1$，这样一次次迭代，经过有限个步骤就可求得使目标函数达到最大值的点，于是就得到线性规划问题的最优解，这种迭代过程就是从一个顶点移动到另一个邻近顶点的过程。

例 2.7 用单纯形法求下列线性规划问题的最优解。

$$\max z = 3x_1 + 4x_2$$

$$\text{s.t.} \begin{cases} 2x_1 + x_2 \leqslant 40 \\ x_1 + 3x_2 \leqslant 30 \\ x_1, x_2 \geqslant 0 \end{cases}$$

解：（1）变换为标准型。

$$\max z = 3x_1 + 4x_2$$

$$\text{s.t.} \begin{cases} 2x_1 + x_2 + x_3 = 40 \\ x_1 + 3x_2 + x_4 = 30 \\ x_1, x_2, x_3, x_4 \geqslant 0 \end{cases}$$

第 2 章
线 性 规 划

（2）找初始基本可行解。

该问题的系数矩阵为

$$A = \begin{pmatrix} 2 & 1 & 1 & 0 \\ 1 & 3 & 0 & 1 \end{pmatrix}$$

矩阵 A 中第 3 列和第 4 列组成二阶单位矩阵 $B_1 = \begin{pmatrix} 1 & 0 \\ 0 & 1 \end{pmatrix}$，$r(B_1) = 2$，则 B_1 是一个初始基，由此得到一个初始基本可行解为 $X^{(1)} = (0, 0, 40, 30)^T$。

（3）检验 $X^{(1)}$ 是否为最优解。

分析目标函数 $\max z = 3x_1 + 4x_2$ 可知，非基变量 x_1、x_2 的系数都是正数，若 x_1、x_2 均为正数，则 z 值就会增加，所以 $X^{(1)}$ 不是该问题的最优解。因此，只要在目标函数的表达式中还存在有正系数的非基变量，目标函数值就有增加的可能，就需要将非基变量与基变量进行对换，即可行解必须从该顶点移到另一个顶点。判别线性规划问题是否达到最优解的数称为检验数，记为 λ_j，$j = 1, 2, \cdots, n$。

本例中 $\lambda_1 = 3$，$\lambda_2 = 4$，$\lambda_3 = 0$，$\lambda_4 = 0$。

检验数：目标函数用非基变量表示，其变量的系数为检验数。

（4）第一次换基迭代。

在此需要选择一个 $\lambda_k > 0$ 的非基变量 x_k，将非基变量 x_k 换到基变量中，称为进基变量，同时选择一个能使所有变量非负的基变量 x_i，将非负的基变量 x_i 换到非基变量中，称为出基变量。

一般选择 $\lambda_k = \max\{\lambda_j | \lambda_j > 0\}$ 对应的 x_k 进基，本例中 x_2 为进基。由于 x_2 为进基，必须从原基变量 x_3、x_4 中选择一个换出作为非基变量，并且使得新的基本解仍然可行。由约束条件

$$\begin{cases} 2x_1 + x_2 + x_3 = 40 \\ x_1 + 3x_2 + x_4 = 30 \\ x_1, x_2, x_3, x_4 \geq 0 \end{cases}$$

可知，当 $x_1 = 0$ 时，可得到如下不等式组

$$\begin{cases} x_3 = 40 - x_2 \geq 0 \\ x_4 = 30 - 3x_2 \geq 0 \end{cases}$$

因此，只有选择 $x_2 = \min(40, 10) = 10$ 时，才能使上述不等式组成立。又因为非基变量等于零，当 $x_2 = 10$ 时，$x_4 = 0$，即 x_4 为出基变量。

用线性方程组的消元法（初等行变换），将基变量 x_2、x_3 解出得到

$$\begin{cases} \dfrac{5}{3}x_1 + x_3 - \dfrac{1}{3}x_4 = 30 \\ \dfrac{1}{3}x_1 + x_2 + \dfrac{1}{3}x_4 = 10 \end{cases}$$

解得另一个基本可行解为

$$X^{(2)} = (0, 10, 30, 0)^T$$

(5) 检验 $X^{(2)}$ 是否为最优解。

$X^{(2)}$ 是不是最优解，仍要看检验数的符号。由

$$\frac{1}{3}x_1 + x_2 + \frac{1}{3}x_4 = 10$$

得

$$x_2 = 10 - \frac{1}{3}x_1 - \frac{1}{3}x_4$$

代入目标函数得

$$z = 3x_1 + 4 \times \left(10 - \frac{1}{3}x_1 - \frac{1}{3}x_4\right) = 40 + \frac{5}{3}x_1 - \frac{4}{3}x_4$$

目标函数中非基变量的检验数 $\lambda_1 = \frac{5}{3}$，$\lambda_2 = -\frac{4}{3}$。因为 $\lambda_1 > 0$，所以 $X^{(2)}$ 不是最优解。

(6) 第二次换基迭代。

第二次换基迭代与第一次换基迭代相同，x_1 为进基变量，在选择出基变量时采用最小比值规则，即常数向量与进基变量的系数列向量的正数求比值，最小比值对应的变量出基。本例中

$$\theta = \min\left\{\frac{30}{5/3}, \frac{10}{1/3}\right\} = 18$$

第一行的比值最小，x_3 为出基变量。因此 x_1、x_2 为基变量，x_3、x_4 为非基变量。将 x_1、x_2 的系数矩阵用初等变换的方法变换为单位矩阵（或消元法解出 x_1、x_2）得

$$\begin{cases} x_1 + \frac{3}{5}x_3 - \frac{1}{5}x_4 = 18 \\ x_2 - \frac{1}{5}x_3 + \frac{2}{5}x_4 = 4 \end{cases}$$

解得另一个基本可行解 $X^{(3)} = (18, 4, 0, 0)^T$

(7) 检验 $X^{(3)}$ 是否为最优解。

由

$$x_1 + \frac{3}{5}x_3 - \frac{1}{5}x_4 = 18$$

知

$$x_1 = 18 - \frac{3}{5}x_3 + \frac{1}{5}x_4$$

代入目标函数得

$$z = 40 + \frac{5}{3} \times \left(18 - \frac{3}{5}x_3 + \frac{1}{5}x_4\right) - \frac{4}{3}x_4 = 70 - x_3 - x_4$$

因为 $\lambda_1 = \lambda_2 = 0$，$\lambda_3 < 0$，$\lambda_4 < 0$，所以 $X^{(3)} = (18,4,0,0)^{\mathrm{T}}$ 是最优解，最优值 $z = 70$。

从例 2.7 可知，通过观察得到一个基本可行解并判断其是否为最优解，关键看模型是不是典型形式（典式）。

所谓典式就是：①约束条件系数矩阵存在 m 个不相关的单位向量；②目标函数中不含有基变量。满足条件①时就可以写出基本可行解，满足条件②时就可以得到检验数。

以上全过程计算方法就是单纯形法，用列表的方法计算更为简洁，这种表格称为单纯形表。

2.4.1 单纯形表

由上一节单纯形法迭代原理可知，每一次迭代计算只要表示出当前的约束方程组及目标函数即可。

$$\begin{cases} x_1 \qquad\qquad\qquad + a_{1m+1}x_{m+1} + \cdots + a_{1n}x_n = b_1 \\ \quad\; x_2 \qquad\qquad + a_{2m+1}x_{m+1} + \cdots + a_{2n}x_n = b_2 \\ \qquad \cdots\cdots \\ \qquad\qquad\; x_m + a_{mm+1}x_{m+1} + \cdots + a_{mn}x_n = b_m \end{cases} \qquad (2.18)$$

$$-z + c_1x_1 + c_2x_2 + \cdots + c_mx_m + c_{m+1}x_{m+1} + \cdots + c_nx_n = 0 \qquad (2.19)$$

将例 2.7 用单纯形表的方式计算，详细步骤如表 2-3 所示。

表 2-3 单纯形表

			$c_j \to$	3	4	0	0	
C_B①	X_B②	b③		x_1	x_2	x_3	x_4	θ_i④
0	x_3	40		2	1	1	0	40
0	x_4	30		1	[3]	0	1	10
		$c_j - z_j$		3	4	0	0	
0	x_3	30		[5/3]	0	1	-1/3	18
4	x_2	10		1/3	1	0	1/3	30
		$c_j - z_j$		5/3	0	0	-4/3	
3	x_1	18		1	0	3/5	-1/5	
4	x_2	4		0	1	-1/5	2/5	
		$c_j - z_j$		0	0	-1	-1	

注：① C_B 列为基变量的价值系数。
② X_B 列为基变量。
③ b 为约束方程组右端的常数。
④ θ_i 为 $\left|\dfrac{b_i}{a_{ik}}\right|$，$a_{ik} > 0$。

2.4.2 计算步骤

单纯形法的计算步骤如下。

（1）将线性规划问题转换为标准型。

（2）找到初始可行基，建立单纯形表，求出检验数。

通常在标准型的系数矩阵 A 中选择一个 m 阶单位矩阵或 m 个线性无关的单位向量作为初始可行基（如表 2-3 中 x_3、x_4 列对应的两个线性无关的单位向量），从而可以求得初始基本可行解。若不存在 m 阶单位矩阵，则要通过观察或试算寻找可行基，一般采用大 M 法或两阶段法。

需要说明的是：基变量的检验数必为零。

（3）最优性检验。求最大值，当 $\lambda_j \leqslant 0$ 时得到最优解，求最小值，当 $\lambda_j \geqslant 0$ 时得到最优解；若存在 $\lambda_j \geqslant 0$（极大化问题），或 $\lambda_j \leqslant 0$（极小化问题），且 $a_{ik} \leqslant 0 (i=1,2,\cdots,m)$，则线性规划具有无界解；若存在 $\lambda_j \geqslant 0$（极大化问题），或 $\lambda_j \leqslant 0$（极小化问题），且 $a_{ik}(i=1,2,\cdots,m)$ 不完全非正，则进行换基。

（4）换基迭代。在选择进基变量时，设 $\lambda_k = \max\{\lambda_j | \lambda_j > 0\}$（极大化问题），或 $\lambda_k = \max\{|\lambda_j| | \lambda_j < 0\}$（极小化问题），则应选 k 列的变量 x_k 为进基变量，也称这一列为主列，如表 2-3 中的 x_2 列。

在选择出基变量时，设 $\theta_L = \min\left\{\dfrac{b_i}{a_{ik}} | a_{ik} > 0\right\}$，表明第 L 行的比值最小，则应选 L 行对应的基变量作为出基变量，也称这一行为主行，如表 2-3 中的 x_4 行。

主列和主行的交点称为主元素，如表 2-3 中的[3]。a_{ik} 为主元素。

需要注意的是：选择出基变量时，a_{ik} 必须大于零，小于或等于零没有比值（比值视为无穷大）；若有两个以上相同最小值，任选一个最小比值对应的基变量出基，这时下一个基本可行解中存在为零的基变量，称为退化基本可行解。

换基后找到新的可行基。用初等行变换的方法将 a_{ik} 转换为 1，第 k 列其他元素转换为零（包括检验数行），得到新的可行基及基本可行解，再判断其是不是最优解。

例 2.8 用单纯形法求解如下线性规划问题。

$$\max z = 8x_1 + 6x_2$$

$$\text{s.t.} \begin{cases} 4x_1 + 2x_2 \leqslant 60 \\ 2x_1 + 4x_2 \leqslant 48 \\ x_1, x_2 \geqslant 0 \end{cases}$$

解：将线性规划问题的数学模型变换为标准型

$$\max z = 8x_1 + 6x_2$$

$$\text{s.t.} \begin{cases} 4x_1 + 2x_2 + x_3 = 60 \\ 2x_1 + 4x_2 + x_4 = 48 \\ x_1, x_2, x_3, x_4 \geqslant 0 \end{cases}$$

x_3、x_4作为初始基变量，单纯形法计算过程见表 2-4。表的上方增加一行，填写目标函数的系数，目的是求非基变量的检验数。检验数可用公式 $\lambda_j = c_j - \boldsymbol{C}_B \boldsymbol{P}_j$ 计算，其中，$\boldsymbol{P}_j$ 为决策变量在约束方程组中对应的系数。初始表中 x_1 的检验数

$$\lambda_1 = c_1 - \boldsymbol{C}_B \boldsymbol{P}_1 = 8 - (0,0)\begin{pmatrix} 4 \\ 2 \end{pmatrix} = 8 - (0\times 4 + 0\times 2) = 8$$

同理，当 $\lambda_j \leqslant 0$ 时，得到最优解为 $\boldsymbol{X}^* = (12,6)^\mathrm{T}$。

$$\max z^* = 8\times 12 + 6\times 6 = 132$$

表 2-4 单纯形表

C_B	X_B	b	$c_j \to$ 8 x_1	6 x_2	0 x_3	0 x_4	θ_i
0	x_3	60	[4]	2	1	0	15
0	x_4	48	2	4	0	1	24
	$c_j - z_j$		8	6	0	0	
8	x_1	15	1	1/2	1/4	0	30
0	x_4	18	0	[3]	−1/2	1	6
	$c_j - z_j$		0	2	−2	0	
8	x_1	12	1	0	1/3	−1/6	
6	x_2	6	0	1	−1/6	1/3	
	$c_j - z_j$		0	0	−5/3	−2/3	

例 2.9 用单纯形法求解如下线性规划问题。

$$\max z = -x_1 + x_2$$

$$\text{s.t.} \begin{cases} 3x_1 - 2x_2 \leqslant 1 \\ -2x_1 + x_2 \geqslant -4 \\ x_1, x_2 \geqslant 0 \end{cases}$$

解：将线性规划问题的数学模型变换为标准形式

$$\max z = -x_1 + x_2$$

$$\text{s.t.} \begin{cases} 3x_1 - 2x_2 + x_3 = 1 \\ 2x_1 - x_2 + x_4 = 4 \\ x_1, x_2, x_3, x_4 \geqslant 0 \end{cases}$$

单纯形法计算该线性规划问题的初始单纯形表见表 2-5。

表 2-5 初始单纯形表

C_B	X_B	$c_j \to$	-1	1	0	0
		b	x_1	x_2	x_3	x_4
0	x_3	1	3	-2	1	0
0	x_4	4	2	-1	0	1
		λ_j	-1	1	0	0

因为 $\lambda_2 = 1 > 0$，故 x_2 为进基。由于 $a_{12} < 0$，$a_{22} < 0$，没有比值，因此只要 $x_2 \geqslant 0$ 就能保证 x_3，x_4 非负，即当固定 x_1，使 $x_2 \to +\infty$ 时，$Z \to +\infty$ 且满足约束条件，线性规划问题具有无界解。

例 2.10 用单纯形法求解如下线性规划问题。

$$\max z = x_1 - 2x_2 + x_3$$

$$\text{s.t.} \begin{cases} x_1 - 2x_2 + 2x_3 \leqslant 1 \\ x_1 + x_2 - x_3 \leqslant 6 \\ x_1, x_2, x_3 \geqslant 0 \end{cases}$$

解：将线性规划问题的数学模型变换为标准形式

$$\max z = x_1 - 2x_2 + x_3$$

$$\text{s.t.} \begin{cases} x_1 - 2x_2 + 2x_3 + x_4 = 1 \\ x_1 + x_2 - x_3 + x_5 = 6 \\ x_j \geqslant 0 (j = 1, 2, \cdots, 5) \end{cases}$$

单纯形法计算该线性规划问题的初始单纯形表见表 2-6。

表 2-6 单纯形表

	C_B	X_B	$c_j \to$	1	-2	1	0	0	θ_i
			b	x_1	x_2	x_3	x_4	x_5	
a	0	x_4	1	[1]	-2	2	1	0	1
	0	x_5	6	1	1	-1	0	1	6
		$c_j - z_j$		1	-2	1	0	0	
b	1	x_1	1	1	-2	2	1	0	—
	0	x_5	5	0	[3]	-3	-1	1	5/3
		$c_j - z_j$		0	0	-1	-1	0	

续表

$c_j \rightarrow$				1	−2	1	0	0	θ_i
	C_B	X_B	b	x_1	x_2	x_3	x_4	x_5	
c	1	x_1	13/3	1	0	0	1/3	2/3	
	−2	x_2	5/3	0	1	−1	−1/3	1/3	
		$c_j - z_j$		0	0	−1	−1	0	

表 2-6 中，b 行的 λ_j 已经全部非正，得到最优解 $X^{(1)} = (1,0,0,0,5)^T$，最优值 $z^* = 1$。

表 2-6 中，b 行的非基变量 x_2 的检验数 $\lambda_2 = 0$，表明若 x_2 增加，目标函数值不变，即当 x_2 为进基时目标值仍等于 1。令 x_2 为进基，x_5 为出基，继续迭代得到表 2-6 中 c 行的另一个基本最优解 $X^{(2)} = \left(\dfrac{13}{3}, \dfrac{5}{3}, 0, 0, 0\right)^T$。

$X^{(1)}$、$X^{(2)}$ 是原线性规划问题的两个最优解，它的凸组合 $X = \alpha X^{(1)} + (1-\alpha) X^{(2)}$ 仍是最优解，即原线性规划问题有多重最优解。

综上所述，单纯形法求解线性规划问题的解的特点如下。

（1）最优单纯形表中所有非基变量的检验数非零，则线性规划问题具有唯一最优解。

（2）若非基变量检验数 $\lambda_k > 0$（极大化问题），或 $\lambda_k < 0$（极小化问题），且 $a_{ik} \leqslant 0$ ($i = 1, 2, \cdots, m$)，则线性规划问题具有无界解。

（3）最优单纯形表中存在非基变量的检验数为零，则线性规划问题具有多重最优解。

2.5 人工变量法

用添加人工变量法可以得到初始基本可行解。这里加以讨论，设线性规划问题的约束条件是

$$\sum_{j=1}^{n} P_j x_j = b \tag{2.20}$$

分别给每一个约束方程加入人工变量 $x_{n+1}, \cdots, x_{n+m}$，得到

$$\text{s.t.} \begin{cases} a_{11}x_1 + a_{12}x_2 + \cdots + a_{1n}x_n + x_{n+1} = b_1 \\ a_{21}x_1 + a_{22}x_2 + \cdots + a_{2n}x_n + x_{n+2} = b_2 \\ \cdots\cdots \\ a_{m1}x_1 + a_{m2}x_2 + \cdots + a_{mn}x_n + x_{n+m} = b_m \\ x_1, \cdots, x_n \geq 0, \ x_{n+1}, \cdots, x_{n+m} \geq 0 \end{cases} \tag{2.21}$$
$$\tag{2.22}$$

以 $x_{n+1}, \cdots, x_{n+m}$ 为基变量，并可得到一个 $m \times m$ 单位矩阵。令非基变量 $x_1, \cdots, x_n$ 为零，便可得到一个初始基本可行解

$$X^{(0)} = (0, 0, \cdots, 0, b_1, b_2, \cdots, b_m)^{\mathrm{T}} \quad (2.23)$$

以下讨论如何解含有人工变量的线性规划问题。

2.5.1 大 M 法

在一个线性规划问题的约束条件中加入人工变量，要求人工变量不影响目标函数的取值，为此假定人工变量在目标函数中的系数为（$-M$）或 M（M 为任意大的正数），这样目标函数要实现最大化或最小化时，必须把人工变量从基变量中换出，否则目标函数不能实现最大化或最小化。

例 2.11 现有如下线性规划问题：

$$\min z = -3x_1 + x_2 + x_3$$

$$\text{s.t.} \begin{cases} x_1 - 2x_2 + x_3 \leqslant 11 \\ -4x_1 + x_2 + 2x_3 \geqslant 3 \\ -2x_1 + x_3 = 1 \\ x_1, x_2, x_3 \geqslant 0 \end{cases}$$

试用大 M 法求解。

解： 在上述问题的约束条件中加入松弛变量 x_4，剩余变量 x_5，人工变量 x_6、x_7 得

$$\min z = -3x_1 + x_2 + x_3 + 0x_4 + 0x_5 + Mx_6 + Mx_7$$

$$\text{s.t.} \begin{cases} x_1 - 2x_2 + x_3 + x_4 = 11 \\ -4x_1 + x_2 + 2x_3 - x_5 + x_6 = 3 \\ -2x_1 + x_3 + x_7 = 1 \\ x_1, x_2, x_3, x_4, x_5, x_6, x_7 \geqslant 0 \end{cases}$$

这里 M 是一个任意大的正数。

用单纯形法进行计算的步骤见表 2-7。因本例是求 min，所以用所有 $c_j - z_j \geqslant 0$ 来判别目标函数是否实现了最小化。表 2-7 也是最终表，表明已得到最优解：

$$X^* = (4, 1, 9, 0, 0, 0, 0)^{\mathrm{T}}$$

目标函数最优值：$z^* = -2$。

表 2-7 单纯形表

$c_j \to$			-3	1	1	0	0	M	M	θ_i
C_B	X_B	b	x_1	x_2	x_3	x_4	x_5	x_6	x_7	
0	x_4	11	1	-2	1	1	0	0	0	11
M	x_6	3	-4	1	2	0	-1	1	0	3/2
M	x_7	1	-2	0	[1]	0	0	0	1	1
$c_j - z_j$			$-3+6M$	$1-M$	$1-3M$	0	M	0	0	

续表

C_B	X_B	b	$c_j \to$ x_1	x_2	x_3	x_4	x_5	x_6	x_7	θ_i
			-3	1	1	0	0	M	M	
0	x_4	10	3	-2	0	1	0	0	-1	—
M	x_6	1	0	$[1]$	0	0	-1	1	-2	1
1	x_3	1	-2	0	1	0	0	0	1	
$c_j - z_j$			-1	$1-M$	0	0	M	0	$3M-1$	
0	x_4	12	$[3]$	0	0	1	-2	2	-5	4
1	x_2	1	0	1	0	0	-1	1	-2	
1	x_3	1	-2	0	1	0	0	0	1	—
$c_j - z_j$			-1	0	0	0	1	$M-1$	$M+1$	
-3	x_1	4	1	0	0	$1/3$	$-2/3$	$2/3$	$-5/3$	
1	x_2	1	0	1	0	0	-1	1	-2	
1	x_3	9	0	0	1	$2/3$	$-4/3$	$4/3$	$-7/3$	
$c_j - z_j$			0	0	0	$1/3$	$1/3$	$M-1/3$	$M-2/3$	

2.5.2 两阶段法

下面介绍求解加入人工变量的线性规划问题的两阶段法。

第一阶段：不考虑原线性规划问题是否存在基本可行解；给原线性规划问题加入人工变量，并构造仅含人工变量的目标函数且要求实现最小化。如

$$\min \omega = x_{n+1} + \cdots + x_{n+m} + 0x_1 + \cdots + 0x_n \quad (2.24)$$

$$\text{s.t.} \begin{cases} a_{11}x_1 + a_{12}x_2 + \cdots + a_{1n}x_n + x_{n+1} = b_1 \\ a_{21}x_1 + a_{22}x_2 + \cdots + a_{2n}x_n + x_{n+2} = b_2 \\ a_{m1}x_1 + a_{m2}x_2 + \cdots + a_{mn}x_n + x_{n+m} = b_m \\ \cdots \cdots \\ x_1, x_2, \cdots, x_n, x_{n+1}, \cdots, x_{n+m} \geqslant 0 \end{cases} \quad (2.25)$$

其中，$x_{n+1}, \cdots, x_{n+m}$ 为人工变量。

然后用单纯形法求解上述模型，若得到 $\omega = 0$，这说明原线性规划问题存在基本可行解，可以进行第二阶段计算；否则原线性规划问题无可行解，应停止计算。

第二阶段：将第一阶段计算得到的最终表，除去人工变量。将目标函数行的系数，转换为原线性规划问题目标函数的系数，作为第二阶段计算的初始表。

各阶段的计算方法和步骤与单纯形法相同，下面举例说明。

例 2.12 现有如下线性规划问题：

$$\min z = -3x_1 + x_2 + x_3$$

$$\text{s.t.}\begin{cases} x_1 - 2x_2 + x_3 \leqslant 11 \\ -4x_1 + x_2 + 2x_3 \geqslant 3 \\ -2x_1 + x_3 = 1 \\ x_1, x_2, x_3 \geqslant 0 \end{cases}$$

试用两阶段法求解。

解：先在上述线性规划问题的约束方程中加入人工变量，给出第一阶段的数学模型为

$$\min \omega = x_6 + x_7$$

$$\text{s.t.}\begin{cases} x_1 - 2x_2 + x_3 + x_4 = 11 \\ -4x_1 + x_2 + 2x_3 - x_5 + x_6 = 3 \\ -2x_1 + x_3 + x_7 = 1 \\ x_1, x_2, x_3, x_4, x_5, x_6, x_7 \geqslant 0 \end{cases}$$

这里 x_6、x_7 是人工变量。用单纯形法求解，见表 2-8。第一阶段求得结果 $\omega = 0$，得到最优解

$$x_1 = 0, \quad x_2 = 1, \quad x_3 = 1, \quad x_4 = 12, \quad x_5 = x_6 = x_7 = 0$$

因人工变量 $x_6 = x_7 = 0$，所以 $(0,1,1,12,0)^T$ 是这个线性规划问题的基本可行解。将第一阶段的最终表中的人工变量 x_6、x_7 的列删除，并在变量 x_1、x_2、x_3 的 c_j 处填入原线性规划问题的目标函数的系数，进行第二阶段计算，见表 2-9。

表 2-8　第一阶段单纯形表

	!! EMBED		0	0	0	0	0	1	1	
C_B	X_B	b	x_1	x_2	x_3	x_4	x_5	x_6	x_7	θ_i
0	x_4	11	1	−2	1	1	0	0	0	11
1	x_6	3	−4	1	2	0	−1	1	0	3/2
1	x_7	1	−2	0	[1]	0	0	0	1	1
	$c_j - z_j$		6	−1	−3	0	1	0	0	
0	x_4	10	3	−2	0	1	0	0	−1	—
1	x_6	1	0	[1]	0	0	−1	1	−2	1
0	x_3	1	−2	0	1	0	0	0	1	—
	$c_j - z_j$		0	−1	0	0	1	0	3	
0	x_4	12	3	0	0	1	−2	2	−5	
0	x_2	1	0	1	0	0	−1	1	−2	
0	x_3	1	−2	0	1	0	0	0	1	
	$c_j - z_j$		0	0	0	0	0	1	1	

表 2-9 第二阶段单纯形表

C_B	X_B	b	$c_j \to$ x_1 −3	x_2 1	x_3 1	x_4 0	x_5 0	θ_i
0	x_4	12	[3]	0	0	1	−2	4
1	x_2	1	0	1	0	0	−1	—
1	x_3	1	−2	0	1	0	0	—
	$c_j - z_j$		−1	0	0	0	1	
−3	x_1	4	1	0	0	1/3	−2/3	
1	x_2	1	0	1	0	0	−1	
1	x_3	9	0	0	1	2/3	−4/3	
	$c_j - z_j$		0	0	0	1/3	1/3	

从表 2-9 中得到最优解为 $X^* = (4,1,9)^T$，目标函数最优值 $z^* = -2$。

用单纯形法求解线性规划问题时，在添加人工变量后，有可能出现无可行解的情况。因为人工变量是后加入原约束条件中的虚拟变量，要求经过基的变换将它们从基变量中逐个替换出来。基变量中不再含有非零的人工变量，这表示原线性规划问题有解。在最终表中，若所有 $c_j - z_j \leq 0$，而在基变量中还有某个非零人工变量，这时原线性规划问题无可行解。

2.6 解的退化与循环

单纯形法计算中用最小比值规则确定出基变量时，可能存在两个或两个以上相同的最小比值，使得基本可行解中存在基变量等于零，称为退化基本可行解。这时将该等于零的基变量换出，迭代后目标函数值不变。

例 2.13 求解如下线性规划问题。

$$\min z = x_1 + 2x_2 + x_3$$
$$\text{s.t.} \begin{cases} x_1 - 2x_2 + 4x_3 = 4 \\ 4x_1 - 9x_2 + 14x_3 = 16 \\ x_j \geq 0, j = 1,2,3 \end{cases}$$

解：用大 M 法加入人工变量 x_4、x_5，得到数学模型

$$\min z = x_1 + 2x_2 + x_3 + Mx_4 + Mx_5$$

$$\text{s.t.} \begin{cases} x_1 - 2x_2 + 4x_3 + x_4 = 4 \\ 4x_1 - 9x_2 + 14x_3 + x_5 = 16 \\ x_j \geq 0, \ j = 1, 2, \cdots, 5 \end{cases}$$

用单纯形法进行求解的步骤,见表 2-10。

表 2-10 单纯形表

	$c_j \to$			1	2	1	M	M	θ_i
	C_B	X_B	b	x_1	x_2	x_3	x_4	x_5	
a	M	x_4	4	1	-2	[4]	1	0	1
	M	x_5	16	4	-9	14	0	1	8/7
	$c_j - z_j$			$1-5M$	$2+11M$	$1-18M$	0	0	
b	1	x_3	1	[1/4]	$-1/2$	1	1/4	0	4
	M	x_5	2	1/2	-2	0	$-7/2$	1	4
	$c_j - z_j$			$3/4-M/2$	$5/2+2M$	0	$1/4+9/2M$	0	
c	1	x_1	4	1	-2	4	1	0	
	M	x_5	0	0	[-1]	-2	-4	1	
	$c_j - z_j$			0	$4+M$	$-3+2M$	$-1+5M$	0	
d	1	x_1	4	1	0	8	9	-2	1/2
	2	x_2	0	0	1	[2]	4	-1	0
	$c_j - z_j$			0	0	-11	$M-17$	$M+4$	
e	1	x_1	4	1	-4	0	-7	2	
	1	x_3	0	0	1/2	1	2	$-1/2$	
	$c_j - z_j$			0	11/2	0	$M+5$	$M-3/2$	

由表 2-10 中的 c、e 行得到退化基本最优解为 $X^* = (4,0,0)^\mathrm{T}$,最优值 $z^* = 4$。

从表 2-10 可知,表 2-10 中 b 行的最小比值相同,导致出现退化解。若选择表 2-10 中 b 行的 x_5 出基,则可直接得到表 2-10 中 e 行数据。虽然表 2-10 中 c 行和 e 行的最优解从数值上看相同,但它们是两个不同的基本可行解,对应于同一个极点。

有一种特殊情况,当出现退化解时,进行多次迭代后又回到初始表,继续迭代出现了无穷的循环,即永远得不到最优解。单纯形法迭代对于大多数退化解是有效的,尽管计算过程的循环现象极少出现,还是有可能的。解决这一问题的方法有摄动法、字典序法以及勃兰特规则。1974 年,由勃兰特(Bland)提出一种简便的规则,称为勃兰特规则。下面讲述勃兰特规则的解法。

(1) 选取 $c_j - z_j > 0$ 中下标最小的非基变量 x_k 为换入变量, 即

$$k = \min(j|c_j - z_j > 0) \quad (2.26)$$

(2) 当按 θ 规则计算存在两个和两个以上最小比值时, 选取下标最小的基变量为换出变量。

2.7 线性规划问题在交通领域中的应用

在经济全球化的今天, 道路交通扮演着重要的角色, 是支撑经济全球化的关键因素之一, 也是推动我国经济发展的重要因素。近年来, 我国大力发展道路交通, 那么如何降低施工成本和运输成本, 增加运输收入等问题就成为研究的重点。而线性规划主要应用于解决最优化问题, 下面举例说明线性规划在道路交通、建筑施工等方面的应用。

例 2.14 集料费用最小化问题。某筑路工地需 10000m³ 混合集料作为道路基层, 拟从附近两个弃土堆中取料, 从弃土堆 A 中取料的装载运输费为 1.0元/m³, 从弃土堆 B 中取料的装载运输费为 1.4元/m³, 问如何取料才使总的费用最少。已知弃土堆 A 的材料成分为: 砂含量 30%, 砾石含量 70%。弃土堆 B 的材料成分为: 砂含量 60%, 砾石含量 30%, 黏土含量 10%。混合集料的成分要求为: 砂含量 ≥ 50%, 砾石含量 ≤ 60%, 黏土含量 ≤ 8%。

解: 假设从弃土堆 A、B 所取的材料数分别为 x_1、x_2。工地需要的集料为 10000m³, 可表述为 $x_1 + x_2 = 10000$; 混合集料中各种成分的含量应满足要求, 这是限制条件, 可分别表述为 $30\%x_1 + 60\%x_2 \geqslant 50\%(x_1 + x_2)$, $70\%x_1 + 30\%x_2 \leqslant 60\%(x_1 + x_2)$, $10\%x_2 \leqslant 8\%(x_1 + x_2)$。由于从各个弃土堆所取的材料数量不能小于零, 即 $x_1 \geqslant 0, x_2 \geqslant 0$。用 z 表示总费用, 为使总费用最小, 则有 $\min z = 1.0x_1 + 1.4x_2$。综合上述, 这个问题的数学模型可归纳为

$$\min z = 1.0x_1 + 1.4x_2$$

$$\text{s.t.} \begin{cases} x_1 + x_2 = 10000 \\ -2x_1 + x_2 \geqslant 0 \\ -x_1 + 3x_2 \geqslant 0 \\ 4x_1 - x_2 \geqslant 0 \\ x_1, x_2 \geqslant 0 \end{cases}$$

用图解法求解该线性规划问题, 得到最优解 $\boldsymbol{X}^* = \left(\dfrac{10000}{3}, \dfrac{20000}{3}\right)^T$, 最优值 $z^* = 12666.7$ (元)。

例 2.15 截料优化问题。某桥梁工地要制作 100 套钢柜架, 因构造要求, 需将角钢

截成 3 种不同规格的短料：2.9m、2.1m、1.5m。已知每根原材料长 7.4m，试问怎样截料才能使用料最少。

解：经分析，将长 7.4m 的角钢截成 2.9m、2.1m、1.5m 3 种不同规格短料的方案有以下 8 种，见表 2-11。

表 2-11 下料方案

规格 (m/根)	方案								需求量/套
	1	2	3	4	5	6	7	8	
2.9	2	1	1	1	0	0	0	0	
2.1	0	2	1	0	3	2	1	0	100
1.5	1	0	1	3	0	2	3	4	
余料/m	0.1	0.3	0.9	0	1.1	0.2	0.8	1.4	

设 $x_j (j=1,2,\cdots,8)$ 为第 j 种下料方案所用角钢的根数，则用料最少的数学模型为

$$\min z = \sum_{j=1}^{8} x_j$$

$$\text{s.t.} \begin{cases} 2x_1 + x_2 + x_3 + x_4 \geq 100 \\ 2x_2 + x_3 + 3x_5 + 2x_6 + x_7 \geq 100 \\ x_1 + x_3 + 3x_4 + 2x_6 + 3x_7 + 4x_8 \geq 100 \\ x_j \geq 0, \; j=1,2,\cdots,8 \end{cases}$$

用单纯形法求解该线性规划问题得到最优解 $\boldsymbol{X}^* = (10,50,0,30,0,0,0,0)^{\mathrm{T}}$，最优值 $z^*=90$（根）。

例 2.16 施工规划问题。某筑路工地同时对 A、B 两条公路开展压实工作，这两条路的宽度相同。A 公路采用静力碾压式压实机，B 公路采用振动式压实机，运行费用见表 2-12。因为受机器碾压能力的限制，施工量不能超过 5000m²/天，为了保证施工进度，要求 A 公路每天的施工量 $\geq 800\mathrm{m}^2$，B 公路每天的施工量 $\geq 1500\mathrm{m}^2$。该工地有 12 名机械手可操作两种压实机。试问如何分配这 12 名机械手，才能使每天的运行费用最低。

表 2-12 运行费用

机具	每台运行费用/(元/天)	每台碾压能力/(m²/天)
静力碾压式压实机	400	100（A 公路）
振动式压实机	1000	500（B 公路）

解：设分配给静力碾压式压实机、振动式压实机的机械手人数分别为 x_1、x_2，那么每天的总运行费用为

$$z = 400x_1 + 1000x_2$$

受压实机工作能力的限制,则应有

$$100x_1 + 500x_2 \leqslant 5000$$

为了满足施工进度,则应有

$$100x_1 \geqslant 800, \quad 500x_2 \geqslant 1500$$

受机械手人数的限制,则应有

$$x_1 + x_2 \leqslant 12$$

综上所述,使每天的运行费用最低的数学模型为

$$\min z = 400x_1 + 1000x_2$$

$$\text{s.t.} \begin{cases} 100x_1 + 500x_2 \leqslant 5000 \\ 100x_1 \geqslant 800 \\ 500x_2 \geqslant 1500 \\ x_1 + x_2 \leqslant 12 \\ x_1, x_2 \geqslant 0 \end{cases}$$

用单纯形法求解该线性规划问题得到最优解 $\boldsymbol{X}^* = (8,4)^{\mathrm{T}}$,最优值 $z^* = 7200$ 元。

例 2.17 多阶段投资问题。某客运公司考虑在今后五年内将 10 万元资金给下列项目做投资,项目情况如下。

项目 A:从第 1 年到第 4 年每年年初需要投资,并于次年年末回收本利 115%。

项目 B:第 3 年年初需要投资,到第 5 年年末能回收本利 125%,但规定最大投资额不超过 4 万元。

项目 C:第 2 年年初需要投资,到第 5 年年末能回收本利 140%,但规定最大投资额不超过 3 万元。

项目 D:5 年内每年年初可购买公债,于当年年末归还,并加利息 6%。

试问应如何投资能使第 5 年年末拥有资金的本利总额最大。

解:(1)确定变量。以 $x_{iA}, x_{iB}, x_{iC}, x_{iD}$ $(i=1,2,\cdots,5)$ 分别表示第 i 年年初给项目 A、B、C、D 的投资额。根据给定的条件,将变量列于表 2-13 中。

表 2-13 变量列表

项目	第 1 年	第 2 年	第 3 年	第 4 年	第 5 年
A	x_{1A}	x_{2A}	x_{3A}	x_{4A}	
B			x_{3B}		
C		x_{2C}			
D	x_{1D}	x_{2D}	x_{3D}	x_{4D}	x_{5D}

（2）目标函数。问题是要求在第5年年末该客运公司手中拥有资金的本利总额最大，则目标函数可表示为：

$$\max z = 1.15x_{4A} + 1.25x_{3B} + 1.40x_{2C} + 1.06x_{5D}$$

（3）投资额应等于手中拥有的资金额。由于项目D每年都可以投资，并且当年年末即能回收本息。所以该客运公司每年应把资金全部投出去。

第1年：该部门年初拥有100000元，所以有

$$x_{1A} + x_{1D} = 100000$$

第2年：因第1年给项目A的投资要到第2年年末才能回收。所以该客运公司在第2年年初拥有的资金额仅为项目D在第1年回收的本息$x_{1D}(1+6\%)$，于是第2年的投资分配是

$$x_{2A} + x_{2C} + x_{2D} = 1.06x_{1D}$$

第3年：第3年年初的资金额是从项目A第1年投资及项目D第2年投资中回收的本利总和，即$x_{1A}(1+15\%)$及$x_{2D}(1+6\%)$。于是第3年的资金分配是

$$x_{3A} + x_{3B} + x_{3D} = 1.15x_{1A} + 1.06x_{2D}$$

第4年：同上分析，可得

$$x_{4A} + x_{4D} = 1.15x_{2A} + 1.06x_{3D}$$

第5年：

$$x_{5D} = 1.15x_{3A} + 1.06x_{4D}$$

此外，由于对项目B、C的投资有限额的规定，则有

$$x_{3B} \leqslant 40000$$
$$x_{2C} \leqslant 30000$$

（4）数学模型。经过以上分析，这个与时间有关的投资问题可以用以下线性规划问题的数学模型来描述

$$\max z = 1.15x_{4A} + 1.25x_{3B} + 1.40x_{2C} + 1.06x_{5D}$$

$$\text{s.t.} \begin{cases} x_{1A} + x_{1D} = 100000 \\ -1.06x_{1D} + x_{2A} + x_{2C} + x_{2D} = 0 \\ -1.15x_{1A} - 1.06x_{2D} + x_{3A} + x_{3B} + x_{3D} = 0 \\ -1.15x_{2A} - 1.06x_{3D} + x_{4A} + x_{4D} = 0 \\ -1.15x_{3A} - 1.06x_{4D} + x_{5D} = 0 \\ x_{2C} \leqslant 30000 \\ x_{3B} \leqslant 40000 \\ x_{iA}, x_{iB}, x_{iC}, x_{iD} \geqslant 0, \quad i = 1, 2, \cdots, 5 \end{cases}$$

（5）用单纯形法计算得最佳投资如下。

第1年：$x_{1A} = 34783$，$x_{1D} = 65217$

第2年：$x_{2A} = 39130$，$x_{2C} = 30000$，$x_{2D} = 0$

第3年：$x_{3A} = 0$，$x_{3B} = 40000$，$x_{3D} = 0$

第 4 年：$x_{4A} = 45000$，$x_{4D} = 0$
第 5 年：$x_{5D} = 0$
到第 5 年年末该部门拥有资金总额为143750元，盈利43.75%。

2.8 习题

1. 某车间生产 A 和 B 两种产品，每种产品各有两道工序，工序工时见表 2-14，若每台机器每周最多工作 40h，而产品 A 的售价为 200 元，产品 B 的售价为 500 元。每种产品应各生产多少件，才能使产值最高（仅建立数学模型）。

表 2-14 工序工时

产品	工序		产品售价/元
	第一道/h	第二道/h	
A	1.5	2	200
B	5	4	500

2. 某人每天食用甲、乙两种食物，其营养成分见表 2-15。甲、乙两种食物的单价分别为 2 元/克、1.5 元/克。请问两种食物此人每天各食用多少克，才能既满足人体需求，又使总费用最低（仅建立数学模型）。

表 2-15 食物营养成分

营养成分	每克食物中营养含量		人体每天最低需求量/克
	甲/克	乙/克	
A_1	0.1	0.15	1.0
A_2	1.7	0.75	7.5
A_3	1.1	1.30	10.0
原材料单价/（元/克）	2	1.5	

3. 用图解法求解下列线性规划问题并指出解的形式。

（1）$\max z = 2x_1 + 3x_2$
s.t. $\begin{cases} x_1 + x_2 \leqslant 6 \\ x_1 + 2x_2 \leqslant 8 \\ 4x_1 \leqslant 16 \\ 4x_2 \leqslant 12 \\ x_1, x_2 \geqslant 0 \end{cases}$

（2）$\max z = x_1 + 2x_2$
s.t. $\begin{cases} x_1 + 2x_2 \leqslant 6 \\ 3x_1 + 2x_2 \leqslant 12 \\ x_2 \leqslant 2 \\ x_1, x_2 \geqslant 0 \end{cases}$

（3） $\min z = x_1 + x_2$

$$\text{s.t.} \begin{cases} x_1 + 2x_2 \geqslant 2 \\ x_1 - x_2 \geqslant -1 \\ x_1, x_2 \geqslant 0 \end{cases}$$

（4） $\max z = 4x_1 + 8x_2$

$$\text{s.t.} \begin{cases} 2x_1 + 2x_2 \leqslant 10 \\ -x_1 + x_2 \geqslant 8 \\ x_1, x_2 \geqslant 0 \end{cases}$$

4. 将下列线性规划问题变换为标准型。

（1） $\min z = -3x_1 + 4x_2 - 2x_3 + 5x_4$

$$\text{s.t.} \begin{cases} 2x_1 - x_2 + 2x_3 - x_4 = -2 \\ x_1 + x_2 - x_3 + 2x_4 \leqslant 14 \\ -2x_1 + 3x_2 + x_3 - x_4 \geqslant 12 \\ x_1, x_2, x_3 \geqslant 0, \ x_4 \text{无约束} \end{cases}$$

（2） $\min z = 9x_1 - 3x_2 + 5x_3$

$$\text{s.t.} \begin{cases} |6x_1 + 7x_2 - 4x_3| \leqslant 20 \\ x_1 \geqslant 5 \\ x_1 + 8x_2 = -8 \\ x_1, x_2, x_3 \geqslant 0 \end{cases}$$

5. 已知线性规划问题。

$$\max z = 2x_1 + x_2$$

$$\text{s.t.} \begin{cases} 3x_1 + 5x_2 + x_3 = 15 \\ 6x_1 + 2x_2 + x_4 = 24 \\ x_1, x_2, x_3, x_4 \geqslant 0 \end{cases}$$

取 $\boldsymbol{B}_1 = (P_2, P_3) = \begin{pmatrix} 5 & 1 \\ 2 & 0 \end{pmatrix}$, $\boldsymbol{B}_2 = (P_2, P_4) = \begin{pmatrix} 5 & 0 \\ 2 & 1 \end{pmatrix}$，分别指出 $\boldsymbol{B}_1$ 和 $\boldsymbol{B}_2$ 对应的基变量和非基变量，求出基本解，并说明 $\boldsymbol{B}_1$、$\boldsymbol{B}_2$ 是否为可行基。

6. 用单纯形法求解下列线性规划问题。

（1） $\max z = 5x_1 + 3x_2$

$$\text{s.t.} \begin{cases} 3x_1 + 5x_2 \leqslant 15 \\ 5x_1 + 2x_2 \leqslant 10 \\ x_1, x_2 \geqslant 0 \end{cases}$$

（2） $\min z = -2x_1 - x_2 - 4x_3 + x_4$

$$\text{s.t.} \begin{cases} x_1 + 2x_2 + x_3 - 3x_4 \leqslant 8 \\ -x_2 + x_3 + 2x_4 \leqslant 10 \\ 2x_1 + 7x_2 - 5x_3 - 10x_4 \leqslant 20 \\ x_1, x_2, x_3, x_4 \geqslant 0 \end{cases}$$

7. 用大 M 法和两阶段法求解下列线性规划问题。

（1） $\max z = 2x_1 + 3x_2 - 5x_3$

$$\text{s.t.} \begin{cases} x_1 + x_2 + x_3 = 7 \\ 2x_1 - 5x_2 + x_3 \geqslant 10 \\ x_1, x_2, x_3 \geqslant 0 \end{cases}$$

（2） $\min z = 4x_1 + 3x_2 + 8x_3$

$$\text{s.t.} \begin{cases} x_1 + x_3 \leqslant 2 \\ x_2 + 2x_3 \geqslant 5 \\ x_1, x_2, x_3 \geqslant 0 \end{cases}$$

8. 设某仓库要搬迁，仓库内有三种物资，用 B_1、B_2、B_3 表示，他们的数量分别为 2 万吨、3 万吨、4 万吨；有三种运输工具可利用，这三种运输工具运送各种物资的运输效果也不同，每种运输工具运送各种物资的运输效率及各种运输工具的数量如表 2-16 所示，试问如何确定运输方案，使得运输公司在最短的时间内完成运输任务。

表 2-16 运输工具运送各种物资的运输效率及各种运输工具的数量

运输工具	工具数量	运输工具的运输效率/（100 吨/天）		
		B_1	B_2	B_3
A_1	40	0.5	0.6	1.5
A_2	1	10	30	36
A_3	5	8	3	4
物资数量/万吨		2	3	4

第 3 章
对偶理论与灵敏度分析

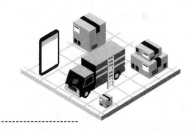

3.1 线性规划问题的对偶模型

3.1.1 对偶问题的提出

先看下面的例题。

例 3.1 设某工厂生产两种产品甲和乙,生产中需 4 种设备按 A、B、C、D 顺序加工,每件产品加工所需的机时数、每件产品的利润值及每种设备的可利用机时数列见表 3-1。

充分利用设备机时,工厂应生产甲和乙两种产品各多少件才能获得最大利润?

表 3-1 产品数据表

产品	设备				利润/(元/件)
	A	B	C	D	
甲	2	1	4	0	2
乙	2	2	0	4	3
设备可利用机时数/h	12	8	16	12	—

生产问题的对偶问题

解:设甲、乙两种产品各生产 x_1 件及 x_2 件,则数学模型为

$$\max z = 2x_1 + 3x_2$$

$$\text{s.t.} \begin{cases} 2x_1 + 2x_2 \leqslant 12 \\ x_1 + 2x_2 \leqslant 8 \\ 4x_1 \leqslant 16 \\ 4x_2 \leqslant 12 \\ x_1, x_2 \geqslant 0 \end{cases}$$

例 3.2 在例 3.1 的基础上修改线性规划问题的约束条件。若厂长决定不生产甲和乙两种产品,而是出租设备用于接受外加工,只收加工费,那么 4 种设备的机时如何定价才是最佳决策?

在市场竞争的时代,工厂的最佳决策应符合以下两个原则。

(1)不吃亏原则。即机时定价所获利润不能低于加工甲、乙两种产品所获利润。由此原则,便构成了新规划的不等式约束条件。

(2)竞争性原则。即在上述不吃亏原则下,尽量降低机时总收费,以便争取更多用户。

设 A、B、C、D 设备的机时收费分别为 y_1、y_2、y_3、y_4,则新的线性规划数学模型为

$$\min \omega = 12y_1 + 8y_2 + 16y_3 + 12y_4$$

$$\text{s.t.} \begin{cases} 2y_1 + y_2 + 4y_3 + 0y_4 \geq 2 \\ 2y_1 + 2y_2 + 0y_3 + 4y_4 \geq 3 \\ y_1, y_2, y_3, y_4 \geq 0 \end{cases}$$

称这个线性规划问题为例 3.1 中线性规划问题的对偶问题,对偶问题数据表见表 3-2,观察该表中两个问题变量的位置。

表 3-2 对偶问题数据表

产品	设置				利润/(元/件)
	y_1	y_2	y_3	y_4	
甲	2	1	4	0	2
乙	2	2	0	4	3
设备可利用机时数/h	12	8	16	12	

对偶性是线性规划问题最重要的内容之一。每一个线性规划问题必然有与之相伴而生的另一个线性规划问题,即任何一个求 max z 的线性规划都有一个求 min z 的线性规划与之对应。其中的一个问题称为"原问题",记为 P,另一个问题称为"对偶问题",记为 D。

3.1.2 原问题和对偶问题的关系

对比原问题和对偶问题所获得的数学模型,可以发现一个有趣的现象。

(1)原问题的目标函数求极大值,对偶问题的目标函数求极小值。

(2)原问题约束数目与对偶问题的对偶变量数目相等。

原问题与对偶问题的一般原则

（3）原问题目标函数中的价值系数，在对偶问题中变为约束条件右端的常数项；原问题约束条件右端的常数项，在对偶问题中变为目标函数的价值系数。

（4）约束条件的不等式中不等号的方向改变了。

（5）约束方程的系数矩阵发生了转置。

对称形式的对偶关系如下。

若原问题为

$$\max z = c_1x_1 + c_2x_2 + \cdots + c_nx_n \qquad (3.1)$$

$$\text{s.t.} \begin{cases} a_{11}x_1 + a_{12}x_2 + \cdots + a_{1n}x_n \leqslant b_1 \\ a_{21}x_1 + a_{22}x_2 + \cdots + a_{2n}x_n \leqslant b_2 \\ \quad \cdots\cdots \\ a_{m1}x_1 + a_{m2}x_2 + \cdots + a_{mn}x_n \leqslant b_m \\ x_1, x_2, \cdots, x_n \geqslant 0 \end{cases}$$

矩阵表示为

$$\max z = \boldsymbol{CX} \qquad (3.2)$$

$$\text{s.t.} \begin{cases} \boldsymbol{AX} \leqslant \boldsymbol{b} \\ \boldsymbol{X} \geqslant 0 \end{cases}$$

则其对偶问题为

$$\min \omega = b_1y_1 + b_2y_2 + \cdots + b_my_m \qquad (3.3)$$

$$\text{s.t.} \begin{cases} a_{11}y_1 + a_{21}y_2 + \cdots + a_{m1}y_m \geqslant c_1 \\ a_{12}y_1 + a_{22}y_2 + \cdots + a_{m2}y_m \geqslant c_2 \\ \quad \cdots\cdots \\ a_{1n}y_1 + a_{2n}y_2 + \cdots + a_{mn}y_m \geqslant c_n \\ y_1, y_2, \cdots, y_m \geqslant 0 \end{cases}$$

矩阵表示为

$$\min \omega = \boldsymbol{Y'b} \qquad (3.4)$$

$$\text{s.t.} \begin{cases} \boldsymbol{A'Y} \geqslant \boldsymbol{C'} \\ \boldsymbol{Y} \geqslant 0 \end{cases}$$

式（3.1）和式（3.3）之间的变换关系称为"对称形式的对偶关系"。将上述对称形式下的线性规划原问题与对偶问题进行比较，可列出表 3-3 所示的对应关系。

表 3-3 对称形式下的线性规划原问题与对偶问题的对应关系

项目	原问题	对偶问题
A	约束系数矩阵	约束系数矩阵的转置
B	约束条件的资源向量（右端项）	目标函数中的价格向量（系数）

项目	原问题	对偶问题
C	目标函数中的价格向量（系数）	约束条件的资源向量（右端项）
目标函数	$\max z = CX$	$\min \omega = Y'b$
约束条件	$AX \leqslant b$	$A'Y \geqslant C'$

续表

3.1.3 对偶问题的数学模型

本书中定义"约束条件为等式"或"决策变量取值无约束"的模型为非常规线性规划模型。

（1）约束条件为等式。

若原问题模型为

$$\max z = CX$$
$$\text{s.t.} \begin{cases} AX = b \\ X \geqslant 0 \end{cases}$$

原问题模型可转化为

$$\max z = CX \qquad\qquad \max z = CX$$
$$\text{s.t.} \begin{cases} AX \leqslant b \\ AX \geqslant b \\ X \geqslant 0 \end{cases} \rightarrow \text{s.t.} \begin{cases} AX \leqslant b \\ (-A)X \leqslant (-b) \\ X \geqslant 0 \end{cases}$$

数学模型转化为如下对偶形式

$$\min \omega = Y^{\mathrm{T}} b$$
$$\text{s.t.} \begin{cases} YA \geqslant C^{\mathrm{T}} \\ Y \text{无约束} \end{cases}$$

（2）决策变量取值无约束。

已知线性规划模型

$$\max z = CX$$
$$\text{s.t.} \begin{cases} AX \leqslant b \\ X \text{无约束} \end{cases}$$

令 $X = X^{(1)} - X^{(2)}$，模型转化过程如下。

$$\max z = C\left(X^{(1)} - X^{(2)}\right) \qquad \min \omega = Y^{\mathrm{T}} b \qquad \min \omega = Yb$$
$$\text{s.t.} \begin{cases} A\left(X^{(1)} - X^{(2)}\right) \leqslant b \\ X^{(1)}, X^{(2)} \geqslant 0 \end{cases} \rightarrow \text{s.t.} \begin{cases} YA \geqslant C^{\mathrm{T}} \\ Y(-A) \geqslant (-C) \\ Y \geqslant 0 \end{cases} \quad 即 \quad \text{s.t.} \begin{cases} YA = C^{\mathrm{T}} \\ Y \geqslant 0 \end{cases}$$

3.2 对偶问题的基本性质

设原问题如式（3.5）所示，其对偶问题如式（3.6）所示。

$$\max z = \sum_{j=1}^{n} c_j x_j \qquad (3.5)$$

$$\text{s.t.} \begin{cases} \sum_{j=1}^{n} a_{ij} x_j \leqslant b_i, & i = 1, 2, \cdots, m \\ x_j \geqslant 0, & j = 1, 2, \cdots, n \end{cases}$$

$$\min \omega = \sum_{i=1}^{m} b_i y_i \qquad (3.6)$$

$$\text{s.t.} \begin{cases} \sum_{i=1}^{m} a_{ij} y_i \geqslant c_j, & j = 1, 2, \cdots, n \\ y_i \geqslant 0, & i = 1, 2, \cdots, m \end{cases}$$

对偶问题具有以下性质。

（1）弱对偶性。

如果 $\bar{x}_j (j=1,2,\cdots,n)$ 是原问题的可行解，$\bar{y}_i (i=1,2,\cdots,m)$ 是其对偶问题的可行解，则恒有

$$\sum_{j=1}^{n} c_j \bar{x}_j \leqslant \sum_{i=1}^{m} b_i \bar{y}_i \qquad (3.7)$$

证明过程如下。

证明：因为

$$\sum_{j=1}^{n} c_j \bar{x}_j \leqslant \sum_{j=1}^{n} \left(\sum_{i=1}^{m} a_{ij} \bar{y}_i \right) \bar{x}_j = \sum_{i=1}^{m} \sum_{j=1}^{n} a_{ij} \bar{x}_j \bar{y}_i \qquad (3.8)$$

$$\sum_{i=1}^{m} b_i \bar{y}_i \geqslant \sum_{i=1}^{m} \left(\sum_{j=1}^{n} a_{ij} \bar{x}_j \right) \bar{y}_i = \sum_{i=1}^{m} \sum_{j=1}^{n} a_{ij} \bar{x}_j \bar{y}_i \qquad (3.9)$$

所以恒有

$$\sum_{j=1}^{n} c_j \bar{x}_j \leqslant \sum_{i=1}^{m} b_i \bar{y}_i \qquad (3.10)$$

由对偶问题的弱对偶性，可得出以下推论。

推论 1 原问题最优解的目标函数值是其对偶问题目标函数值的下界；反之，对偶问题最优解的目标函数值是其原问题目标函数值的上界。

推论 2 若原问题有可行解且目标函数值无界（具有无界解），则其对偶问题无可行解；反之，若对偶问题有可行解且目标函数值无界，则其原问题无可行解（注意：此性质的逆不一定成立，当对偶问题无可行解时，其原问题或具有无界解或无可行解，反之亦然）。

推论 3 若原问题有可行解而其对偶问题无可行解，则原问题目标函数值无界；反之，若对偶问题有可行解而其原问题无可行解，则对偶问题的目标函数值无界。

（2）最优性。如果 $x_j^*(j=1,2,\cdots,n)$ 是原问题的可行解，$y_i^*(i=1,2,\cdots,m)$ 是其对偶问题的可行解，且有

$$\sum_{j=1}^{n}c_j x_j^* = \sum_{i=1}^{m}b_i y_i^* \qquad (3.11)$$

则 $x_j^*(j=1,2,\cdots,n)$ 是原问题的最优解，$y_i^*(i=1,2,\cdots,m)$ 是其对偶问题的最优解。

证明过程如下。

证明：设 $x_j^*(j=1,2,\cdots,n)$ 是原问题的最优解，$y_i^*(i=1,2,\cdots,m)$ 是其对偶问题的最优解。

因为
$$\sum_{j=1}^{n}c_j x_j \leqslant \sum_{j=1}^{n}c_j x_j^*, \quad \sum_{i=1}^{m}b_i y_i^* \leqslant \sum_{i=1}^{m}b_i y_i \qquad (3.12)$$

又知
$$\sum_{j=1}^{n}c_j x_j = \sum_{i=1}^{m}b_i y_i, \quad \sum_{j=1}^{n}c_j x_j^* \leqslant \sum_{i=1}^{m}b_i y_i^* \qquad (3.13)$$

故
$$\sum_{j=1}^{n}c_j x_j = \sum_{j=1}^{n}c_j x_j^* = \sum_{i=1}^{m}b_i y_i^* = \sum_{i=1}^{m}b_i y_i \qquad (3.14)$$

（3）强对偶性（或称对偶定理）。若原问题及其对偶问题均具有可行解，则两者均具有最优解，且它们最优解的目标函数值相等。

（4）互补松弛性。在线性规划问题的最优解中，如果对应某一约束条件的对偶变量值为非零，则该约束条件取严格等式；反之如果约束条件取严格不等式，则其对应的对偶变量值一定为零。即

若 $y_i > 0$，则 $\sum_{j=1}^{n}a_{ij}x_j = b_i$，即 $x_{si} = 0$ \qquad (3.15)

若 $\sum_{j=1}^{n}a_{ij}x_j < b_i$，即 $x_{si} > 0$，则 $y_i = 0$ \qquad (3.16)

因此一定有 $x_{si} y_i = 0$ \qquad (3.17)

证明过程如下。

证明：由弱对偶性可知

$$\sum_{j=1}^{n}c_j x_j \leqslant \sum_{i=1}^{m}\sum_{j=1}^{n}a_{ij}x_j y_i \leqslant \sum_{i=1}^{m}b_i y_i \qquad (3.18)$$

又根据最优性 $\sum_{j=1}^{n}c_j x_j = \sum_{i=1}^{m}b_i y_i$，故式（3.18）中应全为等式。

由式（3.18）右端等式得

$$\sum_{i=1}^{m}\left(\sum_{j=1}^{n}a_{ij}x_j - b_i\right)y_i = 0 \qquad (3.19)$$

因为 $y_i \geq 0$，$\sum_{j=1}^{n} a_{ij}x_j - b_i \leq 0$，所以式（3.19）成立必须对所有 $i = 1, 2, \cdots, m$ 有

$$\left(\sum_{j=1}^{n} a_{ij}x_j - b_i\right)y_i = 0 \quad (3.20)$$

因此，当 $y_i > 0$ 时，$\sum_{j=1}^{n} a_{ij}x_j - b_i = 0$；当 $\sum_{j=1}^{n} a_{ij}x_j - b_i < 0$ 时，$y_i = 0$。

将互补松弛性应用于其对偶问题时可以这样叙述。

若 $x_j > 0$，则 $\sum_{i=1}^{m} a_{ij}y_i = c_j$；若 $\sum_{i=1}^{m} a_{ij}y_i > c_j$，则 $x_j = 0$。

其证明方法同上所述。

上述针对对称形式证明的对偶问题的性质，同样适用于非对称形式。读者不妨自己找一个例子来进行验证。

3.3 影子价格

从 3.2 小节对偶问题的性质可以看出，当线性规划原问题求得最优解 $x_j^*(j = 1, 2, \cdots, n)$ 时，其对偶问题也得到最优解 $y_i^*(i = 1, 2, \cdots, m)$，且代入各自的目标函数后有

$$z^* = \sum_{j=1}^{n} c_j x_j^* = \sum_{i=1}^{m} b_i y_i^* = \omega^* \quad (3.21)$$

式（3.21）中的 b_i 是线性规划原问题约束条件的右端项，它代表第 i 种资源的拥有量；对偶变量 y_i^* 代表在资源最优利用的条件下对单位第 i 种资源的估价。这种估价不是资源的市场价格，而是单位第 i 种资源在所给问题的最优方案中做出贡献的估价，称为影子价格（Shadow Price）。

（1）资源的市场价格是其价值的客观体现，随供求关系变化，价格围绕价值波动。而资源的影子价格则依赖于资源的利用情况，它是当一组基变量用于获得原问题最优解时，对偶变量 y_i（即第 i 种资源）每单位对利润的贡献。这个贡献会因不同企业或同一企业生产任务、产品结构等情况发生变化，资源的影子价格也随之改变。

（2）影子价格是一种边际价格，在式（3.21）中对 z 求 b_i 的偏导得

$$\frac{\partial z^*}{\partial b_i} = y_i^* \quad (3.22)$$

这说明 y_i^* 的值在理论上相当于在资源得到最优利用的生产条件下，b_i 每增加一个单位目标函数值 z 的增量。

（3）资源的影子价格实际上又是一种机会成本。在完全市场经济条件下，当市场价

（4）在对偶问题的互补松弛性质中有：当 $y_i = 0$ 时，$\sum_{j=1}^{n} a_{ij} x_j < b_i$；当 $y_i > 0$ 时，$\sum_{j=1}^{n} a_{ij} x_j = b_i$。这表明生产过程中如果某种资源 b_i 未得到充分利用，该种资源的影子价格为零；当资源的影子价格不为零时，表明该种资源在生产中已耗费完毕。注意，当出现退化的最优解时，会出现某种资源 i 刚好耗尽，而并非稀缺，但影子价格 y_i 仍大于零（对应 y_i 的第 i 个约束条件的松弛变量取值为零）。这时 b_i 值的任何增加只会带来该种资源的剩余，而不会增加利润值。

（5）一般来说，求解线性规划问题是确定资源的最优分配方案，而求解对偶问题则是确定对资源的恰当估价，这种估价直接涉及资源的最有效利用。党的二十大报告指出，要"优化配置创新资源"。如在一个企业内部，可借助资源的影子价格确定一些内部结算价格，以便控制有限资源的使用和考核下属企业经营的好坏。又如在社会上可对一些最紧缺的资源，借助影子价格确定使用这种资源必须上缴的利润额，以强制一些经济效益低的企业自觉地节约使用紧缺资源，使有限资源发挥更大的经济效益。

3.4 对偶单纯形法

3.4.1 对偶单纯形法的基本思路

对偶单纯形法是应用对偶理论求解线性规划问题的方法。求解线性规划问题的单纯形法的思路如下。对原问题的一个基本可行解，判别是否所有检验数满足 $c_j - z_j \leq 0 (j = 1, 2, \cdots, n)$。若满足条件，则基变量中无非零人工变量，即找到了问题的最优解；如果不满足条件，则找出相邻的目标函数值更大的基本可行解，并继续判别，只要存在最优解，就一直循环进行直到找出最优解。

因为 $c_j - z_j = c_j - \boldsymbol{C}_B \boldsymbol{B}^{-1} \boldsymbol{P}_j$，当 $c_j - z_j \leq 0 (j = 1, 2, \cdots, n)$，根据对偶问题的性质，有 $\boldsymbol{Y}^{\mathrm{T}} \boldsymbol{P}_j \geq c_j$ 或 $\sum_{i=1}^{m} a_{ij} y_i \geq c_j (j = 1, 2, \cdots, n)$，即其对偶问题的解为可行解，且为原问题和对偶问题的最优解。反之，如果存在一个对偶问题的可行基 $\boldsymbol{B}$，即对 $j = 1, 2, \cdots, n$ 有 $\boldsymbol{C}_B \boldsymbol{B}^{-1} \boldsymbol{P}_j \geq c_j$ 或 $c_j - z_j \leq 0$，这时只要有 $\boldsymbol{X}_B = \boldsymbol{C}_B \boldsymbol{B}^{-1} \geq 0$，即原问题的解也为可行解，且两者均为最优解。否则保持对偶问题为可行解，找出原问题的相邻基本解，再判别是否有 $\boldsymbol{X}_B \geq 0$，循环进行，一直使原问题也为可行解，从而两者均为最优解。

对偶单纯形法的基本思路：先找出一个对偶问题的可行基，并保持对偶问题为基本可行解条件下，如不存在 $X_B \geq 0$，通过变换到一个相邻的目标函数值较小的基本可行解（因对偶问题是求目标函数的极小化），并循环进行，直到原问题也为可行解（即 $X_B \geq 0$），这时对偶问题与原问题均为可行解。

3.4.2 对偶单纯形法的计算步骤

设某标准形式的线性规划问题为

$$\max z = CX \quad (3.23)$$
$$\text{s.t.} \begin{cases} AX = b \\ X \geq 0 \end{cases}$$

存在一个对偶问题的可行基 B，不妨设 $(P_1, P_2, \cdots, P_m)$，列出的单纯形表见表 3-4。

表 3-4 中必须有 $c_j - z_j \leq 0 (j = 1, 2, \cdots, n)$，$\bar{b}_i (i = 1, 2, \cdots, m)$ 的值不要求为正。当 $\bar{b}_i \geq 0 (i = 1, 2, \cdots, m)$ 时，表中原问题和对偶问题均为最优解。否则，通过变换一个基变量，找出原问题的一个目标函数值较小的相邻基本解。

表 3-4 单纯形表

C_B	X_B	b	x_1	...	x_r	x_m	x_{m+1}	...	x_s	...	x_n
c_1	x_1	$\bar{b}_1$	1	...	0	0	$a_{1,m+1}$	...	a_{1s}	...	a_{1n}
⋮	⋮	⋮	⋮	⋮	⋮	⋮	⋮	⋮	⋮	⋮	⋮
c_r	x_r	$\bar{b}_r$	0	...	1	0	$a_{r,m+1}$	...	a_{rs}	...	a_{rn}
⋮	⋮	⋮	⋮	⋮	⋮	⋮	⋮	⋮	⋮	⋮	⋮
c_m	x_m	$\bar{b}_m$	0	...	0	1	$a_{m,m+1}$	...	a_{ms}	...	a_{mn}
$c_j - z_j$			0	...	0	0	$c_{m+1} - z_{m+1}$	...	$c_s - z_s$	...	$c_n - z_n$

（1）确定换出基的变量。

因为总存在小于 0 的 $\bar{b}_i$，令 $\bar{b}_r = \min_i \{\bar{b}_i\}$，其对应变量 x_r 为换出基的变量。

（2）确定换入基的变量。

① 为了使下一个表中第 R 行基变量为正值，因此只有对应 $a_{rj} < 0 (j = m+1, \cdots, n)$ 的非基变量才可以作为换入基的变量。

② 为了使下一个表中对偶问题的解仍为可行解，令

$$\theta = \min_j \left\{ \frac{c_j - z_j}{a_{rj}} \Big| a_{rj} < 0 \right\} = \frac{c_s - z_s}{a_{rs}} \quad (3.24)$$

式中，a_{rs} 为主元素，所以表 3-4 中的 x_s 为换入基的变量。

设下一个表中的检验数为 $(c_j - z_j)'$，

$$(c_j - z_j)' = (c_j - z_j) - \frac{a_{rj}}{a_{rs}}(c_s - z_s) = a_{rj} \left[\frac{c_j - z_j}{a_{rj}} - \frac{c_s - z_s}{a_{rs}} \right] \quad (3.25)$$

分两种情况说明满足式（3.24）来选取主元素时，式（3.25）中，$(c_j - z_j)' \leq 0$ $(j = 1, 2, \cdots, n)$。

① 当 $a_{rj} \geq 0$ 时，因为 $c_j - z_j \leq 0$，所以 $\dfrac{c_j - z_j}{a_{rj}} \leq 0$，又因为主元素 $a_{rs} < 0$，所以 $\dfrac{c_s - z_s}{a_{rs}} \geq 0$，由式（3.24）方括号内的值 ≤ 0，故 $(c_j - z_j)' \leq 0$。

② 当 $a_{rj} < 0$ 时，因为 $\left[\dfrac{c_j - z_j}{a_{rj}} - \dfrac{c_s - z_s}{a_{rs}}\right] > 0$，所以有 $(c_j - z_j)' < 0$。

（3）用换入变量替换换出变量，得到一个新的基。

检查新的基是否满足 $\bar{b}_i (i = 1, 2, \cdots, m) \geq 0$。如果满足，则找到了两者的最优解；如果不满足，则回到第（1）步再循环进行。

因为由对偶问题的性质——弱对偶性可知，当对偶问题有可行解时，原问题可能有可行解，也可能无可行解。出现无可行解情况的判断准则是：当 $\bar{b}_r < 0$ 时，所有 $j = 1, 2, \cdots, n$ 满足 $a_{rj} \geq 0$，即存在某个基变量为负数，且其所在行的系数全部大于或等于零。根据这种情况，可以把表中第 r 行的约束方程列出，即

$$x_r + a_{r,m+1} x_{m+1} + \cdots + a_{rn} x_n = \bar{b}_r \tag{3.26}$$

因为 $a_{rj} \geq 0 (j = m+1, \cdots, n)$，且 $\bar{b}_r < 0$，所以不可能存在 $x_j \geq 0 (j = 1, 2, \cdots, n)$ 的解。故原问题无可行解，这时对偶问题的目标函数值无界。

下面举例说明对偶单纯形法的计算步骤。

例 3.3 使用对偶单纯形法求解下述线性规划问题。

$$\min \omega = 15 y_1 + 24 y_2 + 5 y_3$$

$$\text{s.t.} \begin{cases} 6 y_2 + y_3 \geq 2 \\ 5 y_1 + 2 y_2 + y_3 \geq 1 \\ y_1, y_2, y_3 \geq 0 \end{cases}$$

解：先将问题改写成

$$\max \omega' = -15 y_1 - 24 y_2 - 5 y_3 + 0 y_4 + 0 y_5$$

$$\text{s.t.} \begin{cases} 6 y_2 + y_3 - y_4 = 2 & \text{①} \\ 5 y_1 + 2 y_2 + y_3 - y_5 = 1 & \text{②} \\ y_i \geq 0, i = 1, 2, 3, 4, 5 \end{cases}$$

约束条件①和②两端同乘 -1 得

$$\text{s.t.} \begin{cases} -6 y_2 - y_3 + y_4 = -2 & \text{①} \\ -5 y_1 - 2 y_2 - y_3 + y_5 = -1 & \text{②} \\ y_i \geq 0, i = 1, 2, 3, 4, 5 \end{cases}$$

使用上述对偶单纯形法求解步骤进行计算，其过程见表 3-5。

表 3-5 单纯形表

$c_j \rightarrow$			−15	−24	−5	0	0
C_B	X_B	b	y_1	y_2	y_3	y_4	y_5
0	y_4	−2	0	[−6]	−1	1	0
0	y_5	−1	−5	−2	−1	0	1
$c_j - z_j$			−15	−24	−5	0	0
−24	y_2	1/3	0	1	1/6	−1/6	0
0	y_5	−1/3	−5	0	[−2/3]	−1/3	1
$c_j - z_j$			−15	0	−1	−4	0
−24	y_2	1/4	−5/4	1	0	−1/4	1/4
−5	y_3	1/2	15/2	0	1	1/2	−3/2
$c_j - z_j$			−15/2	0	0	−7/2	−3/2

从表 3-5 中可以看出，当用对偶单纯形法求解线性规划问题，约束条件为"≥"时，不需引入人工变量。但在初始单纯形表中，其对偶问题应是基本可行解，这一点对多数线性规划问题很难实现。因此一般不单独使用对偶单纯形法，而主要将其应用于灵敏度分析及求解整数规划的割平面法等中。

3.5 灵敏度分析

灵敏度分析是指对系统或事物因周围条件变化而显示出来的敏感程度的分析。

在讲解线性规划问题时，假定问题中的 a_{ij}、b_i、c_j 都是已知常数。但实际上这些参数往往是一些估计和预测的数字。例如，随市场条件的变化，c_j 的值也会变化；a_{ij} 随工艺技术条件的改变而改变；而 b_i 的值则是根据资源投入后产生的经济效果来决定的一种决策选择。因此就会有以下问题：当一个或几个参数变化时，问题的最优解会如何变化；或者这些参数如何变化，才能保证问题的最优解或最优基不变，这些就是灵敏度分析所要研究和解决的问题。

当线性规划问题中的一个或几个参数变化时，可以用单纯形法从头计算，看最优解有无变化，但这样做既麻烦又没有必要。前面已经讲到单纯形法的迭代计算是从一组基向量变换为另一组基向量，由于单纯形表中每步迭代得到的数字只随基向量选择的不同而改变，因此有可能把个别参数的变化直接在计算得到最优解的最终单纯形表上反映出来。这样就不需要从头计算，而直接对计算得到最优解的单纯形表进行审核，审核数字变化后，是否仍满足最优解的条件，如果不满足，再从这个表开始进行迭代计算，求得新的最优解。

灵敏度分析的步骤可归纳如下。

（1）将参数的改变通过计算反映到最终单纯形表上来。

按下列公式计算参数 a_{ij}、b_i、c_j 的变化而引起最终单纯形表上相关的变化。

灵敏度分析问题与原则

$$\Delta b' = B^{-1}\Delta b \tag{3.27}$$

$$b\Delta p'_j = B^{-1}\Delta p_j \tag{3.28}$$

$$\left(c_j - z_j\right)' = c_j - \sum_{i=1}^{m} a_{ij} y_i^* \tag{3.29}$$

（2）检查原问题是否仍为可行解。

（3）检查对偶问题是否仍为可行解。

（4）按表 3-6 所列情况得出结论或决定继续计算的步骤。

表 3-6　原问题与对偶问题

原问题	对偶问题	结论或继续计算的步骤
可行解	可行解	问题的最优解或最优基不变
可行解	非可行解	用单纯形法继续迭代求最优解
非可行解	可行解	用对偶单纯形法继续迭代求最优解
非可行解	非可行解	引入人工变量，编制新的单纯形表重新计算

3.5.1　资源数量的灵敏度分析

b_i 的变化在实际问题中反映为可用资源数量的变化。b_i 变化反映到最终单纯形表上将引起 B 列数值的变化，在表 3-6 中可能出现第一或第三两种情况。出现第一种情况时，问题的最优基不变，变化后的 B 列值为最优解。出现第三种情况时，使用对偶单纯形法迭代继续找出最优解。

下面举例说明。

例 3.4　美佳公司计划制造Ⅰ、Ⅱ两种家电产品。已知各制造一件产品时分别占用的设备 A 和设备 B 的台时、调试工序时间及每天可用于这两种家电的能力、各售出一件产品时的获利情况，如表 3-7 所示。该公司应制造两种家电产品各多少件才能使获取的利润最大？在本例中：（1）若设备 A 和调试工序的每天可用能力不变，而设备 B 的每天可用能力增加到 32h，分析美佳公司最优计划的变化；（2）若设备 A 和设备 B 每天可用能力不变，则调试工序能力在什么范围内变化，此问题的最优基不变？

表 3-7 设备资料表

项目	I	II	每天可用能力
设备 A/h	0	5	15
设备 B/h	6	2	24
调试工序/h	1	1	5
利润/元	2	1	

解：因为 $\Delta b = \begin{bmatrix} 0 \\ 8 \\ 0 \end{bmatrix}$，所以有

$$\Delta b' = B^{-1} \Delta b = \begin{bmatrix} 1 & 5/4 & -15/2 \\ 0 & 1/4 & -1/2 \\ 0 & -1/4 & 3/2 \end{bmatrix} \begin{bmatrix} 0 \\ 8 \\ 0 \end{bmatrix} = \begin{bmatrix} 10 \\ 2 \\ -2 \end{bmatrix}$$

将其反映到最终单纯形表中得表 3-8。因表 3-8 中原问题为非可行解，故使用对偶单纯形法继续计算得表 3-9。

表 3-8 单纯形表

	$c_j \to$		2	1	0	0	0
C_B	X_B	b	x_1	x_2	x_3	x_4	x_5
0	x_3	35/2	0	0	1	5/4	−15/2
2	x_1	11/2	1	0	0	1/4	−1/2
1	x_2	−1/2	0	1	0	[−1/4]	3/2
	$c_j - z_j$		0	0	0	−1/4	−1/2

表 3-9 对偶单纯形表

	$c_j \to$		2	1	0	0	0
C_B	X_B	b	x_1	x_2	x_3	x_4	x_5
0	x_3	15	0	5	1	0	0
2	x_1	5	1	1	0	0	1
0	x_4	2	0	−4	0	1	−6
	$c_j - z_j$		0	−1	0	0	−2

由此，美佳公司的最优计划改变为只生产 5 件家电 I 。
设调试工序每天可用能力为 $(5+\lambda)h$，因为

$$\Delta b' = B^{-1}\Delta b = \begin{bmatrix} 1 & 5/4 & -15/2 \\ 0 & 1/4 & -1/2 \\ 0 & -1/4 & 3/2 \end{bmatrix} \begin{bmatrix} 0 \\ 0 \\ \lambda \end{bmatrix} = \begin{bmatrix} -\dfrac{15}{2}\lambda \\ -\dfrac{1}{2}\lambda \\ \dfrac{3}{2}\lambda \end{bmatrix}$$

将其反映到最终单纯形表中，其 B 列数字为

$$B = \begin{bmatrix} \dfrac{15}{2} - \dfrac{15}{2}\lambda \\ \dfrac{7}{2} - \dfrac{1}{2}\lambda \\ \dfrac{3}{2} + \dfrac{3}{2}\lambda \end{bmatrix}$$

当 $B \geq 0$ 时，问题的最优基不变，解得 $-1 \leq \lambda \leq 1$。由此，调试工序能力应在 4～6h 之间。

3.5.2 价值系数的灵敏度分析

因为线性规划目标函数中变量系数 c_j 的变化仅仅影响检验数 $(c_j - z_j)$ 的变化，所以将 c_j 的变化直接反映到最终单纯形表中，只可能出现表 3-6 中的前两种情况。

例 3.5 例 3.4 的美佳公司例子中：（1）若家电 I 的利润降至 1.5 元/件，而家电 II 的利润增至 2 元/件，美佳公司最优生产计划有何变化？（2）若家电 I 的利润不变，则家电 II 的利润在什么范围内变化，该公司的最优生产计划将不会发生变化？

解：将家电 I、家电 II 的利润变化直接反映到最终单纯形表中，见表 3-10。

表 3-10 单纯形表 1

	$c_j \to$		3/2	2	0	0	0
C_B	X_B	b	x_1	x_2	x_3	x_4	x_5
0	x_3	15/2	0	0	1	[5/4]	-15/2
3/2	x_1	7/2	1	0	0	1/4	-1/2
2	x_2	3/2	0	1	0	-1/4	3/2
	$c_j - z_j$		0	0	0	1/8	-9/4

因变量 x_4 的检验数大于零，故须继续用单纯形法迭代计算，见表 3-11。

表 3-11　单纯形表 2

$c_j \to$			3/2	2	0	0	0
C_B	X_B	b	x_1	x_2	x_3	x_4	x_5
0	x_4	6	0	0	4/5	1	−6
3/2	x_1	2	1	0	−1/5	0	1
2	x_2	3	0	1	1/5	0	0
	$c_j - z_j$		0	0	−1/10	0	−3/2

即美佳公司随家电 I 的利润变化应调整为生产 2 件家电 I，生产 3 件家电 II。

设家电 II 的利润为 $(1+\lambda)$ 元，反映到最终单纯形表中，得表 3-12。

表 3-12　单纯形表 3

$c_j \to$			2	$1+\lambda$	0	0	0
C_B	X_B	b	x_1	x_2	x_3	x_4	x_5
0	x_3	15/2	0	0	1	5/4	−15/2
2	x_1	7/2	1	0	0	1/4	−1/2
$1+\lambda$	x_2	3/2	0	1	0	−1/4	3/2
	$c_j - z_j$		0	0	0	$-\frac{1}{4}+\frac{1}{4}\lambda$	$-\frac{1}{2}-\frac{3}{2}\lambda$

为使表 3-12 中的解为最优解，应有

$$-\frac{1}{4}+\frac{1}{4}\lambda \leqslant 0, \quad -\frac{1}{2}-\frac{3}{2}\lambda \leqslant 0$$

解得

$$-\frac{1}{3} \leqslant \lambda \leqslant 1$$

即家电 II 的利润 c_2 的变化范围应满足

$$\frac{2}{3} \leqslant c_2 \leqslant 2$$

3.5.3　技术系数灵敏度分析

分两种情况来讨论 a_{ij} 的变化。一是安排一种新的产品，即增加一列 P_j；二是原产品的技术系数发生变化。后者变化后，有可能会出现原问题与对偶问题均为非可行解的情况。下面举例说明。

（1）增加一种新的产品。

① 计算 $\sigma'_j = c_j - z_j = c_j - \sum_{i=1}^{m} a_{ij} y_i^*$

② 计算 $P'_j = B^{-1}P_j$。

③ 若 $\sigma'_j \leq 0$，原最优解不变，只需将计算得到的 P'_j 和 σ'_j 直接写入最终单纯形表中；若 $\sigma'_j > 0$，则按单纯形法继续迭代计算找出最优值。

例 3.6 在美佳公司例子中，设该公司又计划推出新型号的家电Ⅲ，生产一件家电Ⅲ所需设备 A、设备 B 及调试工序的时间分别为 3h、4h、2h，该产品的预期盈利为 3 元/件，试分析该种产品是否值得投产；如果投产，该公司的最优生产计划有何变化。

解：设该公司生产 x_6 件家电Ⅲ，有 $c_6 = 3$，$P_6 = (3,4,2)^T$。

$$\sigma'_3 = 3 - \left(0, \frac{1}{4}, \frac{1}{2}\right)\begin{pmatrix}3\\4\\2\end{pmatrix} = 1$$

$$P'_6 = \begin{pmatrix} 1 & 5/4 & -15/2 \\ 0 & 1/4 & -1/2 \\ 0 & -1/4 & 3/2 \end{pmatrix}\begin{pmatrix}3\\4\\2\end{pmatrix} = \begin{pmatrix}-7\\0\\2\end{pmatrix}$$

将其反映到最终单纯形表中，见表 3-13。

表 3-13 单纯形表 1

$c_j \to$			2	1	0	0	0	3
C_B	X_B	b	x_1	x_2	x_3	x_4	x_5	x_6
0	x_3	15/2	0	0	1	5/4	-15/2	-7
2	x_1	7/2	1	0	0	1/4	-1/2	0
1	x_2	3/2	0	1	0	-1/4	3/2	[2]
	$c_j - z_j$		0	0	0	-1/4	-1/2	1

因 $\sigma_6 > 0$，故使用单纯形法继续迭代计算，见表 3-14。

表 3-14 单纯形表 2

$c_j \to$			2	1	0	0	0	3
C_B	X_B	b	x_1	x_2	x_3	x_4	x_5	x_6
0	x_3	51/4	0	7/2	1	3/8	-9/4	0
2	x_1	7/2	1	0	0	1/4	-1/2	0
3	x_6	3/4	0	1/2	0	-1/8	3/4	1
	$c_j - z_j$		0	-1/2	0	-1/8	-5/4	0

由表 3-14 可知，美佳公司新的最优生产计划应为每天生产 7/2 件家电Ⅰ，3/4 件家电Ⅲ。

（2）原产品的技术系数发生变化。

例 3.7　在美佳公司的例子中，若家电Ⅱ每件需设备 A、设备 B 和调试工序的时间变为 8h、4h、1h，该产品的利润变为 3 元/件，试重新确定该公司的最优生产计划。

解：将生产工时变化后的新家电Ⅱ看作一种新产品，生产量为 x_2'，并直接计算 σ_2' 和 P_2'。

$$\sigma_2' = 3 - \left(0, \frac{1}{4}, \frac{1}{2}\right)\begin{pmatrix} 8 \\ 4 \\ 1 \end{pmatrix} = \frac{3}{2}$$

$$P_2' = \begin{pmatrix} 1 & \frac{5}{4} & -\frac{15}{2} \\ 0 & \frac{1}{4} & -\frac{1}{2} \\ 0 & -\frac{1}{4} & \frac{2}{3} \end{pmatrix}\begin{pmatrix} 8 \\ 4 \\ 1 \end{pmatrix} = \begin{pmatrix} \frac{11}{2} \\ \frac{1}{2} \\ \frac{1}{2} \end{pmatrix}$$

将其反映到最终单纯形表中，见表 3-15。

表 3-15　单纯形表 1

C_B	X_B	b	$c_j \to$					
			2	1	3	0	0	0
			x_1	x_2	x_2'	x_3	x_4	x_5
0	x_3	15/2	0	0	11/2	1	5/4	-15/2
2	x_1	7/2	1	0	1/2	0	1/4	-1/2
1	x_2	3/2	0	1	[1/2]	0	-1/4	3/2
	$c_j - z_j$		0	0	3/2	0	-1/4	-1/2

因 x_2 已变换为 x_2'，故用单纯形法将 x_2' 替换出基变量中的 x_2，并在单纯形表中不再保留 x_2，见表 3-16。

表 3-16　单纯形表 2

C_B	X_B	b	$c_j \to$				
			2	3	0	0	0
			x_1	x_2'	x_3	x_4	x_5
0	x_3	-9	0	0	1	4	-24
2	x_1	2	1	0	0	1/2	-2
3	x_2'	3	0	1	0	-1/2	3
	$c_j - z_j$		0	0	0	1/2	-5

表 3-16 中原问题与对偶问题的解均为非可行解，故设法使原问题的解变为可行解。

表 3-16 第 1 行的约束可写成

$$x_3 + 4x_4 - 24x_5 = -9$$

上式两端同时乘以-1，再引入人工变量 x_6 得

$$-x_3 - 4x_4 + 24x_5 + x_6 = 9$$

用上式替换表 3-16 的第 1 行，单纯形表见表 3-17。

表3-17 单纯形表 3

C_B	X_B	$c_j \rightarrow$ b	2 x_1	3 x_2'	0 x_3	0 x_4	0 x_5	$-M$ x_6
$-M$	x_6	9	0	0	-1	-4	[24]	1
2	x_1	2	1	0	0	1/2	-2	0
3	x_2'	3	0	1	0	$-1/2$	3	0
		$c_j - z_j$	0	0	$-M$	$1/2-4M$	$-5+24M$	0

因对偶问题为非可行解，使用单纯形法计算，见表 3-18。

表3-18 单纯形表 4

C_B	X_B	$c_j \rightarrow$ b	2 x_1	3 x_2'	0 x_3	0 x_4	0 x_5	$-M$ x_6
0	x_5	3/8	0	0	$-1/24$	$-1/6$	1	1/24
2	x_1	11/4	1	0	$-1/12$	1/6	0	1/12
3	x_2'	15/8	0	1	1/8	0	0	$-1/8$
		$c_j - z_j$	0	0	$-5/24$	$-1/3$	0	$-M+5/24$

由表 3-18 可知，美佳公司的最优生产计划为每天生产 11/4 件家电Ⅰ，15/8 件新家电Ⅱ。

3.6 习题

1. 写出下列线性规划问题的对偶问题，并以对偶问题为原问题，再写出对偶的对偶问题。

（1）$\min z = 2x_1 + 2x_2 + 4x_3$

$$\text{s.t.} \begin{cases} x_1 + 3x_2 + 4x_3 \geqslant 2 \\ 2x_1 + x_2 + 3x_3 \leqslant 3 \\ x_1 + 4x_2 + 3x_3 = 5 \\ x_1, x_2 \geqslant 0, x_3 \text{无约束} \end{cases}$$

（2）$\max z = 5x_1 + 6x_2 + 3x_3$

$$\text{s.t.} \begin{cases} x_1 + 2x_2 + 2x_3 = 5 \\ -x_1 + 5x_2 - x_3 \geqslant 3 \\ 4x_1 + 7x_2 + 3x_2 \leqslant 8 \\ x_1 \text{无约束}, x_2 \geqslant 0, x_3 \leqslant 0 \end{cases}$$

2. 判断下列说法是否正确，并说明为什么。

（1）如果线性规划的原问题存在可行解，则其对偶问题也一定存在可行解。

（2）如果线性规划的对偶问题无可行解，则原问题也一定无可行解。

（3）在互为对偶的一对原问题与对偶问题中，不管原问题是求极大值或极小值，原问题可行解的目标函数值一定不超过其对偶问题可行解的目标函数值。

（4）任何线性规划问题都具有唯一的对偶问题。

3. 已知某求极大化线性规划问题使用单纯形法求解时的初始单纯形表及最终单纯形表如表3-19所示，求表中各括号内未知数（a）~（l）的值。

表3-19 单纯形表

$c_j \to$			3	2	2	0	0	0
C_B	X_B	b	x_1	x_2	x_3	x_4	x_5	x_6
0	x_4	(b)	1	1	1	1	0	0
0	x_5	15	(a)	1	2	0	1	0
0	x_6	20	2	(c)	1	0	0	1
$c_j - z_j$			3	2	2	0	0	0
⋮					⋮			
0	x_4	5/4	0	0	(d)	(l)	-1/4	-1/4
3	x_1	25/4	1	0	(e)	0	3/4	(i)
2	x_2	5/2	0	1	(f)	0	(h)	1/2
$c_j - z_j$			0	(k)	(g)	0	-5/4	(j)

4. 已知如下线性规划问题。

$$\min z = 2x_1 + 3x_2 + 5x_3 + 6x_4$$

$$\text{s.t.} \begin{cases} x_1 + 2x_2 + 3x_3 + x_4 \geqslant 2 \\ -2x_1 + x_2 - x_3 + 3x_4 \leqslant -3 \\ x_j \geqslant 0, \ j = 1,2,3,4 \end{cases}$$

（1）写出其对偶问题；（2）用图解法求解对偶问题；（3）利用（2）的结果及根据对偶问题性质写出原问题的最优解。

5. 已知如下线性规划问题。

$$\max z = x_1 + x_2$$
$$\text{s.t.} \begin{cases} -x_1 + x_2 + x_3 \leqslant 2 \\ -2x_1 + x_2 - x_3 \leqslant 1 \\ x_1, x_2, x_3 \geqslant 0 \end{cases}$$

试根据对偶问题性质证明上述线性规划问题的目标函数值无界。

6. 使用对偶单纯形法求解下列线性规划问题。

（1）$\min z = 4x_1 + 12x_2 + 18x_3$

$$\text{s.t.} \begin{cases} x_1 + 3x_3 \geqslant 3 \\ 2x_2 + 2x_3 \geqslant 5 \\ x_1, x_2, x_3 \geqslant 0 \end{cases}$$

（2）$\min z = 5x_1 + 2x_2 + 4x_3$

$$\text{s.t.} \begin{cases} 3x_1 + x_2 + 2x_3 \geqslant 4 \\ 6x_1 + 3x_2 + 5x_3 \geqslant 10 \\ x_1, x_2, x_3 \geqslant 0 \end{cases}$$

7. 某文教用品厂利用原材料白坯纸生产原稿纸、日记本和练习本三种产品。该厂现有工人100人，每天白坯纸的供应量为30000kg。如果单独生产各种产品，每个工人每天可生产原稿纸30捆，或日记本30打，或练习本30箱。已知原材料消耗为：每捆原稿纸用白坯纸$3\frac{1}{3}$kg；每打日记本用白坯纸$13\frac{1}{3}$kg；每箱练习本用白坯纸$26\frac{2}{3}$kg。生产各种产品的盈利为：每捆原稿纸1元，每打日记本2元，每箱练习本3元。求解下列问题。

（1）给出在现有生产条件下使该厂盈利最大的生产方案；（2）如白坯纸供应量不变，而工人数量不足时可从市场上招收临时工，临时工费用为每人每天40元。该厂是否招临时工及招收多少人为宜？

8. 某厂生产Ⅰ、Ⅱ、Ⅲ三种产品，分别使用A、B、C三种设备进行加工。已知生产单位各种产品所需的设备台时、设备的现有加工能力及单位产品利润，如表3-20所示。

表3-20 设备加工表

设备	Ⅰ	Ⅱ	Ⅲ	设备能力/台时
A	1	1	1	100
B	10	4	5	600
C	2	2	6	300
单位产品利润/元	10	6	4	

求解下列问题。

（1）求获利最大的生产计划。

（2）产品Ⅲ每件的利润增加到多少时才值得安排生产？如产品Ⅲ每件利润增加到$8\frac{1}{3}$元，求最优生产计划的变化。

（3）产品Ⅰ的利润在什么范围内变化时，原最优计划保持不变。

（4）设备A的能力为（100+10λ）时，求保持最优基不变时的λ的变化范围。

（5）如有一种新产品，加工一件需设备A、B、C的台时分别为1h、4h、3h，预计每件的利润为8元，是否值得安排生产。

（6）如合同规定该厂至少生产10件产品Ⅲ，试重新确定最优生产计划。

第4章 运输问题

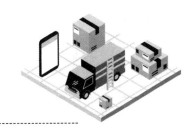

社会生产和消费过程离不开人员、物资、资金和信息的合理组织和流动,其中实体物品的流动一直受到人们的重视,并于 20 世纪 50 年代开始明确形成了物流的概念。物流包括物品的分拣、包装、搬运、装卸、仓储、运输、保管、信息联系与处理等各项基本活动。其中,运输是要改变物品的空间位置以创造其场所效用,它是物流活动中的一个不可或缺的重要环节。随着社会和经济的发展,运输变得越来越复杂,运输量很大,科学组织运输可有效降低物流活动的成本,及时实现需要的物品空间位置的变动,以有效提升其空间价值。

4.1 运输问题的数学模型

在经济建设中,经常碰到大宗物资调运问题。如煤、钢铁、木材、粮食等物资,在全国有若干生产基地,根据已有的交通网,应如何制订调运方案,将这些物资运到各个消费地点,使总运费最少。这类问题可用以下数学语言描述。

已知有 m 个产地 $A_i(i=1,2,\cdots,m)$。这些产地可供应某种物资,其供应量(产量)为 $a_i(i=1,2,\cdots,m)$,有 n 个销地 $B_j(j=1,2,\cdots,n)$,其需求量(销量)为 $b_j(j=1,2,\cdots,n)$,从 A_i 到 B_j,运输单位物资的运费(单价)为 c_{ij},这些数据可汇总于产销供应表中(表 4-1)。

表 4-1 产销供应表

产地	销地				产量
	B_1	B_2	...	B_n	
A_1	c_{11}	c_{12}	...	c_{1n}	a_1
A_2	c_{21}	c_{22}	...	c_{2n}	a_2

续表

产地	销地				产量
	B_1	B_2	...	B_n	
⋮	⋮	⋮		⋮	⋮
A_m	c_{m1}	c_{m2}	...	c_{mn}	a_m
销量	b_1	b_2	...	b_n	

若产地总产量与销地总销量相等，则称该运输问题为产销平衡运输问题；反之，称为产销不平衡运输问题。

设 x_{ij} 为从产地 A_i 到销地 B_j 的运输量。产销平衡运输问题的数学模型可表示如下。

$$\min z = \sum_{i=1}^{m}\sum_{j=1}^{n} c_{ij}x_{ij} \tag{4.1}$$

$$\text{s.t.} \begin{cases} \sum_{i=1}^{m} x_{ij} = b_j, \ j=1,2,\cdots,n & (4.1a) \\ \sum_{j=1}^{n} x_{ij} = a_i, \ i=1,2,\cdots,m & (4.1b) \\ x_{ij} \geq 0, \ i=1,2,\cdots,m; \ j=1,2,\cdots,n & (4.1c) \end{cases}$$

其中，约束条件右侧常数 a_i 和 b_j 分别为产地 A_i 的产量和销地 B_j 的销量。

在模型（4.1）中，目标函数表示运输总费用，要求其极小值；约束条件（4.1a）是指由某一产地运往各个销地的物品数量之和等于该产地的产量；约束条件（4.1b）是指由各产地运往某一销地的物品数量之和等于该销地的销量；约束条件（4.1c）为变量非负条件。

模型（4.1）是一种线性规划模型，因而可用单纯形法求解。当用单纯形法求解运输问题时，需要先在每个约束条件中引入一个人工变量，这样一来，即使对于 $m=3$，$n=4$ 这样简单的运输问题，变量数目也会达到 19 个之多（未考虑去掉一个多余约束条件），因此需要寻求更简便的解法。

产销平衡运输问题一定存在可行解。又因为所有变量都有界，所以产销平衡运输问题存在最优解。

例 4.1 某部门有 3 个生产同类产品的工厂（产地），生产的产品由 4 个销售点（销地）出售，各工厂的产量、各销售点的销量（假定单位均为 t）以及各工厂到各销售点的单位运价（元/t）见表 4-2。如何调运产品才能使总运费最低？

表 4-2 某部门产销供应表

产地	销地				产量/t
	B_1	B_2	B_3	B_4	
A_1	4	12	4	11	16
A_2	2	10	3	9	10
A_3	8	5	11	6	22
销量/t	8	14	12	14	48

由于总产量和总销量均为 48，因此这是一个产销平衡运输问题。

用 x_{ij} 表示由第 i 个产地运往第 j 个销地的产品数量，即可写出该问题的数学模型。

$$\min z = \sum_{i=1}^{3}\sum_{j=1}^{4} c_{ij} x_{ij} = 4x_{11} + 12x_{12} + 4x_{13} + 11x_{14} + 2x_{21} + 10x_{22} + 3x_{23} + 9x_{24} + 8x_{31} + 5x_{32} + 11x_{33} + 6x_{34}$$

$$\text{s.t.} \begin{cases} x_{11} + x_{12} + x_{13} + x_{14} = 16 \\ x_{21} + x_{22} + x_{23} + x_{24} = 10 \\ x_{31} + x_{32} + x_{33} + x_{34} = 22 \\ x_{11} + x_{21} + x_{31} = 8 \\ x_{12} + x_{22} + x_{32} = 14 \\ x_{13} + x_{23} + x_{33} = 12 \\ x_{14} + x_{24} + x_{34} = 14 \\ x_{ij} \geqslant 0, \ i=1,2,3; \ j=1,2,3,4 \end{cases}$$

4.2 表上作业法

表上作业法是求解运输问题的一种简便而有效的方法，其求解工作在运输表上进行。它是一种迭代法，迭代步骤为：先按某种规则找出一个初始解（初始调运方案）；然后对现行解作最优性判别；若这个解不是最优解，就在运输表上对它进行调整改进，得出一个新解；再判别，再改进；直至得到运输问题的最优解。如前所述，迭代过程中得出的所有解都要求是运输问题的基本可行解。下面阐述这几个步骤，并结合例题详细加以说明。

4.2.1 初始调运方案的确定

下面介绍确定初始调运方案的两种常用方法。

（1）最小元素法。

人们容易直观想到，为了减少运费，应优先考虑单位运价最低（或运距最短）的供销业务，最大限度地满足其供销量。即对所有 i 和 j，找出 $c_{i_0 j_0} = \min(c_{ij})$，并将 $x_{i_0 j_0} = \min(a_{i_0}, b_{j_0})$ 的物品量由产地 A_{i_0} 供应给销地 B_{j_0}。若 $x_{i_0 j_0} = a_{i_0}$，则产地 A_{i_0} 的可供物品已用完，以后不再继续考虑这个产地，且 B_{j_0} 的需求量由 b_{j_0} 减少为 $b_{j_0} - a_{i_0}$；若

$x_{i_0 j_0} = b_{j_0}$，则销地 B_{j_0} 的需求已全部得到满足，以后不再考虑这个销地，且产地 A_{i_0} 的可供量由 a_{i_0} 减少为 $a_{i_0} - b_{j_0}$。然后，在余下的产地、销地的供销关系中，继续按上述方法安排调运，直至安排完所有的供销任务，得到一个完整的调运方案（完整的解）。这样就得到了运输问题的一个初始基本可行解（初始调运方案）。

由于该方法基于优先满足单位运价（或运距）最小的供销业务，故称为最小元素法。

在例 4.1 中，因 A_2 到 B_1 的单位运价 2 最低，故首先考虑这项运输业务。由于 $\min(A_2, B_1) = B_1 = 8$，所以令 $x_{21} = 8$，在表 4-3 的 (A_2, B_1) 格中填入数字 8，这时 A_2 的可供量变为 $A_2 - B_1 = 10 - 8 = 2$；B_1 的需求量全部得到满足，在以后运输量分配时不再考虑，故划去 B_1 列（见表 4-3 虚线①）。

在表 4-3 尚未划去的各格子中再寻求最小单位运价，它等于 3，对应 (A_2, B_3) 格。由于 A_2 供应 B_1 后，其供应能力变为 2，小于 $B_3 = 12$，故在格 (A_2, B_3) 中填入数字 2。这时 A_2 的供应能力已用尽，划去 A_2 行（见表 4-3 虚线②）。

表 4-3 最小元素表

产地	销地				产量/t
	B_1	B_2	B_3	B_4	
A_1	4	12	4	11	16 ⑥
			10	6	
A_2	2	10	3	9	10 ②
	8		2		
A_3	8	5	11	6	22 ⑤
		14		8	
销量/t	8	14	12	14	48
	①	④	③	⑥	

重复上述步骤，在 (A_1,B_3) 格子中填入数字 10，划去 B_3 列（见表 4-3 虚线③）；在 (A_3,B_2) 格子中填入数字 14，划去 B_2 列（见表 4-3 虚线④）；在 (A_3,B_4) 格子中填入数字 8，划去 A_3 行（见表 4-3 虚线⑤）；至此，只有 (A_1,B_4) 格子未被划去，在其中填入数字 6，使 A_1 的可供量和 B_4 的需求量同时得到满足，同时划去 A_1 行和 B_4 列（见表 4-3 虚线⑥）。这时，表 4-3 中的全部格子均被划去，所有供销要求均得到满足。该表中下部和右侧小圆圈中的数字①，②，…，⑥表示各列和各行划去的先后顺序。

这时得到了该运输问题的一个初始基本可行解：$x_{13}=10$，$x_{14}=6$，$x_{21}=8$，$x_{23}=2$，$x_{32}=14$，$x_{34}=8$，其他变量全等于零。即由 A_1 工厂运输 10 个单位物品给 B_3 工厂，运输 6 个单位物品给 B_4 工厂等。读者可以验证这 6 个数字对应的约束方程组的系数列向量线性无关。总运费（目标函数值）：

$$z = \sum_{i=1}^{3}\sum_{j=1}^{4} c_{ij}x_{ij} = 10\times4+6\times11+8\times2+2\times3+14\times5+8\times6 = 246$$

这个解满足所有约束条件，其非零变量的个数为 6（等于 $m+n-1=3+4-1=6$）。

（2）沃格尔（Vogel）法。

有时按某一最小单位运价优先安排物品调运时，会导致不得不采用运费很高的其他供销点，从而增加整个运输费用。对每个产地或销地，均可找出由它到各销地或到各产地的单位运价的最小单位运价和次小单位运价，并称这两个单位运价之差为该产地或销地的罚数。如罚数的值不大，不按最小单位运价安排运输造成的运费损失不大；反之，如果罚数的值很大，不按最小单位运价组织运输就会造成很大损失，故应尽量按最小单位运价安排运输。沃格尔法就是基于这种考虑提出来的。现结合例 4.1 讲解这种方法。

计算运输表中每一行和每一列的次小单位运价和最小单位运价之间的差值，并分别称为相应的行罚数和列罚数。将算出的行罚数填入位于运输表右侧行罚数栏的左边第一列相应的格子中，列罚数填入位于运输表下边列罚数栏的第一行相应的格子中（表 4-4）。例如，A_1 行中的次小单位运价和最小单位运价为 4 和 4，故其行罚数等于 0；A_2 行中的次小单位运价和最小单位运价分别为 3 和 2，其行罚数等于 3-2=1；B_1 列中的次小单位运价和最小单位运价分别为 4 和 2，其列罚数等于 2。如此进行，计算出本例 A_1、A_2 和 A_3 行的行罚数分别为 0、1 和 1，B_1、B_2、B_3 和 B_4 列的列罚数分别为 2、5、1 和 3。在这些罚数中，最大者为 5，它位于 B_2 列。由于 B_2 列中的最小单位运价是位于 (A_3,B_2) 格中的 5，故在 (A_3,B_2) 格中填入尽可能大的运量 14，此时 B_2 的需求量得到满足，划去 B_2 列，A_3 行供应量为 22-14=8。

表 4-4　沃格尔表

产地	销地				产量/t	行罚数					
	B_1	B_2	B_3	B_4		1	2	3	4	5	6
A_1	4	12	4	11 4	16	0	0	0	7	0	0
		12									
A_2	2 8	10	3	9 2	10	1	1	1	6	0	—
A_3	8	5 14	11	6 8	22	1	2	—			
销量/t	8	14	12	14							
列罚数	1	2	5	1	3						
	2	2	—	1	3						
	3	2		1	3						
	4	—		1	2						
	5	—	—	—	2						
	6	—	—	—	—						

使用上述方法依次算出每次迭代的行罚数和列罚数,根据其最大罚数值的位置在运输表中的适当格子中填入一个尽可能大的运输量,并划去对应的一行或一列。在本例中,依次在运输表中填入运输量:$x_{32}=14$,$x_{34}=8$,$x_{21}=8$,$x_{13}=12$,$x_{24}=2$,并相应地依次划去 B_2 列、A_3 行、B_1 列、B_3 列、A_2 行。最后未划去的格仅为 (A_1, B_4),在这个格中填入数字 4,并同时划去 A_1 行和 B_4 列。

用这种方法得到的初始基本可行解是:$x_{13}=12$,$x_{14}=4$,$x_{21}=8$,$x_{24}=2$,$x_{32}=14$,$x_{34}=8$,其他变量的值等于零。这个解的目标函数值为

$$z = 12\times 4 + 4\times 11 + 8\times 2 + 2\times 9 + 14\times 5 + 8\times 6 = 244$$

在例 4.1 中,比较上述两种方法给出的初始基本可行解,以沃格尔法运算得到的解的目标函数值较小。一般来说,沃格尔法运算得到的初始解的质量较好,常用来作为规模较小时运输问题最优解的近似解。

4.2.2 最优方案的判别

在得到了运输问题的初始基本可行解之后，即应对这个解进行最优性判别，看它是不是最优解。下面介绍两种常用的判别方法：闭回路法和对偶变量法（也称位势法）。

（1）闭回路法。

要判定运输问题的某个解是否为最优解，可仿照一般单纯形法，检验这个解的各非基变量（对应运输表中的空格）的检验数，若存在某空格(A_i, B_j)的检验数为负，说明将x_{ij}变换为基变量将会使运输费用更低，故当前这个解不是最优解。若所有空格的检验数都是非负，则无论怎样变换，解均不能使运输费用降低，这时的目标函数值已无法加以改进，这个解就是最优解。

现结合例4.1中用最小元素法给出的初始解（参考表4-3）说明检验数的计算方法。

首先考虑表4-3中的空格(A_1, B_1)，设想由产地A_1供应1个单位的物品给销地B_1，为使运入销地B_1的物品总数量不大于它的销量，就应将A_2运到B_1的物品数量减去1个单位，即将格子(A_2, B_1)中填入的数字8改为7；为了使由产地A_2运出的物品数量正好等于它的产量，且保持新得到的解仍为基本可行解，需将x_{23}由原来的2增加1，即改为3；将x_{13}由10减去1，即变为9，以使运入销地B_3的物品数量正好等于它的销量，同时使由A_1运出的物品数量正好等于它的产量。显然，这样的调整将影响到x_{11}、x_{21}、x_{23}和x_{13}这四个变量的取值，即(A_1, B_1)，(A_2, B_1)，(A_2, B_3)和(A_1, B_3)这四个格子中填入的数据。这些格子除(A_1, B_1)为空格外，其他格子都填有数字。在运输表中，每一个空格总是可以与一些填有数字的格子用水平线段和垂直线段交替连在一个闭合回路上（表4-5）。按照上述设想，由产地A_1供给1个单位物品给销地B_1，由此引起的总运费变化是：$c_{11}-c_{21}+c_{23}-c_{13}=4-2+3-4=1$，根据检验数的定义，它正是非基变量$x_{11}$[空格$(A_1, B_1)$]的检验数。

再看空格(A_2, B_2)，它的闭合回路（表4-5中的虚线）的顶点由以下各格组成：(A_2, B_2)，(A_3, B_2)，(A_3, B_4)，(A_1, B_4)，(A_1, B_3)，(A_2, B_3)，(A_2, B_2)，其检验数$\sigma_{22}=c_{22}-c_{32}+c_{34}-c_{14}+c_{13}-c_{23}=10-5+6-11+4-3=1$。

按照同样的方法，可得表4-2中其他各空格（非基变量）的检验数如下

$$\sigma_{12} = c_{12} - c_{32} + c_{34} - c_{14} = 12 - 5 + 6 - 11 = 2$$

$$\sigma_{24} = c_{24} - c_{14} + c_{13} - c_{23} = 9 - 11 + 4 - 3 = -1$$

$$\sigma_{31} = c_{31} - c_{21} + c_{23} - c_{13} + c_{14} - c_{34} = 8 - 2 + 3 - 4 + 11 - 6 = 10$$

$$\sigma_{33} = c_{33} - c_{34} + c_{14} - c_{13} = 11 - 6 + 11 - 4 = 12$$

表 4-5 闭合回路表

产地	销地				产量/t
	B_1	B_2	B_3	B_4	
A_1	4	12	4 / 10	11 / 6	16
A_2	2 / 8	10	3 / 2	9	10
A_3	8	5 / 14	11	6 / 8	22
销量/t	8	14	12	14	48

由于 $\sigma_{24}=-1<0$，故知表 4-3 中的解不是最优解。

用上述闭合回路法算出的例 4.1 初始调运方案（表 4-3）各空格的检验数示于表 4-6 的检验数表中。

表 4-6 初始调运方案检验数表

产地	销地			
	B_1	B_2	B_3	B_4
A_1	1	2		
A_2		1		-1
A_3	10		12	

由表 4-6 可知，为了求某个空格（非基变量）的检验数，先要找出该空格在运输表上的闭合回路，除这个空格外，其他所有这个闭合回路经过的格子均为填有数字的格子（基变量格），该闭合回路是由水平线段和竖直线段依次连接这些顶点构成的封闭多边形。可以证明每个空格都唯一存在这样的一条闭合回路。

闭合回路可以是一个简单的矩形，也可以是由水平边线和竖直边线组成的其他封闭多边形。

位于闭合回路上的一组变量，它们对应的运输问题约束条件的系数列向量线性相关，因而在运输问题基本可行解的迭代过程中，不允许出现全部顶点由填有数字的格子构成的闭合回路。这就是说，在确定运输问题的基本可行解时，除要求基变量为 ($m+n-1$) 个外，还要求运输表中填有数字的格子不构成闭合回路（当然还要满足所有约束条件）。用前述最小元素法和沃格尔法得到的解都满足这些条件。

（2）对偶变量法（也称位势法）。

用闭回路法判定一个运输方案是否为最优方案，需要找出所有空格的闭合回路，并计算出其检验数。当运输问题的产地和销地很多时，空格的数目很大，计算检验数的工作烦琐，而用对偶变量法就要简便得多。

对产销平衡运输问题，若用 $u_1, u_2, \cdots, u_m$ 分别表示前 m 个约束等式相应的对偶变量（或称行位势），用 $v_1, v_2, \cdots, v_n$ 分别表示后 n 个约束等式相应的对偶变量（或称列位势），即有对偶变量向量

$$Y = (u_1, u_2, \cdots, u_m, v_1, v_2, \cdots, v_n)$$

这时可将运输问题的对偶问题写为

$$\max z' = \sum_{i=1}^{m} a_i u_i + \sum_{j=1}^{n} b_j v_j \quad (4.2)$$

$$\text{s.t.} \begin{cases} u_i + v_j \leqslant c_{ij} \\ i = 1, 2, \cdots, m \\ j = 1, 2, \cdots, n \end{cases}$$

u_i，v_j 的符号不限 [仅适用于式（4.2）]。

由前面讲解的知识可知，线性规划问题变量 x_j 的检验数可表示为

$$\sigma_j = c_j - z_j = c_j - \boldsymbol{C}_B \boldsymbol{B}^{-1} \boldsymbol{P}_j = c_j - \boldsymbol{Y} \boldsymbol{P}_j \quad (4.3)$$

由此可写出运输问题某变量 x_{ij} [对应于运输表中的 (A_i, B_j) 格子] 的检验数如下

$$\begin{aligned}\sigma_{ij} &= c_{ij} - z_{ij} = c_{ij} - \boldsymbol{Y}\boldsymbol{P}_{ij} \\ &= c_{ij} - (u_1, u_2, \cdots, u_m, v_1, v_2, \cdots, v_n)\boldsymbol{P}_{ij} \\ &= c_{ij} - (u_i + v_j)\end{aligned} \quad (4.4)$$

假设我们已得到了运输问题的一个基本可行解，其基变量为

$$x_{i_1 j_1}, x_{i_2 j_2}, \cdots, x_{i_s j_s}, s = m + n - 1$$

由于基变量的检验数等于零，故对这组基变量可列出如下方程组

$$\begin{cases} u_{i_1} + v_{j_1} = c_{i_1 j_1} \\ u_{i_2} + v_{j_2} = c_{i_2 j_2} \\ \cdots\cdots \\ u_{i_s} + v_{j_s} = c_{i_s j_s} \end{cases} \quad (4.5)$$

显然，这个方程组有 $(m+n-1)$ 个方程。运输表中每个产地和每个销地都对应原运输问题的一个约束条件，从而也对应各自的一个对偶变量。由于运输表中每行和每列都含有基变量，因此构造的方程组（4.5）中含有全部 $(m+n)$ 个对偶变量。

可以证明，方程组（4.5）有解，且对偶变量数比方程数多一个，故解不唯一，从而位势的值也不唯一。

若由方程组（4.5）解得的某组解满足式（4.2）中所有的约束条件，即对所有 i 和 j 均有

$$\sigma_{ij} = c_{ij} - (u_i + v_j) \geqslant 0 \tag{4.6}$$

即这组对偶变量（位势）对偶可行，则互补松弛条件（**YA−C**）**X**=0 成立，这时得到的解为

$$X = (X_B, X_N)^T = (x_{i_1 j_1}, x_{i_2 j_2}, \cdots, x_{i_s j_s}, 0, 0, \cdots, 0)^T$$
$$Y = (u_1, u_2, \cdots, u_m, v_1, v_2, \cdots, v_n)$$

X、**Y** 分别为原运输问题及其对偶问题的最优解。

若由式（4.5）解得的解不满足式（4.2）中的约束条件，即非基变量的检验数有负值存在，则上面得到的运输问题的解不是最优解，需要进行解的调整。

4.2.3 方案的调整

对运输问题的一个解来说，若进行最优性检验时，某非基变量 x_{ij} [空格 (A_i, B_j)] 的检验数 σ_{ij} 为负，说明将这个非基变量变换为基变量时运费会更低，因而这个解不是最优解，还可以进一步改进。改进的方法是在运输表中找出这个空格对应的闭合回路 L_{ij}，在满足所有约束条件的前提下，使 x_{ij} 尽量大并相应调整此闭合回路上其他顶点的运输量，以得到另一个更好的基本可行解。

解改进的具体步骤如下：

（1）以 x_{ij} 为换入变量，找出它在运输表中的闭合回路。

（2）以空格 (A_i, B_j) 为第一个奇数顶点，沿闭合回路的顺（或逆）时针方向前进，为闭合回路上的顶点依次编号。

（3）在闭合回路上的所有偶数顶点集合 $L_{(e)}$ 中，找出运输量最小（$\min\limits_{L_{(e)}} x_{ij}$）的顶点（格子），以该格子中的变量为换出变量。

（4）以 $\min\limits_{L_{(e)}} x_{ij}$ 为调整量，将该闭合回路上所有奇数顶点处的运输量都增加这一个数值，所有偶数顶点处的运输量都减去这一个数值，从而得出一个新的运输方案。该运输方案的总运费比原运输方案的总运费降低，改变量等于 $\sigma_{ij} \left(\min\limits_{L_{(e)}} x_{ij} \right)$。

（5）对得到的新解进行最优性检验，如不是最优解，就重复以上步骤继续进行调整，直到得出最优解。

例 4.2 对例 4.1 中采用最小元素法得出的解（见表 4-3）进行改进。

解：在例 4.1 中已算出了这个解的检验数（见表 4-6），由于 $\sigma_{24} = -1 < 0$，故以 x_{24} 为换入变量，它对应的闭合回路见表 4-7。

表4-7 闭合回路表

产地	销地				产量/t
	B_1	B_2	B_3	B_4	
A_1	4	12	4 (+2) 10	11 (−2) 6	16
A_2	2 8	10	3 (−2) 2	9 (+2)	10
A_3	8	5 14	11	6 8	22
销量/t	8	14	12	14	48

该闭合回路的偶数顶点位于(A_1,B_4)和(A_2,B_3)格，由于
$$\min\{x_{14},x_{23}\}=\min\{6,2\}=2$$
因此，对解作如下调整。

x_{24}：加2；x_{14}：减2；

x_{13}：加2；x_{23}：减2。

得到的新的基本可行解见表4-7：x_{13}=10+2=12，x_{14}=6−2=4，x_{21}=8，x_{24}=0+2=2，x_{32}=14，x_{34}=8，其他为非基变量。原来的基变量x_{23}变换为非基变量，基变量的个数仍维持6个。这时的目标函数值等于246+2×(−1)=244。

现在用位势法或闭回路法求这个新解各非基变量的检验数，结果见表4-8中各空格的小圆圈内。由于所有非基变量的检验数都非负，因此这个解为最优解。

表4-8 表4-7调整表

产地	销地				产量/t
	B_1	B_2	B_3	B_4	
A_1	4 ⓪	12 ②	4 12	11 4	16
A_2	2 8	10 ②	3 ①	9 2	10
A_3	8 ⑨	5 14	11 ⑫	6 8	22
销量/t	8	14	12	14	48

对这个解来说，因 $\sigma_{11}=0$，若以 x_{11} 为换入变量可再得一解，它与上面最优解的目标函数值相等，故它也是一个最优解。例 4.1 的产销平衡运输问题有两个最优基本解，由有关单纯形法迭代结果的最优性检验和解的判别的讨论，可知它有无穷多个最优解。

4.3 运输问题的应用

4.3.1 产销不平衡问题求解

例 4.1 产销平衡运输问题的算法，是以总产量等于总销量（产销平衡）为前提的。实际上，在很多实际运输问题中，总产量并不等于总销量。这时，为了使用表上作业法求解，就需要将产销不平衡运输问题转化为产销平衡运输问题。

如果总产量大于总销量，即

$$\sum_{i=1}^{m} a_i > \sum_{j=1}^{n} b_j$$

这时的数学模型为

$$\min z = \sum_{i=1}^{m}\sum_{j=1}^{n} c_{ij} x_{ij} \tag{4.7}$$

$$\text{s.t.} \begin{cases} \sum_{j=1}^{n} x_{ij} \leqslant a_i, \ i=1,2,\cdots,m \\ \sum_{i=1}^{m} x_{ij} \leqslant b_j, \ j=1,2,\cdots,n \\ x_{ij} \geqslant 0 \end{cases}$$

使用产销平衡的表上作业法求解时，可增加一个假想的销地 B_{n+1}，由产地 $A_i(i=1,2,\cdots,m)$ 调运到这个假想销地的物品数量为 $x_{i,n+1}$（相当于松弛变量），实际上是就地存储在 A_i 的物品数量。就地存储的物品不经运输，故可令其单位运价 $c_{i,n+1}=0 (i=1,2,\cdots,m)$。

若令假想销地的销量为 b_{n+1}，且

$$b_{n+1} = \sum_{i=1}^{m} a_i - \sum_{j=1}^{n} b_j \tag{4.8}$$

则模型变为

$$\min z = \sum_{i=1}^{m}\sum_{j=1}^{n+1} c_{ij} x_{ij} \tag{4.9}$$

$$\text{s.t.} \begin{cases} \sum_{j=1}^{n+1} x_{ij} = a_i, & i=1,2,\cdots,m \\ \sum_{i=1}^{m} x_{ij} = b_j, & j=1,2,\cdots,n+1 \\ x_{ij} \geqslant 0 & \end{cases}$$

总销量大于总产量的情形，可仿照上述方法类似处理，即增加一个假想的产地 A_{m+1}，它的产量等于

$$a_{m+1} = \sum_{j=1}^{n} b_j - \sum_{i=1}^{m} a_i \tag{4.10}$$

由于这个假想的产地 A_{m+1} 并不存在，因此求出由它发往各个销地的物品数量 $x_{m+1,j}$ ($j=1,2,\cdots,n$)，实际上是各销地 b_j 所需物品的欠缺额，即

$$c_{m+1,j} = 0, \quad j=1,2,\cdots,n \tag{4.11}$$

例 4.3 假设有三个化肥厂（A_1，A_2，A_3）供应四个地区（B_1，B_2，B_3，B_4）的农用化肥。假定等量的化肥在这些地区的使用效果相同。各化肥厂年产量、各地区年需求量及从各化肥厂到各地区运送单位化肥的运价如表 4-9 所示。试求出使总运费最低的化肥调拨方案。

表 4-9 供需详情表

产地	销地				产量/万吨
	B_1	B_2	B_3	B_4	
A_1	16	13	22	17	50
A_2	14	13	19	15	60
A_3	19	20	23	—	50
最低需求/万吨	30	70	0	10	
最高需求/万吨	50	70	30	不限	

解： 三个化肥厂的总产量为 160 万吨，四个地区的最低需求为 110 万吨，最高需求为无穷大，这是一个产销不平衡的运输问题。

根据现有产量，B_4 地区每年最多分配到 60 万吨，这样最高需求为 210 万吨，大于产量。为了求得产销平衡，在产销平衡表中增加一个假想的化肥厂 A_4，其年产量为 50 万吨。

对于需求分两种情况的地区，在表 4-10 中按照两个地区看待。

表4-10 例题4.3假设表

产地	销地						产量/万吨
	B_1（1）	B_1（2）	B_2	B_3	B_4（1）	B_4（2）	
A_1							50
A_2							60
A_3							50
A_4							50
销量/万吨	30	20	70	30	10	50	210

地区 B_1 可分为 B_1（1）和 B_1（2），B_1（1）表示地区 B_1 的最低需求量为 30 万吨，B_1（2）表示地区 B_1 的最高需求量减去最低需求量，即 50 万吨-30 万吨=20 万吨。

地区 B_4 可分为 B_4（1）和 B_4（2），B_4（1）表示地区 B_4 的最低需求量为 10 万吨，B_4（2）表示地区 B_4 的最高需求量减去最低需求量，即 60 万吨-10 万吨=50 万吨。

地区 B_3 的最低需求量为 0，只需将其看成一个销地。

最终形成产销平衡表，即表4-11。

表4-11 例4.3最终产销平衡表

产地	销地						产量/万吨
	B_1（1）	B_1（2）	B_2	B_3	B_4（1）	B_4（2）	
A_1	16	16	13	22	17	17	50
A_2	14	14	13	19	15	15	60
A_3	19	19	20	23	M	M	50
A_4	M	0	M	0	M	0	50
销量/万吨	30	20	70	30	10	50	210

由于各地区的需求量包含两部分，如地区 B_1，其中 30 万吨是最低需求，不能由假设化肥厂 A_4 供给，令相应运价为 M（任意大正数）；另一部分 20 万吨满足或不满足均可以，因此可以由假设化肥厂 A_4 供给，按上文所述，令相应运价为 0。

最终根据表上作业法计算，可以求得这个问题的最优方案如表4-12所示。

表 4-12　例 4.3 最优方案

产地	销地						产量/万吨
	B_1（1）	B_1（2）	B_2	B_3	B_4（1）	B_4（2）	
A_1			50				50
A_2			20		10	30	60
A_3	30	20	0				50
A_4					30	20	50
销量/万吨	30	20	70	30	10	50	210

确定调拨方案：由化肥厂 A_1 向地区 B_2 运送化肥 50 万吨；由化肥厂 A_2 分别向地区 B_2 和地区 B_4 运送化肥 20 万吨和 40 万吨；由化肥厂 A_3 向地区 B_1 运送化肥 50 万吨。

4.3.2　求极大值问题

求极大值问题是指使用目标函数求利润最大或营业额最大等问题。

$$\max z = \sum_{i=1}^{m}\sum_{j=1}^{n} c_{ij}x_{ij} \quad (4.12)$$

$$\text{s.t.} \begin{cases} \sum_{j=1}^{n} x_{ij} = a_i, & i=1,2,\cdots,m \\ \sum_{i=1}^{m} x_{ij} = b_j, & j=1,2,\cdots,n \\ x_{ij} \geqslant 0, & i=1,2,\cdots,m; j=1,2,\cdots,n \end{cases}$$

求解方法：将极大值问题转化为极小值问题。设极大值问题的运价矩阵为 C，用一个较大的数 $M(M \geqslant \max\{c_{ij}\})$ 减去每个 c_{ij} 得到矩阵 C'，其中 $C'=(M-c_{ij})$，其中元素 $c'_{ij} \geqslant 0$，将 C' 作为极小值问题的运价，使用表上作业法求出最优解。

例 4.4　已知某部门运输问题的有关信息如表 4-13 所示。其中，矩阵 $C=(c_{ij})_{m\times n}$ 是 $A_i(i=1,2,3,\cdots,m)$ 到 $B_j(j=1,2,3,\cdots,n)$ 的吨公里利润，运输部门应如何安排运输方案才能使总利润最大？

表4-13 产销供应表

产地	销地			产量/t
	B_1	B_2	B_3	
A_1	2	5	8	9
A_2	9	10	7	10
A_3	6	5	4	12
销量/t	8	14	9	31

解：取 $M=\max\{c_{ij}\}=c_{22}=10$，$c'_{ij}=10-c_{ij}$，得到新的极小值运输问题。表4-14给出了产销供应的相关信息。

表4-14 例4.4极小值产销供应表

产地	销地			产量/t
	B_1	B_2	B_3	
A_1	8	5	2	9
A_2	1	0	3	10
A_3	4	5	6	12
销量/t	8	14	9	31

用表上作业法求解此问题即可获得最优方案，具体求解过程请读者自己完成。

4.3.3 运输问题应用举例

运筹学作为一门实践应用的科学，已被广泛应用于工业、农业、商业、交通运输业、民政事业、军事决策等领域，能解决受多种因素影响的复杂的大型问题。

目前，运筹学在交通领域中解决了许多实际问题，并且取得了很好的效果。随着社会经济的发展和人类生产方式的进步，交通也有了很大的进步，然而在交通发展的同时，交通事故的数量也随之增加，直接或者间接造成大量人员伤亡及惨重的经济损失。为了保障交通的安全，在实际生活中，就要求人们在控制技术方面提出一系列交通安全运筹学课题。

交通的迅速发展也带动了社会节奏的大大加快，人们对交通速度的要求也越来越高，一些高速交通产品也应运而生，如高速铁路、高速公路和超声速飞机。而运价低廉化是

第 4 章
运 输 问 题

人们追求的另一个主要目标,运价主要受运输成本的影响,运输过程中的投入与支出决定了运输成本,利用运筹学对投入与支出进行平衡,寻求其最低的运输成本,就成为运筹学研究的一个重要问题。

随着现代交通的发展,环境污染问题也随之而来。党的二十大报告指出,要"加强污染物协同控制,基本消除重污染天气"。城市中的汽车尾气已是大气污染的一个主要来源,如何使居民绿色出行、节能环保已经成为一个广受关注的难题。政府针对尾气问题提出了一些要求和解决方案。如改善公共交通、建立智能交通控制系统、优化路网布局、加强交通管理机制等。

例 4.5 某公司承担 4 条航线的运输任务,已知:(1)各条航线的起点城市和终点城市及每天航班数(表 4-15);(2)各港口间的航行时间(表 4-16);(3)所有航线都使用同一种船只,每次装船和卸船时间均为 1 天。该公司至少应配备多少条船才能满足所有航线运输的需要?

表 4-15 航线信息表

航线	起点城市	终点城市	每天航班数
1	E	D	3
2	B	C	2
3	A	F	1
4	D	B	1

表 4-16 各港口间的航行时间表

城市	A	B	C	D	E	F
A	0	1	2	14	7	7
B	1	0	3	13	8	8
C	2	3	0	15	5	5
D	14	13	15	0	17	20
E	7	8	5	17	0	3
F	7	8	5	20	3	0

解: 所需船只可分为两部分。

(1)各条航线航行、装船、卸船所占用的船只。对各条航线逐一分析,将所需船只条数列入表 4-17 中,累计共需 91 条船。

表4-17 各航线情况

航线	装船时间/天	卸船时间/天	航行时间/天	小计/天	航班数量	所需船只/条
1	1	1	17	19	3	57
2	1	1	3	5	2	10
3	1	1	7	9	1	9
4	1	1	13	15	1	15

（2）各港口之间调度所需船只，由于每天到达某一港口的船只数量与它所需发出的船只数量不相等，因此港口之间调度所需船只数量也不同。各港口每天到达船只、需要船只数量及余缺数见表4-18。

表4-18 各港口船只详情表

城市	A	B	C	D	E	F
每天到达/条	0	1	2	3	0	1
每天需要/条	1	2	0	1	3	0
余缺数/条	−1	−1	2	2	−3	1

将船由有多余船只的港口调往需要船只的港口为空船行驶，应采用合理的调度方案，以使调运量最小。为此，建立表4-19所示的运输问题，其单位运价取为相应一对港口城市间的航行时间（天）。

表4-19 运输问题

城市	A	B	E	多余船只/条
C	2	3	5	2
D	14	13	17	2
F	7	8	3	1
缺少船只/条	1	1	3	5

使用表上作业法求解这一运输问题，可得如下两个最优解。

最优解1：$x_{CE}=2$，$x_{DA}=1$，$x_{DB}=1$，$x_{FE}=1$。

最优解2：$x_{CA}=1$，$x_{CE}=1$，$x_{DB}=1$，$x_{DE}=1$，$x_{FE}=1$。

根据这两种方案调运多余船只,其目标函数值等于 40,说明各港口之间调度所需船只至少为 40 艘。综合以上两部分船只的要求,在不考虑维修、储备等情况下,该公司至少要配备 131 条船,才能满足 4 条航线正常运输的需要。

4.4 习题

1. 一般线性规划问题具备什么特征,才能将其转化为运输问题来求解?请举例说明。

2. A、B、C 三个城市每年需分别供应电力 320 个单位、250 个单位和 350 个单位,由 Ⅰ、Ⅱ 两个发电站提供,它们的最大可供电量分别为 400 个单位和 450 个单位,单位费用如表 4-20 所示。由于需求量大于供应量,决定城市 A 的供应电力量可减少 0~30 个单位,城市 B 的供应电力量不变,城市 C 的供应量不能少于 270 个单位,试求总费用最低的分配方案(将可供电量用完)。

表 4-20 城市供电表

发电站	城市		
	A	B	C
Ⅰ	15	18	22
Ⅱ	21	25	16

3. 某市有三家面粉厂 Ⅰ、Ⅱ、Ⅲ,它们为三个面食加工厂 A、B、C 提供所需的面粉。各面粉厂的产量、各面食加工厂加工面粉的能力、各面食加工厂和各面粉厂之间的单位运价,见表 4-21。假定在面食加工厂制作单位面粉食品的利润分别为 12 万元、16 万元和 11 万元,试确定使总效益最大的面粉分配计划(假定面粉厂和面食加工厂都属于同一个主管单位)。

表 4-21 面粉生产表

面粉厂	面食加工厂			面粉厂产量/万吨
	A	B	C	
Ⅰ	3	10	2	20
Ⅱ	4	11	8	30
Ⅲ	8	11	4	20
面食加工厂需求量/万吨	15	25	20	

4. 某企业和用户签订了设备交货合同。已知该企业各季度生产能力、每台设备生产成本和每季度末的交货量（表 4-22），若生产出的设备当季度不交货，每台设备每季度需支付保管维护费 0.1 万元。试问在遵守合同的条件下，企业应如何安排生产计划才能使年消耗费用最低？

表 4-22　企业生产表

季度	生产能力/台	交货量/台	每台设备生产成本/万元
1	25	15	12.0
2	35	20	11.0
3	30	25	11.5
4	20	20	12.5

第 5 章 整 数 规 划

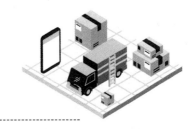

5.1 整数规划的数学模型及解的特点

5.1.1 整数规划数学模型的一般形式

整数规划（Integer Programming，IP）问题：在许多规划问题中，如果要求部分或全部决策变量必须取整数，如所求的解是机器的台数、人数、车辆数、船只数等，这类规划问题称为整数规划问题。

松弛问题（Slack Problem）：不考虑约束条件中的整数条件，由目标函数和剩余的约束条件构成的规划问题称为该整数规划问题的松弛问题。

若松弛问题是一个线性规划问题，则该整数规划为整数线性规划（Integer Linear Programming，ILP）。整数规划问题就是一种特殊的整数线性规划问题。

$$\max(\text{或}\min)z = \sum_{j=1}^{n} c_j x_j \tag{5.1}$$

$$\text{s.t.}\begin{cases} \sum_{j=1}^{n} a_{ij}x_j \leqslant (\geqslant,=) b_i \\ x_j \geqslant 0 \\ i=1,2,\cdots,m; j=1,2,\cdots,n \\ x_1,x_2,\cdots,x_n \geqslant 0 \text{中部分或全部取整数} \end{cases}$$

整数规划问题可以分为以下几种类型。

（1）纯整数规划（Pure Integer Programming）是指全部决策变量都必须取整数值的整数规划，也称全整数规划。

（2）混合整数规划（Mixed Integer Programming）是指决策变量中有一部分必须取整数值，另一部分可以不取整数值的整数规划。

（3）0-1 整数规划（Zero-one Integer Programming）是指决策变量取值只能为 0 或 1 的整数规划。

5.1.2 整数规划的例子

例 5.1 某厂生产甲和乙两种产品,需要经过 A、B、C 三道工序,单件工时和利润以及各工序每周工时限制见表 5-1。工厂应如何安排生产,才能使总利润最大?

表 5-1 生产工序表

产品	工序			利润/(元/件)
	A	B	C	
甲	0.3	0.2	0.3	25
乙	0.7	0.1	0.5	40
工时限制/周	250	100	150	

解:设工厂每周生产甲产品 x_1 件、乙产品 x_2 件,则该问题的数学模型为

$$\max z = 25x_1 + 40x_2$$

$$\text{s.t.} \begin{cases} 0.3x_1 + 0.7x_2 \leq 250 \\ 0.2x_1 + 0.1x_2 \leq 100 \\ 0.3x_1 + 0.5x_2 \leq 150 \\ x_1 \geq 0, x_2 \geq 0, \text{且均为整数} \end{cases}$$

这是一个纯整数规划问题。

例 5.2 某服务部门各时段(每 2 小时为一时段)需要的服务人数见表 5-2。按规定,服务员连续工作 8 小时(即四个时段)为一班。现要求安排服务员的工作时间,使服务部门服务员总数最少。

表 5-2 服务人数表

时段/小时	1	2	3	4	5	6	7	8
服务员最少数目/人	10	8	9	11	13	8	5	3

解:假设 x_j 表示从 j 时段开始工作的服务员人数,则有如下模型

$$\min z = x_1 + x_2 + x_3 + x_4 + x_5$$

$$\text{s.t.} \begin{cases} x_1 \geq 10 \\ x_1 + x_2 \geq 8 \\ x_1 + x_2 + x_3 \geq 9 \\ x_1 + x_2 + x_3 + x_4 \geq 11 \\ x_2 + x_3 + x_4 + x_5 \geq 13 \\ x_3 + x_4 + x_5 \geq 8 \\ x_4 + x_5 \geq 5 \\ x_5 \geq 3 \\ x_1, x_2, x_3, x_4, x_5 \geq 0 \\ x_1, x_2, x_3, x_4, x_5 \text{均为整数} \end{cases}$$

这也是一个纯整数规划问题。

5.1.3 整数规划问题解的特点

松弛问题作为一个线性规划问题，其可行解的集合是一个凸集，任意两个可行解的凸组合仍为可行解。

整数规划问题的可行解是其松弛问题可行解集合的一个子集，任意两个可行解的凸组合不一定满足整数的约束条件，因而不一定仍为可行解。由于整数规划问题的可行解一定也是它的松弛问题的可行解（反之则不一定），因此前者最优解的目标函数值不会优于后者最优解的目标函数值，即松弛问题的最优解是整数规划问题最优解的上限。

一般情况下，当松弛问题的最优解不能满足变量的整数约束条件时，则该最优解不是整数规划问题的可行解，此时该解就不是整数规划问题的最优解。若对松弛问题的这个最优解中不符合整数要求的分量做简单的取整，所得到的解不一定是整数规划问题的最优解，甚至也不一定是整数规划问题的可行解。

5.2 割平面法

5.2.1 割平面法的思想

用割平面法求解整数规划问题：若最优解 $X^* \notin Z$，则从 X^* 的非整数分量中选取一个构造线性约束（Gomory 割平面），将其加入原整数规划问题中，形成一个新的规划问题并求解，依此类推，直至得到整数最优解。这个方法是 1958 年由美国学者高莫利（R.E.Gomory）提出来的，所以又称 Gomory 割平面法。

割平面法的关键是新增的线性约束将切割掉部分的非整数解，至少切割掉当前松弛问题的非整数最优解，而不会切割掉规划问题的任何整数解。

5.2.2 构造割平面的方法

（1）令 x_i 是整数规划问题最优解中非整数值的一个基变量，得

$$x_i + \sum a_{ik} x_k = b_i \tag{5.2}$$

式中，$k \in B$（B——非基变量下标集）。

（2）将 b_i 和 a_{ik} 分解成整数部分 I（不超过 B 的最大整数）与非负真分数部分 F 之和，得

$$b_i = I_i + F_i，其中 0 \leqslant F_{i1} < 1 \tag{5.3}$$

$$a_{ik} = I_{ik} + F_{ik}，其中 0 \leqslant F_{ik} < 1 \tag{5.4}$$

(3) 将式 (5.3) 和式 (5.4) 代入式 (5.2), 得

$$x_i + \sum I_{ik}x_k - I_i = F_i - \sum F_{ik}x_k \tag{5.5}$$

(4) 割平面方程为

$$F_i - \sum F_{ik}x_k \leqslant 0 \tag{5.6}$$

将式 (5.6) 代入原整数规划问题继续求解。

例 5.3 用割平面法求解下列整数规划问题。

$$\text{IP} \quad \max z = x_1 + x_2$$

$$\text{s.t.} \begin{cases} -x_1 + x_2 \leqslant 1 \\ 3x_1 + x_2 \leqslant 4 \\ x_1, x_2 \geqslant 0 \\ x_1, x_2 \in Z \end{cases}$$

$$\text{LIP} \quad \max z = x_1 + x_2 + 0x_3 + 0x_4$$

$$\text{s.t.} \begin{cases} -x_1 + x_2 + x_3 = 1 \\ 3x_1 + x_2 + x_4 = 4 \\ x_1, x_2, x_3, x_4 \geqslant 0 \\ x_1, x_2 \in Z \end{cases}$$

解:

(1) 先求解线性规划问题, 得到最优单纯形表 (表 5-3)。

表 5-3 例 5.3 最优单纯形表 1

	C_B	X_B	b	$c_j \to$			
				1	1	0	0
				x_1	x_2	x_3	x_4
Ⅰ表	0	x_3	1	-1	1	1	0
	0	x_4	4	3	1	0	1
		σ_j		1	1	0	0
Ⅱ表	1	x_1	3/4	1	0	-1/4	1/4
	1	x_2	7/4	0	1	3/4	1/4
		σ_j		0	0	-1/2	-1/2

此时, 非整数解 $x_1 = \dfrac{3}{4}$, $x_2 = \dfrac{7}{4}$, $x_3 = x_4 = 0$, $\max z = \dfrac{5}{2}$。

(2) 现在并不满足整数约束要求, 考虑其中的非整数变量, 构造割平面, 并从表 5-3 得到如下关系。

$$\begin{cases} x_1 - \dfrac{1}{4}x_3 + \dfrac{1}{4}x_4 = \dfrac{3}{4} \\ x_2 + \dfrac{3}{4}x_3 + \dfrac{1}{4}x_4 = \dfrac{7}{4} \end{cases}$$

将系数与常数项分解成整数和非负真分数两部分之和。

$$\begin{cases}(1+0)x_1+\left(-1+\dfrac{3}{4}\right)x_3+\left(0+\dfrac{1}{4}\right)x_4=0+\dfrac{3}{4}\\(1+0)x_2+\left(0+\dfrac{3}{4}\right)x_3+\left(0+\dfrac{1}{4}\right)x_4=1+\dfrac{3}{4}\end{cases}$$

$$\begin{cases}x_1-x_3=\dfrac{3}{4}-\left(\dfrac{3}{4}x_3+\dfrac{1}{4}x_4\right)\\x_2-1=\dfrac{3}{4}-\left(\dfrac{3}{4}x_3+\dfrac{1}{4}x_4\right)\end{cases}$$

现考虑整数条件，要求 x_1、x_2 为非负整数，由等式约束条件可知 x_3、x_4 也为非负整数。上式左边为整数，因此上式右边也应为整数；上式右边括号内是正数且常数项是非负真分数，因此上式右边必为非正数。

以第一个方程为例。

$$\dfrac{3}{4}-\left(\dfrac{3}{4}x_3+\dfrac{1}{4}x_4\right)\leqslant 0\Longleftrightarrow -3x_3-x_4\leqslant -3$$

此时已经得到一个割平面的约束条件。

（3）在新得到的约束条件中引入 x_5 得到等式 $-3x_3-x_4+x_5=-3$，加入上述最优单纯形表中，得到表 5-4。

表 5-4 例 5.3 最优单纯形表 2

	$c_j\to$		1	1	0	0	0
C_B	X_B	b	x_1	x_2	x_3	x_4	x_5
1	x_1	3/4	1	0	-1/4	1/4	0
1	x_2	7/4	0	1	3/4	1/4	0
0	x_5	-3	0	0	-3	-1	1
	c_j-z_j		0	0	-1/2	-1/2	0

根据对偶单纯形法，重复上述步骤继续进行迭代，直至获得整数解。

最终本题最优整数解为 $\boldsymbol{X}^*=(1,1,1,0,0)^T$，$\max z^*=2$。

5.3 分支定界法

分支定界法是一种隐枚举法或部分枚举法，它不是一种有效算法，是在枚举法基础上的改进，另外，分支定界法的关键是分支和定界。

若整数规划的松弛问题最优解不符合整数要求,假设 $x_i = \overline{b_i}$,且不符合整数要求,$\left[\overline{b_i}\right]$ 是不超过 $\overline{b_i}$ 的最大整数,则构造两个约束条件:$x_i \leqslant \left[\overline{b_i}\right]$ 和 $x_i \geqslant \left[\overline{b_i}\right]+1$,分别将其并入上述松弛问题中,从而形成两个分支,即两个后继问题,两个后继问题的可行域中包含原整数规划问题的所有可行解。在原松弛问题可行域中,因为满足 $\left[\overline{b_i}\right] < x_i < \left[\overline{b_i}\right]+1$ 的那一部分区域超出界限,且这一部分区域不包含整数规划问题的任何可行解,所以不再进行分支。根据需要,各个后继问题可以类似地产生自己的分支,即自己的后继问题。如此不断反复,直到获得整数规划问题的最优解。这就是所谓的"分支"。

在分支过程中,若某个后继问题恰巧获得整数规划问题的一个可行解,它的目标函数值就是一个"界限",可作为衡量处理其他分支的一个依据。因为整数规划问题的可行解集是它的松弛问题可行解集的一个子集,前者最优解的目标函数值不会优于后者最优解的目标函数值,所以对于那些相应松弛问题最优解的目标函数值劣于上述"界限"值的后继问题,就可以剔除而不再考虑了。当然,如果在以后的分支过程中出现了更好的"界限",则以它来取代原来的界限,这样可以提高求解的效率。

"分支"可以缩减整数规划最优解的搜索范围,"定界"可以提高搜索的效率。经验表明,在可能的情况下,根据对实际问题的了解,先选择一个合理的"界限",可以提高分支定界法的搜索效率。

下面通过例子来阐明分支定界法的基本思想和一般步骤。

例 5.4 用分支定界解法求解下列整数规划问题。

$$\max z = x_1 + x_2$$

$$\text{s.t.} \begin{cases} x_1 + \dfrac{9}{14}x_2 \leqslant \dfrac{51}{14} \\ -2x_1 + x_2 \leqslant \dfrac{1}{3} \\ x_1, x_2 \geqslant 0 \\ x_1, x_2 \text{均取整数} \end{cases}$$

解:记整数规划问题为 IP,它的松弛问题为 LP。图 5-1 中 S 为 LP 的可行域,黑点表示 IP 的可行解。用单纯形法解 LP,最优解为 $x_1 = \dfrac{3}{2}$,$x_2 = \dfrac{10}{3}$,即点 A,$\max z = \dfrac{29}{6}$。

LP 的最优解不符合整数要求,可任选一个变量,如选择 $x_1 = \dfrac{3}{2}$ 进行分支。由于最接近 $\dfrac{3}{2}$ 的整数是 1 和 2,因此可以构造两个约束条件:

$$x_1 \geqslant 2 \tag{5.7}$$

$$x_1 \leqslant 1 \tag{5.8}$$

将两个约束条件分别并入例 5.4 的松弛问题 LP 中,形成两个分支,即后继问题 LP$_1$

和 LP_2，由 LP 和上述两个约束条件分别组成。图 5-2 中 S_1 和 S_2 分别为 LP_1 和 LP_2 的可行域。不连通的域 $S_1 \cup S_2$ 中包含了 IP 的所有可行解，S 中被舍去的一部分 $S - S_1 \cup S_2$ 中不包含 IP 的任何可行解。

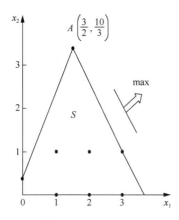

图 5-1 LP 的最优解   图 5-2 LP_1 和 LP_2 的可行域

解 LP_1 最优解为 $x_1 = 2$，$x_2 = \dfrac{23}{9}$，即图 5-2 中的点 B。目标函数值 $\max z = \dfrac{41}{9}$，点 B 仍不符合整数要求。同理计算 LP_2，求得点 C 坐标为 $\left(1, \dfrac{7}{3}\right)$，因为 $\max z = \dfrac{10}{3}$，所以不符合整数要求，因此必须继续分支。

由于 $\dfrac{41}{9} > \dfrac{10}{3}$，所以优先选择 S_1 分支。因为 B 点 $x_1 = 2$，而 $x_2 = \dfrac{23}{9}$ 不符合整数要求，故可以构造两个约束条件：

$$x_2 \geqslant 3 \quad (5.9)$$
$$x_2 \leqslant 2 \quad (5.10)$$

将新构造的两个约束条件分别并入 LP，形成两个新分支，即 LP_1 的后继问题 LP_{11} 和 LP_{12}，由 LP_1 及新构造的两个约束条件分别组成。在图 5-3 中，S_{12} 为 LP_{12} 的可行域。由于 $x_2 \geqslant 3$ 和 LP_1 不相容，故 LP_{11} 无可行解，也就是说，LP_{11} 的可行域 S_{11} 为空集，所以只需考虑后继问题 LP_{12}。

在 S_{12} 上解 LP_{12}，最优解为 $x_1 = \dfrac{33}{14}$，$x_2 = 2$，即图 5-3 中点 D，$\max z = \dfrac{61}{14}$。

对于原整数规划问题来说，至此还剩两个分支：后继问题 LP_2 和 LP_{12}。因为 LP_{12} 的最优解目标函数值比 LP_2 的大，所以优先考虑对 LP_{12} 进行分支。

两个新约束条件为

$$x_1 \geqslant 3 \quad (5.11)$$
$$x_1 \leqslant 2 \quad (5.12)$$

类似地，形成 LP_{12} 的两个后继问题 LP_{121} 和 LP_{122}。图 5-4 中 S_{121} 和 S_{122} 分别为它们的可行域，其中 S_{122} 是一条直线段。

LP_{121} 的最优解是 $x_1=3$，$x_2=1$，即图 5-4 中点 E，max $z=4$；LP_{122} 的最优解是 $x_1=2$，$x_2=2$，即图 5-4 中点 F，max $z=4$。这两个解都是 IP 的可行解，且目标函数值相等。

至此，可以肯定两点：第一，在 S_{121} 和 S_{122} 中不可能存在比点 E 和点 F 更好的 IP 的可行解，因此不必再在它们中继续搜索；第二，既然点 E 和点 F 都是 IP 的可行解，那么，它们的目标函数值 $z=4$ 就可看作 IP 最优解的目标函数值的一个界限（对于最大化问题，是下界；对于最小化问题，是上界）。

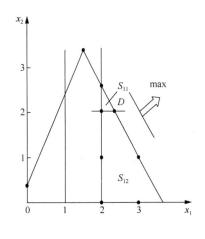
图 5-3 LP_2 的最优解

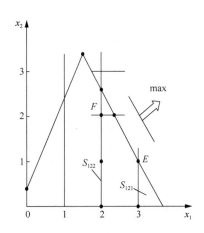
图 5-4 LP_{121} 的最优解

现在，尚未检查的后继问题只有 LP_2 了。但 LP_2 的最优解的目标函数值是 $\dfrac{10}{3}$，比界限 4 小。因此，S_2 中不存在目标函数值比 4 大的 IP 的可行解，也就是说，不必再对 LP_2 进行分支搜索了。

综上所述，我们已经求得了整数规划问题的两个最优解。它们分别是 $x_1=3$，$x_2=1$ 和 $x_1=2$，$x_2=2$，max $z=4$。

上述分支定界法求解的过程可用图 5-5 来表示。

分支定界法解整数规划问题的一般步骤如下。

步骤 1：称整数规划问题为问题 A，它的松弛问题为问题 B，以 z_b 表示问题 A 的目标函数的初始界（如已知问题 A 的一个可行解，则可取它的目标函数值为 z_b）。对最大化问题 A，z_b 为下界；对最小化问题 A，z_b 为上界。解问题 B，转步骤 2。

步骤 2：如问题 B 无可行解，则问题 A 也无可行解；如问题 B 的最优解符合问题 A 的整数要求，则它就是问题 A 的最优解。对于这两种情况，求解过程到此结束；如问题 B 的最优解存在，但不符合问题 A 的整数要求，则转步骤 3。

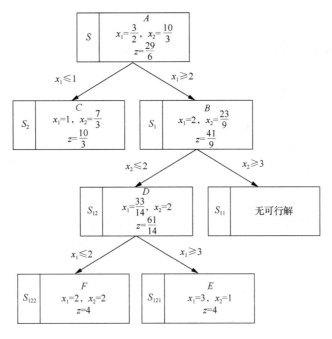

图 5-5 分支定界法求解流程图

步骤 3：对问题 B，任选一个不符合整数要求的变量进行分支。假如选择 $x_j = \overline{b}_j$，且设 $[\overline{b}_j]$ 为不超过 $\overline{b}_j$ 的最大整数。对问题 B 分别增加下面两个约束条件中的一个。

$$x_j \leqslant [\overline{b}_j] \text{ 和 } x_j \geqslant [\overline{b}_j] + 1$$

形成两个后继问题，按照步骤 4 解决这两个后继问题。

步骤 4：考查所有后继问题，如果其中有某几个问题存在最优解，且其最优解满足问题 A 的整数要求，则将它们中最优的目标函数值和界 z_b 作比较。若比界 z_b 更优，则以其取代原来的界 z_b，并称相应的后继问题为问题 C，原来的界 z_b 不变。进入步骤 5。

步骤 5：不属于 C 的后继问题中，称存在最优解且其目标函数值比界 z_b 更优的后继问题为待检查的后继问题。

若不存在待检查的后继问题，当问题 C 存在时，问题 C 的最优解就是问题 A 的最优解；当问题 C 不存在时，和界 z_b 对应的可行解就是问题 A 的最优解。z_b 即为问题 A 的最优解的目标函数值，求解到此结束。

若存在待检查的后继问题，则选择其中目标函数值最优的一个后继问题，改称其为问题 B，回到步骤 3。

很多求解整数规划问题的计算机软件都是根据分支定界法原理编写的，同时这种方法也适用于求解混合整数规划问题，在实际中有着广泛的应用。

5.4　0-1整数规划

5.4.1　0-1变量及其应用

若变量只能取值 0 或 1，称其为 0-1 变量。0-1 变量作为逻辑变量，常被用来表示系统是否处于某个特定状态，或者决策时是否取某个特定方案。例如：

$$x = \begin{cases} 1, & \text{当决策取方案} p \text{时} \\ 0, & \text{当决策不取方案} p \text{时(即取} \bar{p} \text{时)} \end{cases}$$

当问题含有多项要素，而每项要素皆有两种选择时，可用一组 0-1 变量来描述。一般情况下，设问题有有限项要素 $E_1, E_2, \cdots, E_n$，其中每项 E_j 有两种选择 A_j 和 $\overline{A_j}$ $(j=1,2,\cdots,n)$，则可令

$$x = \begin{cases} 1, & \text{当} E_j \text{选择} A_j \text{时} \\ 0, & \text{当} E_j \text{选择} \overline{A_j} \text{时} \end{cases} \quad (j=1,2,\cdots,n)$$

在实际应用中，遇到变量取多个整数值的问题时，可以用一组 0-1 变量来取代该变量，这是利用了 0-1 变量的二进制变量（binary variable）性质。例如，变量 x 可取 0 与 9 之间的任意整数时，可令

$$x = 2^0 x_0 + 2^1 x_1 + 2^2 x_2 + 2^3 x_3 \leq 9$$

其中，x_0, x_1, x_2, x_3 皆为 0-1 变量。

0-1 变量不仅广泛应用于科学技术问题，在经济管理学问题中也有十分重要的应用。

例 5.5　含有相互排斥的约束条件的问题。

设工序 B 的每周工时约束条件为

$$0.3x_1 + 0.5x_2 \leq 150 \qquad (5.13)$$

现在假设工序 B 还有一种新的加工方式，相应的每周工时约束变成

$$0.2x_1 + 0.4x_2 \leq 120 \qquad (5.14)$$

如果工序 B 只能从两种加工方式中选择一种，那么式（5.13）和式（5.14）就变成两个相互排斥的约束条件。为了将两种加工方式统一在一个问题中，引入 0-1 变量

$$y_1 = \begin{cases} 0, & \text{当工序B采用原加工方式时} \\ 1, & \text{当工序B不采用原加工方式时} \end{cases}$$

和

$$y_2 = \begin{cases} 0, & \text{当工序B采用新加工方式时} \\ 1, & \text{当工序B不采用新加工方式时} \end{cases}$$

于是，相互排斥的约束条件（5.13）和约束条件（5.14）可用下列三个约束条件统一起来。

$$\begin{cases} 0.3x_1 + 0.5x_2 \leqslant 150 + My_1 \\ 0.2x_1 + 0.4x_2 \leqslant 120 + My_2 \\ y_1 + y_2 = 1 \end{cases} \quad (5.15)$$

式中，M 是充分大的数。y_1 和 y_2 中必定有一个是 1，另一个是 0。若 $y_1=1$，$y_2=0$，即采用新加工方式，此时式（5.15）就是式（5.14），式（5.15）的约束条件在式（5.14）中体现，因而式（5.15）无须再次列出；反之，若 $y_1=0$，$y_2=1$，即采用原加工方式，此时式（5.15）就是式（5.13），而式（5.15）自然成立，式（5.15）的约束条件在式（5.13）中体现，因而式（5.15）也无须再次列出。

一般情况下，若需要从 p 个约束条件

$$\sum_{j=1}^{n} a_{ij} x_j \leqslant b_i, \quad i = 1, 2, \cdots, p$$

中恰好选择 q（$q<p$）个约束条件，则可以引入 p 个 0-1 变量

$$y_i = \begin{cases} 0, & \text{当选择第 } i \text{ 个约束条件时} \\ 1, & \text{当不选择第 } i \text{ 个约束条件时} \end{cases} \quad (i = 1, 2, \cdots, p)$$

那么，约束条件组为

$$\text{s.t.} \begin{cases} \sum\limits_{j=1}^{n} a_{ij} x_j \leqslant b_i + My_i & (i = 1, 2, \cdots, p) \\ \sum\limits_{i=1}^{p} y_i = p - q \end{cases}$$

因为上述约束条件组保证了在 p 个 0-1 变量中有 $p-q$ 个为 1，q 个为 0。凡取值为 0 的 y_i 对应的约束条件即为原约束条件；而取值为 1 的 y_i 对应的约束条件将自然满足，因而此约束条件是多余的。

5.4.2　0-1 整数规划的解法

0-1 整数规划是一种特殊的整数规划问题，若含有 n 个变量，则可以产生 2^n 个可能的变量组合。当 n 较大时，采用完全枚举法解题几乎是不可能的。已有的求解 0-1 整数规划问题的方法一般都属于隐枚举法。

在 2^n 个可能的变量组合中，往往只有一部分是可行解。只要发现某个变量组合不满足其中一个约束条件时，就不必再去检验其他约束条件是否可行。对于可行解，其目标函数值也有优劣之分。若已发现一个可行解，且根据它的目标函数值产生了一个过滤条件，就不必再检验比目标函数值差的变量组合的可行性。在以后的求解过程中，每当发现比原来更好的可行解，就以此替换原来的过滤条件。上述这些做法可以减少运算次数，较快地发现最优解。

例 5.6 求解以下 0-1 整数规划问题。

$$\max z = 3x_1 - 2x_2 + 5x_3$$

$$\text{s.t.} \begin{cases} x_1 + 2x_2 - x_3 \leqslant 2 \\ x_1 + 4x_2 + x_3 \leqslant 4 \\ x_1 + x_2 \leqslant 3 \\ 4x_2 + x_3 \leqslant 6 \\ x_1, x_2, x_3 = 0 \text{ 或 } 1 \end{cases}$$

解：求解过程可以列表形式表示，见表 5-5。

表 5-5 例 5.6 的求解过程列表

(x_1, x_2, x_3)	z 值	约束条件 A	B	C	D	过滤条件
(0, 0, 0)	0	√	√	√	√	$z \geqslant 0$
(0, 0, 1)	5	√	√	√	√	$z \geqslant 5$
(0, 1, 0)	−2					
(0, 1, 1)	3					
(1, 0, 0)	3					
(1, 0, 1)	8	√	√	√	√	$z \geqslant 8$
(1, 1, 0)	1					
(1, 1, 1)	6					

所以，最优解 $(x_1, x_2, x_3)^T = (1, 0, 1)^T$，$\max z = 8$。

采用上述算法，实际只做了 20 次运算。

为了进一步减少运算量，常按照目标函数中各变量系数的大小重新排列各变量，以使最优解有可能较早出现。对于最大化问题，可按照由大到小的顺序排列；对于最小化问题，则相反。因此例 5.6 可写成下列形式

$$\max z = 5x_3 + 3x_1 - 2x_2$$

$$\text{s.t.} \begin{cases} -x_3 + x_1 + 2x_2 \leqslant 2 \\ x_3 + x_1 + 4x_2 \leqslant 4 \\ x_1 + x_2 \leqslant 3 \\ x_3 + 4x_2 \leqslant 6 \\ x_1, x_2, x_3 = 0 \text{ 或 } 1 \end{cases}$$

求解时，先令排在前面的变量取值为 1，如本例中可取 $(x_3, x_1, x_2) = (1, 0, 0)$，若不满足约束条件，可调整取值为 (1, 1, 0)；若仍不满足约束条件，还可调整取值为 (1, 1, 1) 等，依此类推。求解过程可见表 5-6。

表 5-6 表 5-5 改写后的模型求解过程

(x_3, x_1, x_2)	z 值	约束条件 A B C D	过滤条件
(0,0,0)	0	√ √ √ √	$z \geqslant 0$
(1,0,0)	5	√ √ √ √	$z \geqslant 5$
(1,1,0)	8	√ √ √ √	$z \geqslant 8$

从目标函数方程看到，z 值已不可能再增大，$(x_3, x_1, x_2) = (1,1,0)$ 即为本例的最优解。

此例采取这样的形式进行求解，可以最大限度地减少运算的次数。一般情况下，问题的规模越大，这样做的好处就越明显。

5.5 指派问题

5.5.1 指派问题的标准形式及其数学模型

在现实生活中，有各种性质的指派问题。例如，有若干项工作需要分配给若干人（或部门）来完成；有若干项合同需要选择若干个投标者来承包；有若干个班级需要安排在各教室上课等。诸如此类问题，它们的基本要求是在满足特定的指派要求条件下，使指派方案的总体效果最佳。由于指派问题的多样性，有必要定义指派问题的标准形式。

指派问题的标准形式（以人和事为例）是：有 n 个人和 n 件事，已知第 i 个人做第 j 件事的费用为 $c_{ij}(i,j=1,2,\cdots,n)$，要求确定人和事之间的一一对应的指派方案，使完成这 n 件事的总费用最少。

一般称矩阵 $C = (c_{ij})_{n \times n}$ 为指派问题的系数矩阵。在实际问题中，根据 c_{ij} 的具体意义，矩阵 C 可以有不同的含义，如费用、成本、时间等。在系数矩阵 C 中，第 i 行中各元素表示第 i 个人做各事的费用，第 j 列各元素表示第 j 件事由每人做的费用。

为了建立标准指派问题的数学模型，引入 $n \times n$ 个 0-1 变量

$$x_{ij} = \begin{cases} 1, & \text{当指派第} i \text{个人做第} j \text{件事时} \\ 0, & \text{当不指派第} i \text{个人做第} j \text{件事时} \end{cases} \quad (i,j=1,2,\cdots,n)$$

这样，指派问题的数学模型可写成：

$$\min z = \sum_{i=1}^{n} \sum_{j=1}^{n} c_{ij} x_{ij} \quad (5.16)$$

$$\text{s.t.} \begin{cases} \sum_{i=1}^{n} x_{ij} = 1, & j=1,2,\cdots,n \quad \text{(A)} \\ \sum_{j=1}^{n} x_{ij} = 1, & i=1,2,\cdots,n \quad \text{(B)} \\ x_{ij} = 0 \text{ 或 } 1, & i,j=1,2,\cdots,n \quad \text{(C)} \end{cases}$$

模型中，约束条件（A）表示每件事必有且只有一个人去做，约束条件（B）表示每个人必做且只做一件事。

对于问题的每一个可行解，可用解矩阵 $X = (x_{ij})_{n \times n}$ 来表示。当然，作为可行解，矩阵每列各元素中都有且只有一个 1，以满足约束条件（A）；每行各元素中都有且只有一个 1，以满足约束条件（B）。因此，指派问题有 $n!$ 个可行解。

例 5.7 某商业公司计划开办 5 家新商店，为了尽早营业，决定由 5 家建筑公司共同承建。已知建筑公司 $A_i(i=1,2,\cdots,5)$ 对新商店 $B_j(j=1,2,\cdots,5)$ 的建造费用的报价（万元）为 $c_{ij}(i,j=1,2,\cdots,5)$，见表 5-7。如仅考虑节省费用，商业公司应当对 5 家建筑公司怎样分配建造任务，才能使总的建造费用最低？

表 5-7 建造报价表

单位：万元

A_i	B_j				
	B_1	B_2	B_3	B_4	B_5
A_1	4	8	7	15	12
A_2	7	9	17	14	10
A_3	6	9	12	8	7
A_4	6	7	14	6	10
A_5	6	9	12	10	6

这是一个标准的指派问题。若设 0-1 变量

$$x_{ij} = \begin{cases} 1, & \text{当}A_i\text{承建}B_j\text{时} \\ 0, & \text{当}A_i\text{不承建}B_j\text{时} \end{cases} \quad (i,j=1,2,\cdots,5)$$

则问题的数学模型为：

$$\min z = 4x_{11} + 8x_{12} + \cdots + 10x_{54} + 6x_{55}$$

$$\text{s.t.} \begin{cases} \sum_{i=1}^{5} x_{ij} = 1, & j=1,2,\cdots,5 \\ \sum_{j=1}^{5} x_{ij} = 1, & i=1,2,\cdots,5 \\ x_{ij} = 0\text{或}1, & i,j=1,2,\cdots,5 \end{cases}$$

5.5.2 匈牙利解法

从上述数学模型可知，标准的指派问题既是一类特殊的整数规划问题，又是特殊的 0-1 整数规划问题和特殊的运输问题。因此，它可以用多种相应的解法来求解。但是，这些解法都没有充分利用指派问题的特殊性质，不能有效地减少其计算量。1955 年，库恩（W.W.kuhn）利用匈牙利数学家康尼格（D.konig）的关于矩阵中独立零元素的定理，

提出了解指派问题的一种算法，习惯上称之为匈牙利解法。

匈牙利解法的关键是利用了指派问题最优解的以下性质：若从指派问题的系数矩阵 $C = (c_{ij})_{n \times n}$ 的某行（或某列）各元素分别减去一个常数 k，得到一个新的矩阵 $C' = (c'_{ij})_{n \times n}$，则以 C' 和 C 为系数矩阵的两个指派问题有相同的最优解。由于系数矩阵的这种变化并不影响数学模型的约束方程组，而只是使目标函数值减少了常数 k。因此，最优解并不改变。

下面结合例 5.7 具体讲述匈牙利解法的计算步骤。

已知例 5.7 指派问题的系数矩阵为

$$C = \begin{Bmatrix} 4 & 8 & 7 & 15 & 12 \\ 7 & 9 & 17 & 14 & 10 \\ 6 & 9 & 12 & 8 & 7 \\ 6 & 7 & 14 & 6 & 10 \\ 6 & 9 & 12 & 10 & 6 \end{Bmatrix}$$

步骤 1：变换系数矩阵。首先，各行元素分别减去本行中的最小元素得矩阵 C'，然后矩阵 C' 的各列元素分别减去本列中最小元素得矩阵 C''。这样，系数矩阵 C'' 中每行及每列至少有一个零元素，同时不出现负元素。

$$C' = \begin{Bmatrix} 0 & 4 & 3 & 11 & 8 \\ 0 & 2 & 10 & 7 & 3 \\ 0 & 3 & 6 & 2 & 1 \\ 0 & 1 & 8 & 0 & 4 \\ 0 & 3 & 6 & 4 & 0 \end{Bmatrix} \rightarrow C'' = \begin{Bmatrix} 0 & 3 & 0 & 11 & 8 \\ 0 & 1 & 7 & 7 & 3 \\ 0 & 2 & 3 & 2 & 1 \\ 0 & 0 & 5 & 0 & 4 \\ 0 & 2 & 3 & 4 & 0 \end{Bmatrix}$$

步骤 2：在变换后的系数矩阵中确定独立零元素。若独立零元素有 n 个，则已得出最优解；若独立零元素少于 n 个，则做能覆盖所有零元素的最少直线数目的直线集合，原因是对于系数矩阵非负的指派问题来说，若能在系数矩阵中找到 n 个位于不同行和不同列的零元素，则对应的指派方案总费用为零，从而解一定是最优的。在选择零元素时，当同一行（或列）上有多个零元素时，如选择其一，则其余的零元素就不能再被选择，而成为多余的。所以，关键并不在于有多少个零元素，而要看它们是否恰当地分布在不同行和不同列上，即独立零元素的数目。

为了确定独立零元素，可以在只有一个零元素的行（或列）中加圈（标记为◎），因为这表示此人只能做该事（或此事只能由该人来做）。每圈一个"0"，同时把位于同列（或同行）的其他零元素划去（标记为∅），这表示此事已不能再由其他人来做（或此人已不能做其他事）。如此反复进行，直至系数矩阵中所有零元素都被圈出或划去。在此过程中，如遇到在所有的行和列中，零元素都不止一个时（存在零元素的闭回路），可任选其中一个零元素加圈，同时划去同行和同列中的其他零元素。当过程结束时，被画圈的零元素即是独立零元素。

如果独立零元素有 n 个，则表示已可确定最优指派方案。此时，令解矩阵中和独立零元素对应位置上的元素为"1",其他元素为"0",即得最优解矩阵。如独立零元素少于 n 个,则表示还不能确定最优指派方案。此时,需要确定能覆盖所有零元素的最少虚线数目的虚线集合。可按下面的方法进行操作。

（1）对没有◎的行打"√"。

（2）在已打"√"的行中,对∅所在的列打"√"。

（3）在已打"√"的列中,对◎所在的行打"√"。

（4）重复（2）和（3）,直到再也不能找到可以打"√"的行或列。

（5）对没有打"√"的行画一横虚线,对打"√"的列画一竖虚线,这样就得到了覆盖所有零元素的最少直线数目的直线集合。

为了确定 C'' 中独立零元素的个数,对 C'' 中的零元素加圈,即有:

$$C'' = \begin{Bmatrix} \emptyset & 3 & \circledcirc & 11 & 8 \\ \circledcirc & 1 & 7 & 7 & 3 \\ \emptyset & 2 & 3 & 2 & 1 \\ \emptyset & \circledcirc & 5 & \emptyset & 4 \\ \emptyset & 2 & 3 & 4 & \circledcirc \end{Bmatrix}$$

由于只有 4 个独立零元素,少于系数矩阵的阶数 $n=5$,故需要确定能覆盖所有零元素的最少直线数目的虚线集合。采用上述（1）~（5）的操作方法,结果如下。

$$C'' = \begin{pmatrix} \vdots & & & & & & & & & \\ \cdots & \emptyset & \cdots & 3 & \cdots & \circledcirc & \cdots & 11 & \cdots & 8 & \cdots \\ \vdots & & & & & & & & & \\ & \circledcirc & & 1 & & 7 & & 7 & & 3 & \sqrt{} \\ \vdots & & & & & & & & & \\ & \emptyset & & 2 & & 3 & & 2 & & 1 & \sqrt{} \\ \vdots & & & & & & & & & \\ \cdots & \emptyset & \cdots & \circledcirc & \cdots & 5 & \cdots & \emptyset & \cdots & 4 & \cdots \\ \vdots & & & & & & & & & \\ \cdots & \emptyset & \cdots & 2 & \cdots & 3 & \cdots & 4 & \cdots & \circledcirc & \cdots \\ \vdots & & & & & & & & & \\ & \sqrt{} & & & & & & & & \end{pmatrix}$$

步骤 3:继续变换系数矩阵。方法是在未被虚线覆盖的元素中找出一个最小元素。然后未被虚线覆盖的部分减去这一最小元素,同时在虚线交叉部分加上这一最小元素,返回步骤 2。

为了使 C'' 中未被虚线覆盖的元素中出现零元素,在 C'' 中未被虚线覆盖的部分找到最小元素 1,同时未被虚线覆盖的部分中的元素减去 1,虚线交叉部分的元素加上 1,即可得 C'''。

回到步骤 2，对 C''' 加圈：

$$C''' = \begin{Bmatrix} 1 & 3 & ⓞ & 11 & 8 \\ ∅ & ⓞ & 6 & 6 & 2 \\ ⓞ & 1 & 2 & 1 & ∅ \\ 1 & ∅ & 5 & ⓞ & 4 \\ 1 & 2 & 3 & 4 & ⓞ \end{Bmatrix}$$

C''' 中已有 5 个独立零元素，故可确定例 5.7 指派问题的最优指派方案为

$$X^* = \begin{Bmatrix} 0 & 0 & 1 & 0 & 0 \\ 0 & 1 & 0 & 0 & 0 \\ 1 & 0 & 0 & 0 & 0 \\ 0 & 0 & 0 & 1 & 0 \\ 0 & 0 & 0 & 0 & 1 \end{Bmatrix}$$

让 A_1 承建 B_3，A_2 承建 B_2，A_3 承建 B_1，A_4 承建 B_4，A_5 承建 B_5。这样安排能使总的建造费用最低，为 7+9+6+6+6=34（万元）。

5.5.3 非标准形式的指派问题

在实际应用中，常常会遇到各种非标准形式的指派问题。通常的处理方法是先将它们转化为标准形式，然后用匈牙利解法进行求解。

（1）最大化指派问题。

设最大化指派问题的系数矩阵为 $C = (c_{ij})_{n \times n}$，其中最大元素为 m。令矩阵 $B = (b_{ij})_{n \times n} = (m - c_{ij})_{n \times n}$，则以 B 为系数矩阵的最小化指派问题和以 C 为系数矩阵的原最大化指派问题有相同的最优解。

（2）人数和事数不等的指派问题。

若人少事多，则添加一些虚拟的"人"。这些虚拟的"人"做每件事的费用系数可取 0，可以理解为这些费用实际上不会发生。若人多事少，则添加一些虚拟的"事"。这些虚拟的"事"被每个人做的费用系数同样也取 0。

（3）一个人可做几件事的指派问题。

若某个人可做几件事，则可将该人化作相同的几个"人"来接受指派。这几个"人"做同一件事的费用系数都一样。

（4）某事一定不能由某人做的指派问题。

若某事一定不能由某个人做，则可将相应的费用系数取足够大的数 M。

例 5.8 以例 5.7 的指派问题为例。为了保证工程质量，商业公司经研究决定舍弃建筑公司 A_4 和 A_5，而让技术力量较强的建筑公司 A_1、A_2 和 A_3 来承建。根据实际情况，可以允许每家建筑公司承建一家或两家商店。求使总费用最低的指派方案。

反映投标费用的系数矩阵为 M

$$M = \begin{bmatrix} & B_1 & B_2 & B_3 & B_4 & B_5 \\ 4 & 8 & 7 & 15 & 12 \\ 7 & 9 & 17 & 14 & 10 \\ 6 & 9 & 12 & 8 & 7 \end{bmatrix} \begin{matrix} A_1 \\ A_2 \\ A_3 \end{matrix}$$

由于每家建筑公司最多可承建两家商店，因此，把每家建筑公司化作相同的两家建筑公司 A_i 和 A_i'（$i=1,2,3$）。这样，系数矩阵变为 M'

$$M' = \begin{bmatrix} B_1 & B_2 & B_3 & B_4 & B_5 \\ 4 & 8 & 7 & 15 & 12 \\ 4 & 8 & 7 & 15 & 12 \\ 7 & 9 & 17 & 14 & 10 \\ 7 & 9 & 17 & 14 & 10 \\ 6 & 9 & 12 & 8 & 7 \\ 6 & 9 & 12 & 8 & 7 \end{bmatrix} \begin{matrix} A_1 \\ A_1' \\ A_2 \\ A_2' \\ A_3 \\ A_3' \end{matrix}$$

系数矩阵 M' 有 6 行 5 列，为了使 "人" 和 "事" 的数目相同，引入一家虚拟商店 B_6，使之成为标准指派问题的系数矩阵 M''

$$M'' = \begin{bmatrix} B_1 & B_2 & B_3 & B_4 & B_5 & B_6 \\ 4 & 8 & 7 & 15 & 12 & 0 \\ 4 & 8 & 7 & 15 & 12 & 0 \\ 7 & 9 & 17 & 14 & 10 & 0 \\ 7 & 9 & 17 & 14 & 10 & 0 \\ 6 & 9 & 12 & 8 & 7 & 0 \\ 6 & 9 & 12 & 8 & 7 & 0 \end{bmatrix} \begin{matrix} A_1 \\ A_1' \\ A_2 \\ A_2' \\ A_3 \\ A_3' \end{matrix}$$

用匈牙利解法解以 C 为系数矩阵的最小化指派问题，得最优指派方案为由 A_1 承建 B_1 和 B_3，A_2 承建 B_2，A_3 承建 B_4 和 B_5。这样，总的建造费用最低，为 4+7+9+8+7=35（万元）。

5.6 习题

1. 下列说法中正确的有（　　）。

（1）用分支定界法求解一个极大化的整数规划问题时，任何一个可行解的目标函数值是该问题目标函数值的下界。

（2）用割平面法求解整数规划问题时，构造的割平面有可能切去一些不属于最优解的整数值。

（3）指派问题可用求解运输问题的表上作业法求解，反过来运输问题经过处理后也可用匈牙利解法求解。

（4）一个整数规划问题如存在两个以上最优解，则一定有无穷多最优解。

2. 篮球队需要选择由 5 名队员组成的出场阵容参加比赛。8 名队员的身高及擅长的位置见表 5-8。

表 5-8 队员情况表

队员	1	2	3	4	5	6	7	8
身高/m	1.92	1.90	1.88	1.86	1.85	1.83	1.80	1.78
擅长的位置	中锋	中锋	前锋	前锋	前锋	后卫	后卫	后卫

出场阵容应满足以下条件：

（1）必须有且只有一名中锋上场；

（2）至少有一名后卫；

（3）如果 1 号或 4 号上场，则 6 号不出场，反之如果 6 号上场，则 1 号和 4 号均不出场；

（4）2 号和 8 号至少有一个不出场。

问应选择哪 5 名队员上场，才能使出场队员的平均身高最高，试建立数学模型。

3. 一个旅行者要在其背包里装一些最有用的旅行物品。背包容积为 A，携带物品总重量最多为 B。现有物品 m 件，第 i 件物品体积为 a_i，重量为 $b_i(i=1,2,\cdots,m)$。为了比较物品的有用程度，假设第 i 件物品的价值为 $c_i(i=1,2,\cdots,m)$。若每件物品只能整件携带且每件物品都能放入背包中，不考虑物品放入背包后相互的间隙。问旅行者应当携带哪几件物品，才能使携带物品的总价值最大？要求建立本问题的数学模型。

4. 分别用割平面法和分支定界法解下列整数规划问题。

（1） $\max z = 2x_1 + x_2$

$$\text{s.t.} \begin{cases} x_1 + x_2 \leq 5 \\ -x_1 + x_2 \leq 0 \\ 6x_1 + 2x_2 \leq 21 \\ x_1, x_2 \geq 0, \text{且为整数} \end{cases}$$

（2） $\min z = 5x_1 + x_2$

$$\text{s.t.} \begin{cases} 3x_1 + x_2 \geq 9 \\ x_1 + x_2 \geq 5 \\ x_1 + 8x_2 \geq 8 \\ x_1, x_2 \geq 0, \text{且为整数} \end{cases}$$

5. 用隐枚举法解下列 0-1 整数规划问题。

（1） $\min z = 5x_1 + 7x_2 + 10x_3 + 3x_4 + x_5$

$$\text{s.t.} \begin{cases} x_1 - 3x_2 + 5x_3 + x_4 - 4x_5 \geq 2 \\ -2x_1 + 6x_2 - 3x_3 - 2x_4 + 2x_5 \geq 0 \\ -2x_2 + 2x_3 - x_4 - x_5 \geq 1 \\ x_1, x_2, x_3, x_4, x_5 = 0\text{或}1 \end{cases}$$

（2） $\max z = 2x_1 + x_2 - x_3$

$$\text{s.t.} \begin{cases} x_1 + 3x_2 + x_3 \leq 2 \\ 4x_2 + x_3 \leq 5 \\ x_1 + 2x_2 - x_3 \leq 2 \\ x_1 + 4x_2 - x_3 \leq 4 \\ x_1, x_2, x_3 = 0\text{或}1 \end{cases}$$

6. 某公司需要分派 5 人去做 5 项工作，每人做各项工作的能力评分见表 5-9。应如何分派，才能使总的得分最高？试分别用匈牙利解法和表上作业法求解。

表 5-9 工作能力评分表

人员	工作				
	B_1	B_2	B_3	B_4	B_5
A_1	1.3	0.8	0	0	1.0
A_2	0	1.2	1.3	1.3	0
A_3	1.0	0	0	1.2	0
A_4	0	1.05	0	0.2	1.4
A_5	1.0	0.9	0.6	0	1.1

7. 习题 6 的指派问题也可用分支定界法求解，试说明求解思路。

8. 卡车送货问题（覆盖问题）。龙运公司目前必须向 5 家用户送货，需在用户 A 处卸下 1 个单位重量的货物，在用户 B 处卸下 2 个单位重量的货物，在用户 C 处卸下 3 个单位重量的货物，在用户 D 处卸下 4 个单位重量的货物，在用户 E 处卸下 8 个单位重量的货物。公司有各种卡车 4 辆：1 号车载重能力为 2 个单位，2 号车载重能力为 6 个单位，3 号车载重能力为 8 个单位，4 号车载重能力为 11 个单位。每辆车只运货一次，卡车 j 的一次运费为 c_j。假定一辆卡车不能同时给用户 A 和用户 C 送货；同样，也不能同时给用户 B 和用户 D 送货。

（1）请列出一个整数规划问题模型表达式，以确定装运全部货物应如何配置卡车，使其运费最低。

（2）如果卡车 j 给用户 i 运货时需收附加费 K_{ij}（同卸货量无关），试述应如何修改这一表达式。

第6章 目标规划

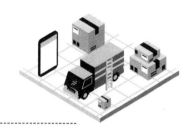

线性规划问题是讨论一个给定的线性目标函数在一组线性约束条件下的最大值或最小值问题。对于一个实际问题,管理科学者根据管理层决策目标的要求,首先确定一个目标函数以衡量不同决策的优劣,并根据实际问题中的资源、资金和环境等因素对决策的限制提出相应的约束条件以建立线性规划模型;然后利用计算机软件求出最优方案并进行灵敏度分析作为供管理层决策的依据。在一些问题中,决策目标往往不止一个,且模型中有可能存在一些互相矛盾的约束条件的情况,用已有的线性规划理论和方法无法解决这些问题。因此,1961年美国学者查恩斯和库伯提出了目标规划问题的概念与数学模型,以解决经济管理中的多目标决策问题。

6.1 目标规划问题及其数学模型

目标规划问题模型构建

应用线性规划可以处理许多线性系统的最优化问题,但是,线性规划作为一种决策工具,在解决实际应用问题时存在着一定的局限性。

例 6.1 某工厂生产两种产品Ⅰ、Ⅱ,受到原材料供应和设备工时的限制。在单件利润等有关数据已知的条件下,要求制订一个获利最大的生产计划。具体数据见表 6-1。

表 6-1 具体数据

产品	Ⅰ	Ⅱ	限制
原材料/kg	5	10	60
设备生产能力/h	4	4	40
利润/(元/件)	6	8	

解：设产品Ⅰ和产品Ⅱ的产量分别为 x_1 和 x_2，当用线性规划来描述和解决这个问题时，其数学模型为

$$\max z = 6x_1 + 8x_2$$

$$\text{s.t.} \begin{cases} 5x_1 + 10x_2 \leqslant 60 \\ 4x_1 + 4x_2 \leqslant 40 \\ x_1, x_2 \geqslant 0 \end{cases}$$

其最优解，即最优生产计划为 $x_1 = 8$（件），$x_2 = 2$（件），$\max z = 64$（元）。

从线性规划的角度来看，问题似乎已经得到了圆满的解决，但是如果站在工厂管理层的立场上对此进行评价，问题就不这么简单了。

（1）一般情况下，一个计划问题要满足多方面的要求，例如，财务部门希望有尽可能高的利润以实现其年度利润目标；物资部门希望物质消耗尽可能少，以节约储备资金占用；销售部门希望产品品种多样，适销对路；计划部门希望产品销量尽可能高，便于安排生产等。也就是说，一个计划问题实际上是一个多目标决策问题，由于需要用线性规划来处理计划，人员才不得不从众多目标要求中硬性选择其一，作为线性规划问题的目标函数。

（2）线性规划问题有最优解的必要条件是其可行解集非空，即各约束条件彼此相容。但是，实际应用中有时不能满足这样的要求。例如，在生产计划中，由于储备资金的限制，原材料的最大供应量不能满足计划产量的需要时，从供给和需求两个方面产生的约束条件就会互不相容；或者，由于设备维修和能源供应及其他产品生产需要等原因计划期内可以提供的设备工时不能满足计划产量工时需要时，也会产生彼此互不相容的现象。

（3）线性规划问题解的可行性和最优性具有十分明确的意义，但都是针对特定的数学模型而言的。在实际应用中，管理者需要计划人员提供的不是严格的数学意义上的最优解，而是可以帮助他作出最优决策的参考性计划，或者提供多种计划方案，供最终决策时选择。

上述分析表明，同其他决策工具一样，线性规划并不是完美无缺的。在处理实际应用问题时，线性规划存在着由其"刚性"本质所决定的某些固有的局限性。现代决策强调定量分析和定性分析相结合，强调硬技术和软技术相结合，强调矛盾和冲突的合理性，强调妥协和让步的必要性，线性规划无法满足这些要求。

1961年，查恩斯和库伯提出了目标规划，得到了广泛重视并获得了较快发展。目标规划在处理实际决策问题时，承认各项决策要求（即使是冲突的）的存在有其合理性；在做最终决策时，不强调其绝对意义上的最优性。由于目标规划在一定程度上弥补了线性规划的局限性，因此，目标规划被认为是一种比线性规划更接近于实际决策过程的决策工具。

第 6 章
目 标 规 划

例 6.2 假设在例 6.1 中，计划人员要考虑如下的意见：

（1）由于产品 II 销售疲软，故希望产品 II 的产量不超过产品 I 的一半；

（2）原材料严重短缺，生产中应避免过度消耗；

（3）最好能节省 4h 设备工时；

（4）计划利润不少于 48 元。

针对这些意见，计划人员需要会同有关各方做进一步的协调，达成了一致意见：首先原材料使用限额不得突破，产品 II 的产量要求必须优先考虑；其次考虑设备工时问题；最后考虑计划利润的要求。类似这样的多目标决策问题是典型的目标规划问题。

目标规划数学模型涉及的基本概念如下。

1. 偏差变量

偏差变量根据字面意思理解就是两个量之间的差量，在不同的学科里，偏差的需求不一样，但总的来说，就是数量之间的差量。在运筹学中，偏差变量是指实现值与目标值之间的差异，记作 "d"，对于每一个决策目标都引入正、负偏差变量，正偏差变量是指实现值超过目标值的部分，记作 "d^+"；负偏差变量是指实现值未达到目标值的部分，记作 "d^-"。按定义应有 $d^+ \geq 0$，$d^- \geq 0$，$d^+ d^- = 0$。

2. 绝对约束和目标约束

绝对约束是指必须严格满足的约束条件，如线性规划问题中的约束条件都是绝对约束。

绝对约束是硬约束，对它的满足与否，决定了解的可行性。目标约束是目标规划问题特有的概念，是一种软约束，目标约束中决策值和目标值之间的差异用偏差变量表示。

3. 优先因子和权系数

不同目标的主次轻重有两种差别。一种差别是绝对的，可用优先因子 P_l 来表示。只有在高级优先因子对应的目标已满足的基础上，才能考虑较低级优先因子对应的目标；在考虑低级优先因子对应的目标时，绝不允许违背已满足的高级优先因子对应的目标。优先因子间的关系为 $P_l \gg P_{l+1}$，即 P_l 对应的目标比 P_{l+1} 对应的目标有绝对的优先性。另一种差别是相对的，这些目标具有相同的优先因子，它们的重要程度可用权系数的不同来表示。

4. 目标规划问题的目标函数

目标规划问题的目标函数（又称准则函数或达成函数）由各目标约束的偏差变量及相应的优先因子和权系数构成。由于目标规划追求的是尽可能地接近各既定目标值，也就是使各有关偏差变量尽可能小，因此其目标函数只能是极小化。应用时，有三种基本表达式。

（1）要求恰好达到目标值。这时，不希望决策值超过或达不到目标值，因此有

$$\min z = f(d^+ + d^-)$$

（2）要求不超过目标值，但允许达不到目标值。这时，不希望决策值超过目标值，因此有

$$\min z = f(d^+)$$

（3）要求不低于目标值，但允许超过目标值。这时，不希望决策值低于目标值，因此有

$$\min z = f(d^-)$$

除了以上三种基本表达式，目标规划问题的目标函数还可以有其他表达式，如 $\min\{d^- - d^+\}$ 和 $\min\{d^+ - d^-\}$ 等，但这些很少使用。

根据上述概念，例 6.2 的目标规划数学模型如下。

$$\min z = P_1 d_1^- + P_2 d_2^+ + P_3 d_3^-$$

$$\text{s.t.}\begin{cases} 5x_1 + 10x_2 \leqslant 60 & (6.1) \\ x_1 - 2x_2 + d_1^- - d_1^+ = 0 & (6.2) \\ 4x_1 + 4x_2 + d_2^- - d_2^+ = 36 & (6.3) \\ 6x_1 + 8x_2 + d_3^- - d_3^+ = 48 & (6.4) \\ x_1, x_2 \geqslant 0,\ d_i^-, d_i^+ \geqslant 0,\ i=1,2,3 \end{cases}$$

其中，式（6.1）为绝对约束，式（6.2）、式（6.3）和式（6.4）为目标约束。根据题意，P_1 为两种产品产量要求的优先因子；P_2 为节约工时要求的优先因子；P_3 为计划利润要求的优先因子，它们应满足 $P_1 \gg P_2 \gg P_3$。

目标规划问题数学模型的一般形式为：

$$\min z = \sum_{l=1}^{L} P_l \sum_{k=1}^{k} \left(W_{lk}^- d_k^- + W_{lk}^+ d_k^+ \right) \quad (6.5)$$

$$\text{s.t.}\begin{cases} \sum_{j=1}^{n} c_{kj} x_j + d_k^- - d_k^- = g_k,\ k=1,2,\cdots,k \\ \sum_{j=1}^{n} a_{ij} x_j \leqslant (=,\geqslant) b_i,\ i=1,2,\cdots,m \\ x_j \geqslant 0,\ j=1,2,\cdots,n \\ d_k^+, d_k^- \geqslant 0,\ k=1,2,\cdots,k \end{cases}$$

模型式（6.5）中，g_k 为第 k 个目标约束的预期目标值，W_{lk}^- 和 W_{lk}^+ 为 P_l 优先因子，对应各目标的权系数。

在建立目标规划问题数学模型时，需要确定预期目标值、优先级和权系数等，应当综合运用各种决策技术，尽可能地减少主观片面性预期。

6.2 目标规划问题的图解法

对于只有两个决策变量的目标规划问题，可以用图解法来求解。在使用图解法解目标规划问题时，首先目标区域必须满足所有绝对约束。在此基础上，再按照优先级从高到低的顺序，逐个考虑各个目标约束。一般情况下，若优先因子 P_j 对应的解空间为 R_j，则优先因子 P_{j+1} 对应的解空间只能在 R_j 中考虑，即 $R_{j+1} \in R_j$。若 $R_j \neq \varnothing$，且 $R_{j+1} = \varnothing$，则 R_j 中的解为目标规划问题的满意解，但它只能保证满足 $P_1, P_2, \cdots, P_j$ 级目标，而不保证满足其后的各级目标。

例 6.3 用图解法解例 6.2 的目标规划模型。

解：图解法解题过程如图 6-1 所示。

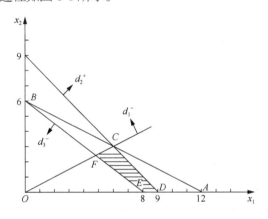

图 6-1 图解法解题过程

在图 6-1 中，△OAB 区域是满足绝对约束和非负条件的解空间。对于所有目标约束，去掉偏差变量，画出相应直线，然后标出偏差变量变化时直线的平移方向。

（1）按照优先级的高低，先考虑目标 P_1 级的目标，此时要求 $\min d_1^-$，因而解空间 R_1 为 △OAC 区域。

（2）考虑目标 P_2 级的目标，此时要求 $\min d_2^+$，因而解空间 R_2 为 △ODC 区域。

（3）考虑目标 P_3 级的目标，此时要求 $\min d_3^-$，因而解空间 R_3 为四边形 EDCF 区域。

（4）求得 E、D、C、F 四个点的坐标分别为 (8,0)、(9,0)、(6,3)、(4.8, 2.4)，因此问题的解可表示为

$$a_1(8,0) + a_2(9,0) + a_3(6,3) + a_4(4.8, 2.4) = (8a_1 + 9a_2 + 6a_3 + 4.8a_4, 3a_3 + 2.4a_4)$$

其中，$a_1, a_2, a_3, a_4 \geq 0$，$a_1 + a_2 + a_3 + a_4 = 1$。

本题解能满足目标式的所有目标的要求，即能使 $\min z = 0$，这种情况并不总是出现，即很多目标规划问题只能满足前面 P_j 级目标的要求。

例 6.4 用图解法求解下面的目标规划问题。

$$\min z = P_1 d_1^- + P_2 d_2^+ + P_3\left(5d_3^- + 3d_4^-\right) + P_4 d_1^+$$

$$\text{s.t.} \begin{cases} x_1 + 2x_2 + d_1^- - d_1^+ = 6 & (6.6) \\ x_1 + 2x_2 + d_2^- - d_2^+ = 9 & (6.7) \\ x_1 - 2x_2 + d_3^- - d_3^+ = 4 & (6.8) \\ x_2 + d_4^- - d_4^+ = 2 & (6.9) \\ x_1, x_2 \geq 0, \ d_i^-, d_i^+ \geq 0, \ i=1,2,3,4 \end{cases}$$

解：解题过程见图 6-2。

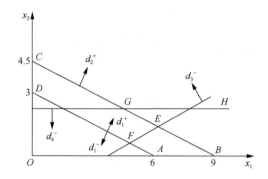

图 6-2 例 6.4 图解法解题过程

从图 6-2 可见，考虑目标 P_1 级和目标 P_2 级的解空间 R_2 为四边形 ABCD 区域；在考虑目标 P_3 级时，d_3^- 尽可能小，应在 EF 右下方；在考虑目标 P_4 级时，为使 d_4^- 尽可能小，应在 GH 上方，在四边形 ABCD 内，两者无公共区域。比较两个最接近的点 G 和 E，解出 G 点坐标为 (5,2)，E 点坐标为 (6.5,1.25)，将其分别代入式（6.8）和式（6.9）可得 G 点处 $d_3^- = 1$，$d_4^- = 0$，$5d_3^- + 3d_4^- = 5$，E 点处 $d_3^- = 0$，$d_4^- = 0.75$，$5d_3^- + 3d_4^- = 2.25$，比较找出较小者为点 E(6.5,1.25)，所以问题的满意解为 $x_1 = 6.5$，$x_2 = 1.25$。

在用图解法解目标规划问题时，可能会遇到下面两种情况。

（1）与例 6.3 一样，最后一级目标的解空间非空，得到的解能满足所有目标的要求。当解不唯一时（如例 6.3，R_3 为四边形 EDCF 区域），决策者在进行实际决策时究竟选择哪一个解，完全取决于决策者自身的考虑。

（2）与例 6.4 一样，得到的解不能满足所有目标。这时，要寻找满意解，就要使它尽可能满足高级别的目标，同时又使它对那些不能满足的较低级别目标的偏离程度尽可能小。如在例 6.4 中，解空间 $R_3 = \varnothing$。在 R_2（四边形 ABCD 区域）中选择 E 点，它满足 P_1 级和 P_2 级的目标。对于 P_3 级的目标，它只满足 $d_3^- = 0$，而 $d_4^- = 0$ 未能满足。至于更低级的 P_4 目标，只能满足 $d_1^+ = 3$，而不能满足 $d_1^+ = 0$。必须注意的是，在考虑低级别目标时，不能破坏已经满足的高级别目标，这是目标规划问题的基本原则。但是，也不能因此认为，当高级别目标不能满足时，其后的低级别目标也一定不能被满足。事实上，在有些目标规划问题中，当某一优先级的目标不能满足时，其后的某些低级别目标仍有可能被满足。

6.3 目标规划问题的单纯形法

目标规划问题的数学模型实际上是最小化的线性规划问题，可以用单纯形法求解，下面用三种不同方法进行求解。

6.3.1 检验数分列的单纯形法

由于目标规划问题中的目标函数是各偏差变量乘以相应优先因子的线性组合。因此，在判别各检验数的正负及大小时，必须注意 $P_1 \gg P_2 \gg P_3 \gg \cdots$。当所有检验数都已满足最优性条件（$c_j - z_j \geq 0$）时，从最终单纯形表上就可以得到目标规划问题的解。

例 6.5 用单纯形法解例 6.2。

解：引入松弛变量 x_3，将例 6.2 的目标规划问题模型转化为线性规划问题的标准形式。

$$\min z = P_1 d_1^- + P_2 d_2^+ + P_3 d_3^-$$

$$\text{s.t.} \begin{cases} 5x_1 + 10x_2 + x_3 = 60 \\ x_1 - 2x_2 + d_1^- - d_1^+ = 0 \\ 4x_1 + 4x_2 + d_2^- - d_2^+ = 36 \\ 6x_1 + 8x_2 + d_3^- - d_3^+ = 48 \\ x_1, x_2, x_3 \geq 0, \ d_i^-, d_i^+ \geq 0, \ i = 1, 2, 3 \end{cases}$$

用单纯形法解上面的线性规划问题的标准形式。解题过程的单纯形表见表 6-2。

表 6-2 中，单纯形表 I 为初始单纯形表。其中，非基变量 x_1 的检验数 $-P_1 - 6P_3 < 0$，其他非基变量检验数均非负，故确定 x_1 为换入变量。按最小比值规则，确定基变量 d_1^- 为换出变量。经迭代变换得单纯形表 II。在单纯形表 II 中，非基变量 x_2 和 d_1^+ 的检验数皆负，但 x_2 的检验数更小些，故确定 x_2 为换入变量。按最小比值规则，d_3^- 为换出变量。经迭代变换得单纯形表 III。由于单纯形表 III 中所有非基变量检验数皆非负，故单纯形表 III 为最终单纯形表。因此，从单纯形表 III 得例 6.2 的一个满意解 $x_1 = 24/5 = 4.8$，$x_2 = 12/5 = 2.4$，此即图 6-1 中 F 点。

在单纯形表 III 中，由于非基变量 d_1^+ 和 d_3^+ 的检验数都是零，故知例 6.2 有多重最优解（满意解）。若以 d_1^+ 为换入变量继续迭代，可得单纯形表 IV；如以 d_3^+ 为换入变量继续迭代，可得单纯形表 V。再以 IV 或 V 的结果继续迭代可得单纯形表 VI。将 IV、V、VI 的计算结果及对应图 6-1 中的点列表显示，见表 6-3。

表 6-2 例 6.5 的单纯形表

		$c_j \rightarrow$		0	0	0	P_1	0	0	P_2	P_3	0
	C_B	X_B	b	x_1	x_2	x_3	d_1^-	d_1^+	d_2^-	d_2^+	d_3^-	d_3^+
Ⅰ	0	x_3	60	5	10	1	0	0	0	0	0	0
	P_1	d_1^-	0	[1]	-2	0	1	-1	0	0	0	0
	0	d_2^-	36	4	4	0	0	0	1	-1	0	0
	P_3	d_3^-	48	6	8	0	0	0	0	0	1	-1
	$c_j - z_j$	P_1		-1	2	0	0	1	0	0	0	0
		P_2		0	0	0	0	0	0	1	0	0
		P_3		-6	-8	0	0	0	0	0	0	1
Ⅱ	0	x_3	60	0	20	1	-5	5	0	0	0	0
	0	x_1	0	1	-2	0	1	-1	0	0	0	0
	0	d_2^-	36	0	12	0	-4	4	1	-1	0	0
	P_3	d_3^-	48	0	[20]	0	-6	6	0	0	1	-1
	$c_j - z_j$	P_1		0	0	0	1	0	0	0	0	0
		P_2		0	0	0	0	0	0	1	0	0
		P_3		0	-20	0	6	-6	0	0	0	1
Ⅲ	0	x_3	12	0	0	1	1	-1	0	0	-1	1
	0	x_1	24/5	1	0	0	2/5	-2/5	0	0	1/10	-1/10
	0	d_2^-	36/5	0	0	0	-2/5	2/5	1	-1	-3/5	3/5
	0	x_2	12/5	0	1	0	-3/10	3/10	0	0	1/20	-1/20
	$c_j - z_j$	P_1		0	0	0	1	0	0	0	0	0
		P_2		0	0	0	0	0	0	1	0	0
		P_3		0	0	0	0	0	0	0	1	0

表 6-3 Ⅳ、Ⅴ、Ⅵ的计算结果及对应图 6-1 中的点

	x_1	x_2	x_3	d_1^-	d_1^+	d_2^-	d_2^+	d_3^-	d_3^+	对应图 6-1 中的点
Ⅳ	8	0	12	0	8	4	0	0	0	E
Ⅴ	6	3	0	0	0	0	0	0	12	C
Ⅵ	9	0	15	0	9	0	0	0	6	D

综上所述，例 6.5 的解为以上四个满意解（即 C、D、E、F 四点）的凸组合。由单纯形表Ⅲ、Ⅳ、Ⅴ、Ⅵ中可知，各非基变量检验数中三个优先因子的系数全部非负，这表示任何一个满意解都能满足所有目标的要求。最后，单纯形法和图解法的解题结果完全一致。

6.3.2 对优先因子给定权重的计算方法

由于前述目标规划问题中的优先因子应满足 $P_1 \gg P_2 \gg P_3 \gg \cdots$，因此不妨在模型中假设优先因子 P_k 的权重等于 10^{k-1}，本章例 6.2 的目标规划问题的模型就可表示为

$$\min z = 100d_1^- + 10d_2^+ + d_3^-$$

$$\text{s.t.} \begin{cases} 5x_1 + 10x_2 & \leqslant 60 \\ x_1 - 2x_2 + d_1^- - d_1^+ & = 0 \\ 4x_1 + 4x_2 + d_2^- - d_2^+ & = 36 \\ 6x_1 + 8x_2 + d_3^- - d_3^+ & = 48 \\ x_1, x_2 \geqslant 0, \ d_i^-, d_i^+ \geqslant 0, \ i = 1, 2, 3 \end{cases}$$

这样就不需要在单纯形法计算中将优先级分列，只需按一般单纯形法进行计算即可。本题用单纯形法计算得到的最终结果见表 6-4。

表 6-4 单纯形法最终表

		x_1	x_2	x_3	d_1^-	d_1^+	d_2^-	d_2^+	d_3^-	d_3^+
x_3	12	0	0	1	1	-1	0	0	-1	1
x_1	24/5	1	0	0	2/5	-2/5	0	0	1/10	-1/10
d_2^-	36/5	0	0	0	-2/5	2/5	1	-1	-3/5	3/5
x_2	12/5	0	1	0	-3/10	3/10	0	0	1/20	-1/20
$c_j - z_j$		0	0	0	100	0	0	10	1	0

表 6-4 中结果对应图 6-1 的 F 点，因非基变量 d_1^+、d_3^+ 的检验数均为零，故继续迭代，可找出图 6-1 中的 C、D、E 点。

6.3.3 优先级分层优化的计算方法

在目标规划求解时，因遵循从高优先级到低优先级逐层优化的原则，故为保证较低层级的优化在较高层级优化的约束范围内进行，可将上一层级目标的优化值作为约束条件，加到下一层的模型中，这种方法也称字典序计算法。下面仍以本章例 6.2 进行说明。

先列出例 6.2 第一层级的优化模型

$$\min d_1^-$$

$$\text{s.t.} \begin{cases} 5x_1 + 10x_2 + x_3 & = 60 \\ x_1 - 2x_2 + d_1^- - d_1^+ & = 0 \\ 4x_1 + 4x_2 + d_2^- - d_2^+ & = 36 \\ 6x_1 + 8x_2 + d_3^- - d_3^+ & = 48 \\ x_1, x_2, x_3 \geqslant 0, \ d_i^-, d_i^+ \geqslant 0, \ i = 1, 2, 3 \end{cases}$$

解得 $x_1=0, x_2=0, x_3=60, d_1^-=0, d_1^+=0, d_2^-=36, d_2^+=0, d_3^-=48, d_3^+=0$。将 $d_1^-=0$ 加到第一层级的优化模型中，写出第二层级的优化模型

$$\min d_2^+$$

$$\text{s.t.} \begin{cases} 5x_1+10x_2+x_3 = 60 \\ x_1-2x_2 + d_1^- - d_1^+ = 0 \\ 4x_1+4x_2 + d_2^- - d_2^+ = 36 \\ 6x_1+8x_2 + d_3^- - d_3^+ = 48 \\ d_1^- = 0 \\ x_1,x_2,x_3 \geq 0,\ d_i^-,d_i^+ \geq 0,\ i=1,2,3 \end{cases}$$

解得 $x_1=0, x_2=0, x_3=60, d_1^-=0, d_1^+=0, d_2^-=36, d_2^+=0, d_3^-=48, d_3^+=0$。将 $d_2^+=0$ 加到第二层级的优化模型中，写出第三层级的优化模型

$$\min d_3^-$$

$$\text{s.t.} \begin{cases} 5x_1+10x_2+x_3 = 60 \\ x_1-2x_2 + d_1^- - d_1^+ = 0 \\ 4x_1+4x_2 + d_2^- - d_2^+ = 36 \\ 6x_1+8x_2 + d_3^- - d_3^+ = 48 \\ d_1^- = 0 \\ d_2^+ = 0 \\ x_1,x_2,x_3 \geq 0,\ d_i^-,d_i^+ \geq 0,\ i=1,2,3 \end{cases}$$

解得 $x_1=4.8, x_2=2.4, x_3=12, d_1^-=0, d_1^+=0, d_2^-=7.2, d_2^+=0, d_3^-=0, d_3^+=0$。这个解对应图 6-1 中的 F 点或表 6-2 的计算结果Ⅲ。

6.4 习题

1. 若用以下表达式作为目标规划的目标函数，其逻辑是否正确？为什么？

（1）$\max z = d^- + d^+$　　　　　　（2）$\max z = d^- - d^+$

（3）$\min z = d^- + d^+$　　　　　　（4）$\min z = d^- - d^+$

2. 下列说法中正确的是（　　）。

（A）目标规划问题中正偏差变量应取正值，负偏差变量应取负值

（B）目标规划问题的目标函数中含决策变量与偏差变量

（C）同一目标约束中的一对偏差变量 d_i^-、d_i^+ 至少有一个取值为零

（D）只含目标约束的目标规划问题模型一定存在满意解

3. 用图解法求解下列目标规划问题。

（1）
$$\min z = P_1 d_1^- + P_2(2d_3^+ + d_2^+) + P_3 d_1^+$$
$$\text{s.t.} \begin{cases} 2x_1 + x_2 + d_1^- - d_1^+ = 150 \\ x_1 + d_2^- - d_2^+ = 40 \\ x_2 + d_3^- - d_3^+ = 40 \\ x_1, x_2, d_i^-, d_i^+ \geq 0,\ i = 1, 2, 3 \end{cases}$$

（2）
$$\min z = P_1(d_3^+ + d_4^+) + P_2 d_1^+ + P_3 d_2^- + P_4(d_3^- + 1.5 d_4^-)$$
$$\text{s.t.} \begin{cases} x_1 + x_2 + d_1^- - d_1^+ = 40 \\ x_1 + x_2 + d_2^- - d_2^+ = 100 \\ x_1 + d_3^- - d_3^+ = 30 \\ x_2 + d_4^- - d_4^+ = 15 \\ x_1, x_2, d_i^-, d_i^+ \geq 0,\ i = 1, 2, 3 \end{cases}$$

4. 用单纯形法解下列目标规划问题。
$$\min z = P_1(d_3^+ + d_4^+) + P_2 d_1^+ + P_3 d_2^- + P_4(d_3^- + 1.5 d_4^-)$$
$$\text{s.t.} \begin{cases} x_1 + x_2 + d_1^- - d_1^+ = 800 \\ 5x_1 + d_2^- - d_2^+ = 2500 \\ 3x_2 + d_3^- - d_3^+ = 1400 \\ x_1, x_2, d_i^-, d_i^+ \geq 0,\ i = 1, 2, 3 \end{cases}$$

5. 某公司决定使用 1000 万元新产品开发基金开发 A、B、C 三种新产品。经预测估计，开发 A、B、C 三种新产品的投资利润率分别为 5%、7%、10%。由于新产品开发有一定风险，公司研究后确定了下列优先顺序目标。

第一，A 产品至少投资 300 万元。

第二，为分散投资风险，任何一种新产品的开发投资不超过开发基金总额的 35%。

第三，应至少留有 10% 的开发基金，以备急用。

第四，使总的投资利润最大。

试建立投资分配方案的目标规划问题模型。

第 7 章 动 态 规 划

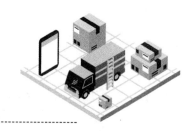

7.1 动态规划的基本方法

7.1.1 动态规划的基本概念

（1）理论基础。

在多阶段决策过程中，系统的动态过程可以按照时间进程分为状态相互联系又相互区别的各个阶段。每个阶段都要进行决策，目的是使整个过程的决策达到最优效果。

通常多阶段决策过程的发展是通过状态的一系列变换来实现的。一般情况下，系统在某个阶段的状态转移除了与本阶段的状态和决策有关，还可能与系统过去经历的状态和决策有关。

动态规划是解决多阶段最优决策的方法，是美国数学家贝尔曼于 1951 年首先提出来的。1957 年，贝尔曼发表动态规划方面的第一部专著《动态规划》，标志着运筹学的一个新分支的创立。

动态规划解决问题的特点：它把一个 n 维决策问题变换为几个一维最优化问题，从而一个一个地去解决。动态规划的各个决策阶段不但要考虑本阶段的决策目标，还要兼顾整个决策过程的整体目标，从而实现整体的最优决策。

（2）基本概念及符号。

使用动态规划方法求解决策问题时，需要将问题变换成符合动态规划求解要求的形式，其中涉及阶段、状态、决策和决策变量、策略、状态转移方程、指标函数概念。

① 阶段。

把一个复杂的决策问题按时间或空间特征分解为若干（n）个相互联系的阶段，以便按顺序求解。阶段变量是描述决策顺序的离散的量，一般用下标 k 表示。

② 状态。

状态表示每个阶段开始时所处的自然状况或客观条件，它描述了研究问题过程的状况，又称不可控因素。每个阶段有若干状态，表示某一阶段决策时面临的条件或所处位置及运动特征的量。

反映状态变化的量叫作状态变量，k 阶段的状态特征可用状态变量 s_k 描述。

每个阶段的全部状态构成该阶段的状态集合 S_k，并有 $s_k \in S_k$。每个阶段的状态可分为初始状态和终止状态，或称输入状态和输出状态，k 阶段的初始状态记为 s_k，终止状态记为 s_{k+1}，也是下一阶段的初始状态。

状态的性质：如果某一阶段状态给定后，则在这个阶段以后过程的发展不受这阶段以前各阶段状态的影响，即过程的过去只能通过当前的状态去影响它未来的发展，当前的状态是以往历史的一个总结，称为无后效性（即马尔可夫性）。如果状态仅仅描述过程的具体特征，则并不是任何实际过程都能满足无后效性的要求。所以，在构造决策过程的动态规划模型时，不能仅由描述过程的具体特征去规定状态变量，而要注意是否满足无后效性的要求。

③ 决策和决策变量。

决策：决策者从给定阶段的状态出发对下一阶段的状态作出的选择。

决策变量：用以描述决策变化的量，可以用一个数、一组数或一个向量来描述，也可以是状态变量的函数，记为 $u_k = u_k(s_k)$，表示第 k 阶段在状态处于 s_k 时的决策变量。

在实际问题中，决策变量的取值往往限制在一定范围内，称为允许决策集合，通常用 $D_K(S_K)$ 表示第 k 阶段从状态 s_k 出发的允许决策集合，并且 $u_k(s_k) \in D_K(S_K)$，在状态处于 s_k 时允许采取决策的全体。

④ 策略。

策略分为全过程策略和子策略。

全过程策略是指具有 n 个阶段的全部过程，由依次进行的 n 个阶段决策构成的决策序列，表示为 $p_{1,n}(s_1) = \{u_1(s_1), u_2(s_2), \cdots, u_n(s_n)\}$。

子策略包括前部子策略和后部子策略。其中，k 前部子策略是指从第 1 阶段到第 k 阶段依次进行的阶段决策构成的决策序列，表示为 $p_{1,k}(s_{k+1}) = \{u_1(s_2), u_2(s_3), \cdots, u_k(s_{k+1})\}$

k 后部子策略是指从第 k 阶段到第 n 阶段依次进行的阶段决策构成的决策序列，表示为 $p_{k,n}(s_k) = \{u_k(s_k), u_{k+1}(s_{k+1}), \cdots, u_n(s_n)\}$，当 $k=1$ 时，k 后部子策略就是全过程策略。

⑤ 状态转移方程。

状态转移方程是描述状态从一个阶段到另一个阶段的演变规律的函数。若给定 k 阶段的状态变量 s_k 的值，且该阶段的决策变量 u_k 确定，则第 $k+1$ 阶段的状态变量 s_{k+1} 也是确定的（图7-1），即 s_{k+1} 的值随 s_k 和 u_k 的变化而变化，这种确定的对应关系记为

$$s_{k+1} = T_k(s_k, u_k), \quad k = 1, 2, \cdots, n$$

其中，T_k 称为状态转移函数。

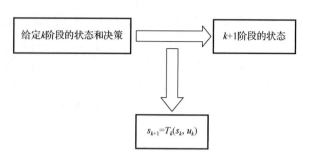

图 7-1 状态转移方程

⑥ 指标函数。

用来衡量所实现过程优劣的一种数量指标,称为指标函数。它是定义在全过程或各子过程中的数量函数。对于不同的问题,指标函数可以是费用、成本、产值、利润、产量、耗量、距离、时间、效用等。

对于一个 n 阶段决策过程,从第 1 阶段到第 n 阶段的过程称为问题的全过程;对于任意给定的 $k \in (1, n)$,从第 k 阶段到第 n 阶段的过程称为原过程的一个后部子过程,通常用 $V_{k,n}$ 表示。

$$V_{k,n} = V_{k,n}(s_k, u_k; s_{k+1}, u_{k+1}; \cdots; s_n, u_n), k = 1, 2, \cdots, n \tag{7.1}$$

对于要构成动态规划模型的指标函数,应具有可分离性,并满足递推关系,即 $V_{k,n}$ 可以表示为 s_k、u_k、$V_{k+1,n}$ 的函数。记为

$$V_{k,n}(s_k, u_k; s_{k+1}, u_{k+1}; \cdots; s_n, u_n) = v_k[s_k, u_k, V_{k+1,n}(s_{k+1}, \cdots, s_{n+1})] \tag{7.2}$$

常见的过程指标函数形式如下。

(1)过程和它的任一子过程的指标是它所包含的各阶段的阶段指标之和,即

$$V_{k,n}(s_k, u_k, \cdots, s_{n+1}) = \sum_{j=k}^{n} v_j(s_j, u_j) \tag{7.3}$$

式中,$v_j(s_j, u_j)$ 表示第 j 阶段的阶段指标。这时式(7.3)可以写成

$$V_{k,n}(s_k, u_k, \cdots, s_{n+1}) = v_k(s_k, u_k) + V_{k+1,n}(s_{k+1}, u_{k+1}, \cdots, s_{n+1}) \tag{7.4}$$

(2)过程和它的任一子过程的指标是它所包含的各阶段的阶段指标的乘积。即

$$V_{k,n}(s_k, u_k, \cdots, s_{n+1}) = \prod_{j=k}^{n} v_j(s_j, u_j) \tag{7.5}$$

也可以写成

$$V_{k,n}(s_k, u_k, \cdots, s_{n+1}) = v_k(s_k, u_k) V_{k+1,n}(s_{k+1}, u_{k+1}, \cdots, s_{n+1}) \tag{7.6}$$

最优指标函数也称最优值函数,记为 $f_k(s_k)$,表示从第 k 阶段的状态 s_k 开始到第 n 阶段的终止状态 s_{n+1} 的允许策略集中,采取最优子策略所得到的指标函数值。函数表达式如下

$$f_k(s_k) = \underset{(u_k, \cdots, u_n)}{\operatorname{opt}} V_{k,n}(s_k, u_k, \cdots, s_{n+1}) \tag{7.7}$$

式中,opt 是最优化(optimization)的缩写,可以根据题意而取 min 或 max。

7.1.2 动态规划的基本方程

1. 建模过程

（1）划分阶段。

分析和识别问题的多阶段特点，按时间或空间的先后顺序划分为满足递推关系的若干阶段，对非时序的"静态"问题，要人为地赋予"阶段"概念。

（2）正确选择状态变量。

动态规划中状态变量要具有无后效性和可知性。无后效性是指如果在某个阶段上过程的状态已知，则从此阶段以后过程的发展变化仅与此阶段的状态有关，而与过程在此阶段以前的阶段所经历过的状态无关。可知性即所规定的各阶段状态变量的值，可以直接或间接地测算得到。

（3）正确选择决策变量及允许决策集合。

根据经验，一般将问题中待求的量，选作动态规划模型中的决策变量。

（4）正确写出状态转移方程。

（5）写出指标函数的关系。

2. 基本方程

动态规划方法的关键是正确写出动态规划的递推关系式，由于动态规划方法分为逆序解法和顺序解法，因此递推方式有逆推和顺推两种形式。一般情况下，当初始状态给定时，用逆推方式比较方便；当终止状态给定时，用顺推方式比较方便。

顺序解法和逆序解法的递推公式分别如下。

顺序解法的递推公式为

$$s_k = T_k(s_{k+1}, u_k) \tag{7.8}$$

逆序解法的递推公式为

$$s_{k+1} = T_k(s_k, u_k) \tag{7.9}$$

最优指标函数的基本方程和边界条件如下。

顺序解法的最优指标函数的基本方程为

$$f_k(s_{k+1}) = \underset{u_k \in D_k(s_{k+1})}{\mathrm{opt}} \{[v_k(s_{k+1}, u_k) + f_{k-1}(s_k)]\}, k = 1, 2, \cdots, n \tag{7.10}$$

边界条件为

$$f_0(s_1) = 0$$

逆序解法的最优指标函数的基本方程为

$$f_k(s_k) = \underset{u_k \in D_k(s_k)}{\mathrm{opt}} \{[v_k(s_k, u_k) + f_{k+1}(s_{k+1})]\}, k = n, n-1, \cdots, 1 \tag{7.11}$$

边界条件为

$$f_{n+1}(s_{n+1}) = 0$$

当最优指标函数的基本方程为累计相乘时，对应的边界条件为 $f_0(s_1) = 1$ 或者 $f_{n+1}(s_{n+1}) = 0$。

7.2 动态规划在交通运输方面的应用

7.2.1 最短路径问题

最短路径是指给定一个运输网络，已知网络中相邻两点的距离，求从起点到终点的点距离最短的一类问题。

逆序解法的基本思路：与阶段顺序的方向相反，由后向前推算；把寻找最优策略看成连续递推的过程，从最后阶段开始，沿着与实际过程的进展方向相反的顺序逐段求解；在每个阶段求解的过程中都是在其后部子过程最优策略的基础上，考虑本阶段的指标函数，求出本阶段的最优策略；直到第一阶段。

例 7.1 利用逆序解法和顺序解法求图 7-2 的从 $v_1 \to v_{13}$ 最短路径。

解：1. 根据逆序解法的解题思路建立模型

（1）模型建立。

阶段 k：取 1，2，3，4，5。

状态变量 s_k：第 k 阶段初所处的位置。

决策变量 u_k：第 k 阶段初所做的决策。

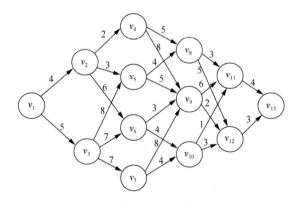

图 7-2 最短路径示例

状态转移方程：$s_{k+1} = u_k$。

阶段指标函数 $d_k(s_k, u_k)$：表示从第 k 阶段初所处的位置，采取决策到下一阶段的距离。

过程指标函数 $V_{k,5} = \sum_{i=k}^{5} d_i(s_i, u_i)$：表示从第 k 阶段初所处的位置，采取一系列决策到终点的距离。

最优指标函数 $f_k(s_k)$：表示从第 k 阶段初所处的位置，采取一系列决策到终点的最短距离。

基本方程为

$$\begin{cases} f_k(s_k) = \min_{u_k \in D_k(s_k)} \{d_k(s_k, u_k) + f_{k+1}(s_{k+1})\}, k = 5,4,\cdots,1 \\ f_6(s_6) = 0 \end{cases} \quad (7.12)$$

（2）模型求解。

① 当 $k=5$ 时，状态变量为 $s_5 = \{v_{11}, v_{12}\}$，$f_5(s_5) = \min_{u_5 \in D_5(s_5)} \{d_5(s_5, u_5) + f_6(s_6)\}$，如图 7-3 所示，当 $s_5 = v_{11}$ 时，从 v_{11} 到终点 v_{13} 只有一条路线 $v_{11} \to v_{13}$；当 $s_5 = v_{12}$ 时，从 v_{12} 到终点 v_{13} 只有一条路线 $v_{12} \to v_{13}$；得 v_{11}、v_{12} 的最短距离分别为

$$f_5(v_{11}) = d_5(v_{11}, v_{13}) + 0 = 4 \to u_5^*(v_{11}) = v_{13}$$
$$f_5(v_{12}) = d_5(v_{12}, v_{13}) + 0 = 3 \to u_5^*(v_{12}) = v_{13}$$

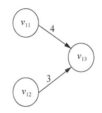

图 7-3 当 $k=5$ 时所建模型

② 当 $k=4$ 时，$s_4 = \{v_8, v_9, v_{10}\}$，$f_4(s_4) = \min_{u_4 \in D_4(s_4)} \{d_4(s_4, u_4) + f_5(s_5)\}$，如图 7-4 所示，当 $s_4 = v_8$ 时，从 v_8 出发有两条路线 $v_8 \to v_{11}$ 和 $v_8 \to v_{12}$；当 $s_4 = v_9$ 时，从 v_9 出发有两条路线 $v_9 \to v_{11}$ 和 $v_9 \to v_{12}$；当 $s_4 = v_{10}$ 时，从 v_{10} 出发有两条路线 $v_{10} \to v_{11}$ 和 $v_{10} \to v_{12}$；得 v_8、v_9、v_{10} 的最短距离分别为

$$f_4(v_8) = \min \begin{cases} d_4(v_8, v_{11}) + f_5(v_{11}) \\ d_4(v_8, v_{12}) + f_5(v_{12}) \end{cases} = \min \begin{cases} 3+4 \\ 5+3 \end{cases} = 7 \to u_4^*(v_8) = v_{11}$$

$$f_4(v_9) = \min \begin{cases} d_4(v_9, v_{11}) + f_5(v_{11}) \\ d_4(v_9, v_{12}) + f_5(v_{12}) \end{cases} = \min \begin{cases} 6+4 \\ 2+3 \end{cases} = 5 \to u_4^*(v_9) = v_{12}$$

$$f_4(v_{10}) = \min \begin{cases} d_4(v_{10}, v_{11}) + f_5(v_{11}) \\ d_4(v_{10}, v_{12}) + f_5(v_{12}) \end{cases} = \min \begin{cases} 1+4 \\ 3+3 \end{cases} = 5 \to u_4^*(v_{10}) = v_{11}$$

③ 当 $k=3$ 时，$s_3 = \{v_4, v_5, v_6, v_7\}$，$f_3(s_3) = \min_{u_3 \in D_3(s_3)} \{d_3(s_3, u_3) + f_4(s_4)\}$，如图 7-5 所示，当 $s_3 = v_4$ 时，从 v_4 出发有两条路线 $v_4 \to v_8$ 和 $v_4 \to v_9$；当 $s_3 = v_5$ 时，从 v_5 出发有两条路线 $v_5 \to v_8$ 和 $v_5 \to v_9$；当 $s_3 = v_6$ 时，从 v_6 出发有两条路线 $v_6 \to v_9$ 和 $v_6 \to v_{10}$；当 $s_3 = v_7$ 时，从 v_7 出发有两条路线 $v_7 \to v_9$ 和 $v_7 \to v_{10}$；得 v_4、v_5、v_6、v_7 的最短距离分别为

$$f_3(v_4) = \min \begin{cases} d_3(v_4,v_8) + f_4(v_8) \\ d_3(v_4,v_9) + f_4(v_9) \end{cases} = \min \begin{cases} 5+7 \\ 8+5 \end{cases} = 12 \rightarrow u_3^*(v_4) = v_8$$

$$f_3(v_5) = \min \begin{cases} d_3(v_5,v_8) + f_4(v_8) \\ d_3(v_5,v_9) + f_4(v_9) \end{cases} = \min \begin{cases} 4+7 \\ 5+5 \end{cases} = 10 \rightarrow u_3^*(v_5) = v_9$$

$$f_3(v_6) = \min \begin{cases} d_3(v_6,v_9) + f_4(v_9) \\ d_3(v_6,v_{10}) + f_4(v_{10}) \end{cases} = \min \begin{cases} 3+5 \\ 4+5 \end{cases} = 8 \rightarrow u_3^*(v_6) = v_9$$

$$f_3(v_7) = \min \begin{cases} d_3(v_7,v_9) + f_4(v_9) \\ d_3(v_7,v_{10}) + f_4(v_{10}) \end{cases} = \min \begin{cases} 8+5 \\ 4+5 \end{cases} = 9 \rightarrow u_3^*(v_7) = v_{10}$$

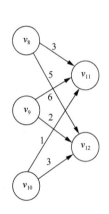

图 7-4 当 $k=4$ 时所建模型   图 7-5 当 $k=3$ 时所建模型

④ 当 $k=2$ 时，$s_2 = \{v_2, v_3\}$，$f_2(s_2) = \min\limits_{u_2 \in D_2(s_2)} \{d_2(s_2,u_2) + f_3(s_3)\}$，如图 7-6 所示，当 $s_2 = v_2$ 时，从 v_2 出发有三条路线 $v_2 \rightarrow v_4$，$v_2 \rightarrow v_5$ 和 $v_2 \rightarrow v_6$；当 $s_2 = v_3$ 时，从 v_3 出发有三条路线 $v_3 \rightarrow v_5$，$v_3 \rightarrow v_6$ 和 $v_3 \rightarrow v_7$；得 v_2、v_3 的最短距离分别为

$$f_2(v_2) = \min \begin{cases} d_2(v_2,v_4) + f_3(v_4) \\ d_2(v_2,v_5) + f_3(v_5) \\ d_2(v_2,v_6) + f_3(v_6) \end{cases} = \min \begin{cases} 2+12 \\ 3+10 \\ 6+8 \end{cases} = 13 \rightarrow u_2^*(v_2) = v_5$$

$$f_2(v_3) = \min \begin{cases} d_2(v_3,v_5) + f_3(v_5) \\ d_2(v_3,v_6) + f_3(v_6) \\ d_2(v_3,v_7) + f_3(v_7) \end{cases} = \min \begin{cases} 8+10 \\ 7+8 \\ 7+9 \end{cases} = 15 \rightarrow u_2^*(v_3) = v_6$$

⑤ 当 $k=1$ 时，$s_1 = \{v_1\}$，$f_1(s_1) = \min\limits_{u_1 \in D_1(s_1)} \{d_1(s_1,u_1) + f_2(s_2)\}$，如图 7-7 所示，从 v_1 出发有两条路线 $v_1 \rightarrow v_2$ 和 $v_1 \rightarrow v_3$，得 v_1 的最短距离为

$$f_1(v_1) = \min \begin{cases} d_1(v_1,v_2) + f_2(v_2) \\ d_1(v_1,v_3) + f_2(v_3) \end{cases} = \min \begin{cases} 4+13 \\ 5+15 \end{cases} = 17 \rightarrow u_1^*(v_1) = v_2$$

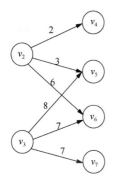

图 7-6 当 $k=2$ 时所建模型　　　　图 7-7 当 $k=1$ 时所建模型

根据计算过程反向追踪，找出最优决策序列（最优策略）为

$$u_1^*(v_1) = v_2$$
$$u_2^*(v_2) = v_5$$
$$u_3^*(v_5) = v_9$$
$$u_4^*(v_9) = v_{12}$$
$$u_5^*(v_{12}) = v_{13}$$

可得 v_1 到 v_{13} 的最短距离为：$f_1(v_1)=17$，最短路径为：$v_1 \to v_2 \to v_5 \to v_9 \to v_{12} \to v_{13}$。

2. 根据顺序解法的解题思路建立模型

（1）模型建立。

阶段 k：取 1，2，3，4，5。

状态变量 s_{k+1}：第 k 阶段末所处的位置。

决策变量 u_k：第 k 阶段末所做的决策。

状态转移方程：$s_k = u_k$。

阶段指标函数 $d_k(s_{k+1}, u_k)$：表示从第 k 阶段末所处的位置，采取决策到第 k 阶段初的距离。

过程指标函数 $V_{1,k} = \sum_{i=k}^{k} d_i(s_{i+1}, u_i)$：表示从第 k 阶段末所处的位置，采取一系列决策到起点的距离。

最优指标函数 $f_k(s_{k+1})$：表示从第 k 阶段末所处的位置，采取一系列决策到起点的最短距离。

基本方程为

$$\begin{cases} f_k(s_{k+1}) = \min_{u_k \in D_k(s_{k+1})} \{d_k(s_{k+1}, u_k) + f_{k-1}(s_k)\}, k=1,2,\cdots,5 \\ f_0(s_1) = 0 \end{cases} \quad (7.13)$$

（2）模型求解。

① 当 $k=1$ 时，$s_2=\{v_2,v_3\}$，$f_1(s_2)=\min\limits_{u_1\in D_1(s_2)}\{d_1(s_2,u_1)+f_0(s_1)\}$，如图 7-8 所示，当 $s_2=v_2$ 时，到达 v_2 只有一条路线 $v_1\to v_2$；当 $s_2=v_3$ 时，到达 v_3 只有一条路线 $v_1\to v_3$；得 v_2、v_3 的最短距离分别为

$$f_1(v_2)=\min\{d(v_2,v_1)+0\}=4\to u_1^*(v_2)=4$$
$$f_1(v_3)=\min\{d(v_3,v_1)+0\}=5\to u_1^*(v_3)=5$$

② 当 $k=2$ 时，$s_3=\{v_4,v_5,v_6,v_7\}$，$f_2(s_3)=\min\limits_{u_2\in D_2(s_3)}\{d_2(s_3,u_2)+f_1(s_2)\}$，当 $s_3=v_4$ 时，到达 v_4 只有一条路线 $v_2\to v_4$；当 $s_3=v_5$ 时，到达 v_5 有两条路线 $v_2\to v_5$ 和 $v_3\to v_5$；当 $s_3=v_6$ 时，到达 v_6 有两条路线 $v_2\to v_6$ 和 $v_3\to v_6$；当 $s_3=v_7$ 时，到达 v_7 只有一条路线 $v_3\to v_7$；如图 7-9 所示，得 v_4、v_5、v_6、v_7 的最短距离分别为

$$f_2(v_4)=\min\{d_2(v_4,v_2)+f_1(v_2)\}=\min\{2+4\}=6\to u_2^*(v_4)=v_2$$
$$f_2(v_5)=\min\begin{cases}d_2(v_5,v_2)+f_1(v_2)\\d_2(v_5,v_3)+f_1(v_3)\end{cases}=\min\begin{cases}3+4\\8+5\end{cases}=7\to u_2^*(v_5)=v_2$$
$$f_2(v_6)=\min\begin{cases}d_2(v_6,v_2)+f_1(v_2)\\d_2(v_6,v_3)+f_1(v_3)\end{cases}=\min\begin{cases}6+4\\7+5\end{cases}=10\to u_2^*(v_6)=v_2$$
$$f_2(v_7)=\min\{d_2(v_7,v_3)+f_1(v_3)\}=\min\{7+5\}=12\to u_2^*(v_7)=v_3$$

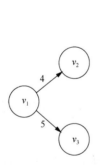
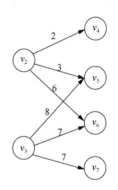

图 7-8　当 $k=1$ 时所建模型　　　　图 7-9　当 $k=2$ 时所建模型

③ 当 $k=3$ 时，$s_4=\{v_8,v_9,v_{10}\}$，$f_3(s_4)=\min\limits_{u_3\in D_3(s_4)}\{d_3(s_4,u_3)+f_2(s_3)\}$，当 $s_4=v_8$ 时，到达 v_8 有两条路线 $v_4\to v_8$ 和 $v_5\to v_8$；当 $s_4=v_9$ 时，到达 v_9 有四条路线 $v_4\to v_9$，$v_5\to v_9$，$v_6\to v_9$，$v_7\to v_9$；当 $s_4=v_{10}$ 时，到达 v_{10} 有两条路线 $v_6\to v_{10}$ 和 $v_7\to v_{10}$；如图 7-10 所示，得 v_8、v_9、v_{10} 的最短距离分别为

$$f_3(v_8) = \min \begin{Bmatrix} d_3(v_8, v_4) + f_2(v_4) \\ d_3(v_8, v_5) + f_2(v_5) \end{Bmatrix} = \min \begin{Bmatrix} 5+6 \\ 4+7 \end{Bmatrix} = 11 \to u_3^*(v_8) = v_4 \text{或} v_5$$

$$f_3(v_9) = \min \begin{Bmatrix} d_3(v_9, v_4) + f_2(v_4) \\ d_3(v_9, v_5) + f_2(v_5) \\ d_3(v_9, v_6) + f_2(v_6) \\ d_3(v_9, v_7) + f_2(v_7) \end{Bmatrix} = \min \begin{Bmatrix} 8+6 \\ 5+7 \\ 3+10 \\ 8+12 \end{Bmatrix} = 12 \to u_3^*(v_9) = v_5$$

$$f_3(v_{10}) = \min \begin{Bmatrix} d_3(v_{10}, v_6) + f_2(v_6) \\ d_3(v_{10}, v_7) + f_2(v_7) \end{Bmatrix} = \min \begin{Bmatrix} 4+10 \\ 4+12 \end{Bmatrix} = 14 \to u_3^*(v_{10}) = v_6$$

④ 当 $k=4$ 时，$s_5 = \{v_{11}, v_{12}\}$，$f_4(s_5) = \min\limits_{u_4 \in D_4(s_5)} \{d_4(s_5, u_4) + f_3(s_4)\}$，当 $s_5 = v_{11}$ 时，到达 v_{11} 有三条路线 $v_8 \to v_{11}$，$v_9 \to v_{11}$，$v_{10} \to v_{11}$；当 $s_5 = v_{12}$ 时，到达 v_{12} 有三条路线 $v_8 \to v_{12}$，$v_9 \to v_{12}$，$v_{10} \to v_{12}$；如图 7-11 所示，得 v_{11}、v_{12} 的最短距离分别为

$$f_4(v_{11}) = \min \begin{Bmatrix} d_4(v_{11}, v_8) + f_3(v_8) \\ d_4(v_{11}, v_9) + f_3(v_9) \\ d_4(v_{11}, v_{10}) + f_3(v_{10}) \end{Bmatrix} = \min \begin{Bmatrix} 3+11 \\ 6+12 \\ 1+14 \end{Bmatrix} = 14 \to u_4^*(v_{11}) = v_8$$

$$f_4(v_{12}) = \min \begin{Bmatrix} d_4(v_{12}, v_8) + f_3(v_8) \\ d_4(v_{12}, v_9) + f_3(v_9) \\ d_4(v_{12}, v_{10}) + f_3(v_{10}) \end{Bmatrix} = \min \begin{Bmatrix} 5+11 \\ 2+12 \\ 3+14 \end{Bmatrix} = 14 \to u_4^*(v_{12}) = v_9$$

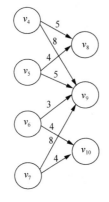
图 7-10 当 $k=3$ 时所建模型

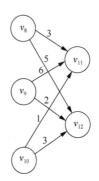
图 7-11 当 $k=4$ 时所建模型

⑤ 当 $k=5$ 时，$s_6 = \{v_{13}\}$，$f_5(s_6) = \min\limits_{u_5 \in D_5(s_6)} \{d_5(s_6, u_5) + f_4(s_5)\}$，到达 $v13$ 有两条路线 $v_{11} \to v_{13}$ 和 $v_{12} \to v_{13}$，如图 7-12 所示。

$$f_5(v_{13}) = \min \begin{Bmatrix} d_5(v_{13}, v_{11}) + f_4(v_{11}) \\ d_5(v_{13}, v_{12}) + f_4(v_{12}) \end{Bmatrix} = \min \begin{Bmatrix} 4+14 \\ 3+14 \end{Bmatrix} = 17 \to u_5^*(v_{13}) = v_{12}$$

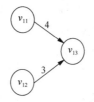

图 7-12 当 $k=5$ 时所建模型

根据计算过程反向追踪，找出最优决策序列（最优策略）如下

$$u_5^*(v_{13}) = v_{12}$$
$$u_4^*(v_{12}) = v_9$$
$$u_3^*(v_9) = v_5$$
$$u_2^*(v_5) = v_2$$
$$u_1^*(v_2) = v_1$$

最短路径为：$v_1 \rightarrow v_2 \rightarrow v_5 \rightarrow v_9 \rightarrow v_{12} \rightarrow v_{13}$。

最短距离为：$f_1(v_1) = 17$，与逆序解法的结果相同。

7.2.2 资源分配问题

所谓资源分配问题就是将数量一定的一种或者若干种资源如（原材料、资金、机器设备、劳动力、食品等）恰当地分配给若干名使用者，使得目标函数最优。

设某种原材料的总数量为 a，用于生产 n 种产品。若分配数量 x_i 用于生产第 i 种产品，其收益为 $g_i(x_i)$，如何分配使生产 n 种产品的总收益最大？

此问题可写成静态规划问题：

$$\max z = g_1(x_1) + g_2(x_2) + \cdots + g_n(x_n)$$
$$\begin{cases} x_1 + x_2 + \cdots + x_n = a \\ x_i \geq 0, i = 1, 2, \cdots, n \end{cases}$$

当 $g_i(x_i)$ 是线性函数时，它是一个线性规划问题；当 $g_i(x_i)$ 是非线性函数时，它是一个非线性规划问题。但当 n 比较大时，具体求解过程是比较麻烦的。由于这类问题的特殊结构，可以将它看成一个多阶段决策问题，并利用动态规划的递推关系来求解。

在应用动态规划方法处理这类静态规划问题时，通常以把资源分配给一个或几个使用者的过程作为一个阶段，把问题中的变量 x_i 选为决策变量，将累计的量或随递推过程变化的量选为状态变量。

设状态变量 s_k 表示分配用于生产第 k 种产品至第 n 种产品的原材料数量。

决策变量 u_k 表示分配给生产第 k 种产品的原材料数量，即 $u_k = x_k$。

状态转移方程
$$s_{k+1} = s_k - u_k = s_k - x_k$$
允许决策集合
$$D_k(s_k) = \{u_k \mid 0 \leq u_k = x_k \leq s_k\}$$

令最优指标函数 $f_k(s_k)$ 表示将数量为 s_k 的原材料分配给第 k 种产品至第 n 种产品所得到的最大总收益。因而可写出动态规划的逆序递推关系式为

$$\begin{cases} f_k(s_k) = \max_{0 \leq x_k \leq s_k} \{g_k(x_k) + f_{k+1}(s_{k+1})\}, k = n, n-1, \cdots, 1 \\ f_{n+1}(s_{n+1}) = 0 \end{cases}$$

利用这个递推关系式进行逐段计算,最后求得 $f_1(a)$ 即为所求问题的最大总收益。

1. 逆序解法

例 7.2 某公司有 10 万元资金,要投资于 3 个项目,第 i 个项目的投资额分别为 x_1,x_2,x_3,其收益分别为 $g_1(x_1) = 4x_1$,$g_2(x_2) = 9x_2$,$g_3(x_3) = 2x_3^2$。如何分配投资额使总收益最大?

解:

该问题的静态模型为

$$\max z = 4x_1 + 9x_2 + 2x_3^2$$
$$s.t. \begin{cases} x_1 + x_2 + x_3 = 10 \\ x_i \geq 0, (i = 1, 2, 3) \end{cases}$$

(1)模型建立。

利用动态规划原理,对其进行多阶段决策计算。

阶段:为了应用动态规划求解,需将投资项目进行排序,首先考虑对项目 1 投资,然后考虑对项目 2 投资,最后考虑对项目 3 投资。每个阶段只决定对一个项目的投资金额,则该静态规划问题转化为一个三阶段的动态决策过程。

状态变量 s_k:一般为累计量或者随递推过程变化的量,使各后部子过程之间具有递推关系,其定义为原静态问题中的变量,可以用于投资到第 k~n 个项目的资金数。本例中把每个阶段可使用的资金定义为状态变量 s_k。

决策变量 x_k:第 k 个项目的投资金额。

状态转移方程:$s_{k+1} = s_k - x_k$。

阶段指标函数 $g_k(x_k)$:投入第 k 个项目 x_k 获得的收益。

过程指标函数:$V_{k,3} = \sum_{i=k}^{3} g_i(x_i)$,表示投入第 k 个到第 3 个项目获得的总收益。

最优指标函数 $f_k(s_k)$:表示可投资金额为 s_k 时,投资第 k 个到第 3 个项目所获得的最大总收益。

基本递推方程为

$$\begin{cases} f_k(s_k) = \max_{0 \leq x_k \leq s_k} \{g_k(x_k) + f_{k+1}(s_{k+1})\}, k = 3,2,1 \\ f_4(s_4) = 0 \end{cases} \quad (7.14)$$

（2）模型求解。

① 当 $k=3$ 时，

$$\begin{cases} f_3(s_3) = \max_{x_3 = s_3} \{2x_3^2 + f_4(s_4)\} = \max_{x_3 = s_3} \{2x_3^2\} = 2s_3^2 \\ x_3^* = s_3 \end{cases}$$

② 当 $k=2$ 时，

$$f_2(s_2) = \max_{0 \leq x_2 \leq s_2} \{9x_2 + 2s_3^2\} = \max_{0 \leq x_2 \leq s_2} \{9x_2 + 2(s_2 - x_2)^2\} = \max_{0 \leq x_2 \leq s_2} \{2x_2^2 + (9 - 4s_2)x_2 + 2s_2^2\}$$

式中，$2x_2^2 + (9 - 4s_2)x_2 + 2s_2^2$ 为开口向上的抛物线函数，因此该函数的极大值只能在 $[0, s_2]$ 两端取得。

当 $x_2 = 0$ 时，$f_2(s_2) = 2s_2^2$；当 $x_2 = s_2$ 时，$f_2(s_2) = 9s_2$。

此时决策变量取值为

当 $s_2 \geq 9/2$ 时，

$$2s_2^2 \geq 9s_2, f_2(s_2) = 2s_2^2, x_2^* = 0$$

当 $s_2 \leq 9/2$ 时，

$$2s_2^2 \leq 9s_2, f_2(s_2) = 9s_2, x_2^* = s_2$$

（3）当 $k=1$ 时，

$$f_1(s_1) = \max_{0 \leq x_1 \leq s_1} \{4x_1 + f_2(s_2)\}, \quad s_1 = 10$$

当 $f_2(s_2) = 9s_2$，即 $s_2 \leq 9/2$ 时，

$$f_1(10) = \max_{11/2 \leq x_1 \leq 10} \{4x_1 + 9s_2\} = \max_{11/2 \leq x_1 \leq 10} \{4x_1 + 9s_1 - 9x_1\} = \max_{11/2 \leq x_1 \leq 10} \{9s_1 - 5x_1\} = 125/2$$

此时，$x_1^* = 11/2$。

当 $f_2(s_2) = 2s_2^2$，即 $s_2 \geq 9/2$ 时，

$$f_1(10) = \max_{0 \leq x_1 \leq 11/2} \{4x_1 + 2(10 - x_1)^2\} = \max_{0 \leq x_1 \leq 11/2} \{2x_1^2 - 36x_1 + 200\}$$

式中，$2x_1^2 - 36x_1 + 200$ 为开口向上的抛物线函数，因此该函数的极大值只能在 $[0, 11/2]$ 两端取得。

当 $x_1 = 0$ 时，$f_1(10) = 200$；当 $x_1 = 11/2$ 时，$f_1(10) = 125/2$。

因为 $200 > 125/2$，所以 $f_1(10) = 200$，$x_1^* = 0$。

根据计算过程逆向推导，找出最优决策序列（最优策略）为

$$x_1^* = 0, \ s_2 = 10 \geq 9/2, \ x_2^* = 0, \ x_3^* = s_3 = s_2 - x_2^* = 10$$

因此，当 10 万元资金都投入项目 3 时，收益最大，为 200 万元。

2. 顺序解法

（1）模型建立。

阶段 k：取 1，2，3。

状态变量 s_{k+1}：可以用于投入第 1 到第 k 个项目的资金数。

决策变量 x_k：投入第 k 个项目的资金。

状态转移方程：$s_k = s_{k+1} - x_k$。

阶段指标函数 $g_k(x_k)$：投入第 k 个项目 x_k 所获得的收益。

过程指标函数：$V_{1,k} = \sum_{i=1}^{k} g_i(x_i)$，表示投入第 1 个到第 k 个项目所获得的总收益。

最优指标函数 $f_k(s_{k+1})$：表示可投资金为 s_{k+1} 时，投入第 1 个到第 k 个项目所获得的最大总收益。

顺序解法的基本方程为

$$\begin{cases} f_k(s_{k+1}) = \max_{0 \leqslant x_k \leqslant s_{k+1}} \{g_k(x_k) + f_{k-1}(s_k)\}, k=1,2,3 \\ f_0(s_1) = 0 \end{cases} \quad (7.15)$$

（2）模型求解。

① 当 $k=1$ 时，

$$f_1(s_2) = \max_{x_1 = s_2} \{4x_1 + f_0(s_1)\} = \max_{x_1 = s_2} \{4x_1\} = 4s_2, \quad x_1^* = s_2$$

② 当 $k=2$ 时，

$$f_2(s_3) = \max_{0 \leqslant x_2 \leqslant s_3} \{9x_2 + f_1(s_2)\} = \max_{0 \leqslant x_2 \leqslant s_3} \{9x_2 + 4s_2\}$$
$$= \max_{0 \leqslant x_2 \leqslant s_3} \{9x_2 + 4(s_3 - x_2)\} = \max_{0 \leqslant x_2 \leqslant s_3} \{5x_2 + 4s_3\} = 9s_3$$

$$x_2^* = s_3$$

③ 当 $k=3$ 时，$s_4 = 10$，

$$f_3(s_4) = \max_{0 \leqslant x_3 \leqslant s_4} \{2x_3^2 + f_2(s_3)\} = \max_{0 \leqslant x_3 \leqslant s_4} \{2x_3^2 + 9s_3\}$$
$$= \max_{0 \leqslant x_3 \leqslant 10} \{2x_3^2 + 9(s_4 - x_3)\} = \max_{0 \leqslant x_3 \leqslant 10} \{2x_3^2 + 9(10 - x_3)\}$$
$$= \max_{0 \leqslant x_3 \leqslant 10} \{2x_3^2 - 9x_3 + 90\}$$

式中，$2x_3^2 - 9x_3 + 90$ 为开口向上的抛物线函数，因此该函数的极大值只能在[0，10]两端取得。

当 $x_3 = 0$ 时，$f_3(10) = 90$；当 $x_3 = 10$ 时，$f_3(10) = 200$。

因为 200>90，所以 $f_3(10) = 200$，$x_3^* = 10$。

根据计算过程逆向推导，找出最优决策序列（最优策略）为

$$x_3^* = 10, \quad x_2^* = s_3 = s_4 - x_3^* = 10 - 10 = 0, \quad x_1^* = s_2 = s_3 - x_2^* = 0 - 0 = 0$$

因此，当 10 万元资金都投入项目 3 时，收益最大，为 200 万元。

7.2.3 生产存储问题

设某公司对某种产品要制订一项 n 个阶段的生产计划。已知它的初始库存量为零，每个阶段生产该产品的数量均有上限；每个阶段社会对该产品的需求量是已知的，公司保证供应；在第 n 阶段末的终结库存量为零。问该公司如何制订每个阶段的生产计划，从而使总成本最小。

设 d_k 为第 k 阶段对产品的需求量，u_k 为第 k 阶段该产品的生产量（或采购量），s_k 为第 k 阶段结束时产品的库存量。则有

$$s_k = s_{k-1} + u_k - d_k$$

$c_k(u_k)$ 表示第 k 阶段生产产品 u_k 时的总成本，它包括生产固定成本 K 和产品成本 au_k，（其中 a 是单位产品成本）两项费用。即

$$c_k(u_k) = \begin{cases} 0, & u_k = 0 \\ K + au_k, & u_k = 1, 2, \cdots, n \\ \infty, & u_k > n \end{cases} \quad (7.16)$$

$E_k(s_k)$ 表示在第 k 阶段结束时有库存量 s_k 所需的存储费用，故第 k 阶段的成本费用为 $c_k(u_k) + E_k(s_k)$。

p 表示每个阶段能生产该产品的数量上限。

因而上述问题的数学模型为

$$\min g = \sum_{k=1}^{n} [c_k(u_k) + E_k(s_k)] \quad (7.17)$$

$$\begin{cases} s_0 = 0, s_n = 0 \\ s_k = \sum_{j=1}^{k}(u_i - d_j) \geqslant 0, \ k = 1, \cdots, n-1 \\ 0 \leqslant u_k \leqslant p, k = 1, 2, \cdots, n \\ u_k \text{为整数}, k = 1, 2, \cdots, n \end{cases} \quad (7.18)$$

用动态规划方法来求解，把它看作一个 n 阶段的决策问题。

阶段：取值 $1, 2, \cdots, n$。

状态变量 s_{k-1} 表示第 k 阶段库存量。

决策变量 u_k 表示第 k 阶段的生产量。

状态转移方程为

$$s_k = s_{k-1} + u_k - d_k, k = 1, 2, \cdots, n \quad (7.19)$$

最优指标函数 $f_k(s_k)$：从第 1 阶段初始库存量为 0 到第 k 阶段末库存量为 s_k 时的最小总费用。

逆序递推关系式为

$$\begin{cases} f_k(s_k) = \min_{0 \leq u_k \leq \sigma_k} \{c_k(u_k) + E_k(s_k) + f_{k+1}(s_{k+1})\}, k=1,2,\cdots,n \\ f_{n+1}(s_{n+1}) = 0 \end{cases}$$

其中，$\sigma_k = \min(s_{k-1}+d_k, p)$。因为一方面每个阶段的生产上限为 p；另一方面为了保证供应，故第 $k-1$ 阶段末的库存量 s_{k-1} 必须为非负，即 $s_{k-1}+d_k-u_k \geq 0$，所以 $u_k \leq s_{k-1}+d_k$。

设最大生产能力为 p，最大库存量为 q。

允许状态集合为

$$0 \leq s_k \leq \min\left\{q, \sum_{j=k}^{n} g_j, \sum_{j=1}^{k-1}(p-g_j)\right\} \tag{7.20}$$

其中，q 为最大库存限制，$\sum_{j=k}^{n} g_j$ 为期末库存量为 0 的限制，p 为最大生产能力的限制。

允许决策集合为

$$\max\{0, g_k-s_k\} \leq u_k \leq \min\{p, g_j-s_k, g_k+q-s_k\} \tag{7.21}$$

其中，g_k-s_k 为本月需求的限制，p 为最大生产能力限制，g_j 为期末库存量为 0 的限制。

边界条件为 $f_0(s_0)=0$（或 $f_1(s_1)=\min\{c_1(u_1)+E_1(s_1)\}$），从边界条件出发，利用上面的递推关系式，对每个 k，计算出 $f_k(s_k)$ 中的 v_k 在 0 至 $\min\{\sum_{j=k+1}^{n} d_j, p-d_j\}$ 之间的值，最后求得的 $f_n(0)$ 即为所求的最小总费用。

例 7.3 某工厂生产并销售某种产品，已知 1—4 月市场需求预测见表 7-1，每月生产 j 个单位产品费用为

$$c(j) = \begin{cases} 0, & j=0 \\ 3+j, & j=1,2,\cdots,6 \\ \infty, & j>6 \end{cases}$$

每月存储 j 个单位产品的费用为 $E(j)=0.5j$（千元），该厂最大库存量为 3 个单位，每月最大生产能力为 6 个单位，计划开始和计划期末库存量都是零。试制订 4 个月的生产计划，使该厂在满足用户需求的条件下总费用最小。假设第 $k+1$ 个月的库存量是第 k 个月可销售量与该月用户需求量之差，而第 k 个月的可销售量是本月初库存量与产量之和。

表7-1　1—4月各月需求

月份（k）	1	2	3	4
需求（g_k）	2	3	2	4

（1）模型建立。

解：用动态规划的逆序解法建模求解，过程如下。

阶段 k：每个月为一个阶段，共4个阶段，$k=1,2,3,4$。

状态变量 s_k：第 k 阶段（月）初的库存量。

决策变量 u_k：第 k 阶段的生产量。

状态转移方程：$s_{k+1}=s_k+u_k-g_k$

最优指标函数 $f_k(s_k)$：在第 k 个月月初库存量为 s_k 时，选择最优策略生产，从本月到第4个月月末的最低生产、库存费用之和。

① 当 $k=4$ 时，首先确定 s_4 的允许集合。

由最大库存量为3，得 $s_4 \leqslant 3$。

由最大生产能力为6（此为每个月的最大生产能力，不是合计最大生产能力），得 $s_4 \leqslant 3 \times 6-(2+3+2)$。

由于期末库存量为0，故第4个月的库存量小于或等于需求量，即 $s_4 \leqslant 4$。

综上，当 $s_4 \leqslant 3$ 时，s_4 可以取0，1，2，3。由期末库存量为0，得 $s_4+u_4-4=0$，即 $u_4=4-s_4$。

递推公式为

$$\begin{cases} f_4(s_4)=\min\limits_{u_4=4-s_4}\{c_4(u_4)+E_4(s_4)+f_5(s_5)\}=c_4(4-s_4)+E_4(s_4) \\ f_5(s_5)=0 \end{cases}$$

当 $k=4$ 时，s_4 的集合如表7-2所示。

表7-2　当 $k=4$ 时

s_4	0	1	2	3
$u_4=4-s_4$	4	3	2	1
$c_4(u_4)+E_4(s_4)+f_5(s_5)$	7+0+0	6+0.5+0	5+1+0	4+1.5+0
$f_4(s_4)$	7	6.5	6	5.5
u_4^*	4	3	2	3

② 当 $k=3$ 时，$f_3(s_3)=\min\limits_{u_3 \in D_3}\{c_3(u_3)+E_3(s_3)+f_4(s_4)\}$

首先确定 s_3 的允许集合。由最大库存量为3，得 $s_3 \leqslant 3$；由最大生产能力为6，得

$s_3 \leq 2 \times 6 - (2+3)$；由期末库存量为 0，得 $s_3 \leq 2+4$；综上，当 $u_3 \leq 3$ 时，s_3 可以取 0，1，2，3。

然后确定 u_3 允许集合。由大库存量为 3，得 $s_3 + u_3 - g_3 \leq 3$，即 $u_3 \leq 3 + 2 - s_3$；由最大生产能力为 6，得 $u_3 \leq 6$；由期末库存量为 0，得 $s_3 + u_3 - g_3 \leq 4$，即 $u_3 \leq 4 + 2 - s_3$；由本月需求量 g_3 为 2，得 $s_3 + u_3 \geq 2$，即 $u_3 \geq 2 - s_3$；综上，$\max\{0, 2-s_3\} \leq u_3 \leq 5 - s_3$。

当 $k=3$ 时，s_3 的集合如表 7-3 所示。

表 7-3 当 $k=3$ 时

s_3	0				1				2				3		
u_3	2	3	4	5	1	2	3	4	0	1	2	3	0	1	2
$c_3(u_3)+E_3(s_3)+f_4(s_4)$	12	12.5	13	13.5	11.5	12	12.5	13	8	11.5	12	12.5	8	11.5	12
$f_3(s_3)$	12				11.5				8				8		
u_3^*	2				1				0				0		

③ 当 $k=2$ 时，$f_2(s_2) = \min\limits_{u_2 \in D_2} \{c_2(u_2) + E_2(s_2) + f_3(s_3)\}$

首先确定 s_2 的允许集合。由最大库存量为 3，得 $s_2 \leq 3$；由最大生产能力为 6，得 $s_2 \leq 6-2$；由期末库存量为 0，得 $s_2 \leq 3+2+4$。综上，当 $s_2 \leq 3$ 时，s_2 可以取 0，1，2，3。

然后确定 u_2 允许集合。由最大库存量为 3，得 $s_2 + u_2 - g_2 \leq 3$，即 $u_2 \leq 3 + 3 - s_2$；由最大生产能力为 6，得 $u_2 \leq 6$；由期末库存量为 0，得 $s_2 + u_2 - g_2 \leq g_3 + g_4$，即 $u_2 \leq 2 + 4 + 3 - s_3$；由本月需求量 g_2 为 3，得 $s_2 + u_2 \geq 3$，即 $u_2 \geq 3 - s_2$；综上，$\max\{0, 3-s_2\} \leq u_2 \leq 6 - s_2$。

当 $k=2$ 时，s_2 的集合如表 7-4 所示。

表 7-4 当 $k=2$ 时

s_2	0				1				2				3			
u_2	3	4	5	6	2	3	4	5	1	2	3	4	0	1	2	3
$c_2(u_2)+E_2(s_2)+f_3(s_3)$	18	18.5	16	17	17.5	18	15.5	16.5	17	17.5	15	16	13.5	17	14.5	15.5
$f_2(s_2)$	16				15.5				15				13.5			
u_2^*	5				4				3				0			

④ 当 $k=1$，$s_1=0$ 时，首先确定 s_1 能允许的集合。

$$f_1(s_1) = \min\limits_{u_1 \in D_1} \{c_1(u_1) + E_1(s_1) + f_2(s_2)\}$$

然后确定 u_1 允许集合。由最大库存量为 3，得 $s_1 + u_1 - g_1 \leq 3$，即 $u_1 \leq 3 + 2 - s_1$；由最大生产能力为 6，得 $u_2 \leq 6$；由期末库存量为 0，得 $s_1 + u_1 - g_1 \leq g_2 + g_3 + g_4$，即 $u_1 \leq 3 + 2 + 4 + 2 - s_1$；由本月需求量 g_1 为 2，得 $s_1 + u_1 \geq 2$，即 $u_1 \geq 2 - s_1$；综上，

$\max\{0, 2-s_1\} \leqslant u_1 \leqslant 5-s_1$；即 $2 \leqslant u_1 \leqslant 5$。

当 $k=1$ 时 s_1 的集合如表 7-5 所示。

表 7-5 当 $k=1$ 时

s_1	0			
u_1	2	3	4	5
$c_1(u_1)+E_1(s_1)+f_2(s_2)$	21	21.5	22	21.5
$f_1(s_1)$	21			
u_1^*	2			

由此可得该工厂最小费用的生产计划如表 7-6 所示。

$$u_1^* = 2 \to s_2 = 2-2+0=0 \to u_2^* = 5 \to s_3 = 0+5-3=2 \to u_3^*$$
$$= 0 \to s_4 = 2+0-2=0 \to u_4^* = 4$$

最小费用 $f_1(s_1) = 21$（千元）。

表 7-6 生产计划表

月份(k)	1	2	3	4
生产量(u_k^*)	2	5	0	4
库存量(s_k)	0	0	2	0

7.2.4 背包问题

一位旅行者携带背包去登山，已知他所能承受的背包质量上限为 a 千克（这里的质量只是物品的总质量，背包本身的质量忽略不计），现有 n 种物品可供他选择装入背包，第 i 件物品的质量为 a_i 千克，其价值是携带数量 x_i 的函数 $c_i(x_i)$ $i=1,2,\cdots,n$。旅行者如何选择携带各种物品的数量，才能使总价值最大？

设 x_i 为背包中携带第 i 种物品的数量，该问题的整数规划模型如下

$$\max z = \sum_{i=1}^{n} c_i(x_i) \tag{7.22}$$

$$\begin{cases} \sum_{i=1}^{n} a_i(x_i) \leqslant a \\ x_i \geqslant 0 \text{ 且为整数}, \quad i=1,2,\cdots,n \end{cases} \tag{7.23}$$

用动态规划的顺序解法建模求解，过程如下。

阶段 k：将可装入物品按 $1,2,\cdots,n$ 排序，每种物品设为一个阶段，共有 n 个阶段。$k=1,2,\cdots,n$。

状态变量 s_{k+1}：在第 k 阶段末可以装入前 k 种物品的总质量。

决策变量 x_k：在第 k 阶段装入第 k 种物品的件数。

状态转移方程：$s_k = s_{k+1} - a_k x_k$。

允许决策集合：$D_k(s_{k+1}) = \left\{ x_k \mid 0 \leq x_k \leq \left[s_{k+1} / a_k \right], x_k \text{为整数} \right\}$。

最优指标函数 $f_k(s_{k+1})$：在第 k 阶段末，可以装入前 k 种物品的总质量为 s_{k+1} 时，选择最优策略装前 k 种物品的价值。

基本方程为

$$\begin{cases} f_k(s_{k+1}) = \max_{0 \leq x_k \leq [s_{k+1}/a_k] \text{且为整数}} \{c_k(x_k) + f_{k-1}(s_{k+1} - a_k x_k)\}, k = 1, 2, \cdots, n \\ f_0(s_1) = 0 \end{cases} \quad (7.24)$$

例 7.4 有一辆货运量为 10t 的卡车，可以装载 3 种货物，每种货物的单位质量及相应单位价值见表 7-7。应如何装载可使装载总价值最大？

表 7-7 货物的单位质量及单位价值

货物编号	1	2	3
单位质量/t	3	4	5
单位价值	4	5	6

解：设第 i 种货物装入 x_i 件，该问题的整数线性规划方程为

$$\max z = 4x_1 + 5x_2 + 6x_3$$
$$\begin{cases} 3x_1 + 4x_2 + 5x_3 \leq 10 \\ x_1, x_2, x_3 \geq 0 \text{且为整数} \end{cases}$$

用动态规划顺序法进行求解如下。

（1）当 $k=1$ 时，

$$f_1(s_2) = \max_{0 \leq x_1 \leq [s_2/3] \text{且为整数}} \{4x_1 + 0\} = 4[s_2/3], \quad x_1^* = [s_2/3]$$

当 $k=1$ 时，s_2 的集合如表 7-8 所示。

表 7-8 当 $k=1$ 时，s_2 的集合

s_2	0	1	2	3	4	5	6	7	8	9	10
$f_1(s_2)$	0	0	0	4	4	4	8	8	8	12	12
x_1^*	0	0	0	1	1	1	2	2	2	3	3

（2）当 $k=2$ 时，

$$f_2(s_3) = \max_{0 \leq x_2 \leq [s_3/4] \text{且为整数}} \{5x_2 + f_1(s_3 - 4x_2)\}$$

当 $k=2$ 时，s_3 的集合如表 7-9 所示。

表7-9 当 $k=2$ 时，s_3 的集合

s_3	0	1	2	3	4		5		6		7		8			9			10		
x_2	0	0	0	0	0	1	0	1	0	1	0	1	0	1	2	0	1	2	0	1	2
$5x_2+f_1(s_2)$	0	0	0	4	4	5	4	5	8	5	8	9	8	9	10	12	9	10	12	13	10
$f_2(s_3)$	0	0	0	4	5		5		8		9		10			12			13		
x_2^*	0	0	0	0	1		1		0		1		2			0			1		

当 $k=3$ 时，$s_4=10$，

$$f_3(s_4) = \max_{0 \leqslant x_3 \leqslant [s_4/5] \text{且为整数}} \{6x_3 + f_2(s_4 - 5x_3)\}$$

当 $k=3$ 时，s_4 的集合如表7-10所示。

表7-10 当 $k=3$ 时，s_4 的集合

s_4	10		
x_3	0	1	2
$6x_3+f_2(s_3)$	13	11	12
$f_3(s_4)$	13		
x_3^*	0		

采用逆序递推形式求得最优方案为 $x_1^*=2$，$x_2^*=1$，$x_3^*=0$，最大总价值为13。

7.2.5 设备更新问题

在工业和交通运输业中，经常会碰到设备陈旧或部分损坏需要更新的问题。从经济上来分析，一种设备应该使用多少年后进行更新最为恰当，即更新的最佳策略应该使工厂在某段时间内的总收益达到最大（或总费用达到最小）。

现以一台机器为例，随着使用年限的增加，机器的使用效率降低、收益减少、维修费用增加，而且机器使用年限越长，它本身的价值就越低，因而更新时所需的净支出费用就越多。设：

$I_j(t)$——在第 j 年机器役龄为 t 年的一台机器运行所得的收入；

$O_j(t)$——在第 j 年机器役龄为 t 年的一台机器运行时所需的运行费用；

$C_j(t)$——在第 j 年机器役龄为 t 年的一台机器更新时所需的更新净费用；

α——折扣因子（$0 \leqslant \alpha \leqslant 1$）表示一年以后的单位收入的价值视为现年的 α 单位；

T——在第一年开始时，正在使用的机器的役龄；

n——计划设备使用的年限；

$g_j(t)$——在第 j 年开始使用一台役龄为 t 年的机器时，从第 j 年至第 n 年内的最佳收益；

$x_j(t)$——给出 $g_j(t)$ 时，在第 j 年开始时的决策（保留或更新）。

为了写出递推关系式，先从两方面分析问题。若在第 j 年开始时购买了新机器，则从第 j 年至第 n 年得到的总收益应等于在第 j 年中由新机器获得的收益减去在第 j 年中的运行费用，再减去在第 j 年开始时役龄为 t 年的机器的更新净费用，加上在第 $j+1$ 年开始使用役龄为 1 年的机器从第 $j+1$ 年至第 n 年的最佳收益；若在第 j 年开始时继续使用役龄为 t 年的机器，则从第 j 年至第 n 年的总收益应等于在第 j 年由役龄为 t 年的机器得到的收益减去在第 j 年中役龄为 t 年的机器的运行费用，加上在第 $j+1$ 年开始使用役龄为 $t+1$ 年的机器从第 $j+1$ 年至第 n 年的最佳收益。比较它们的大小，选取值较大的，并相应得出是更新还是保留的决策。

递推关系式为

$$g_j(t) = \max \begin{cases} I_j(0) - O_j(0) - C_j(t) + \alpha g_{j+1}(1), & x_k = R \\ I_j(t) - O_j(t) + \alpha g_{j+1}(t+1), & x_k = K \end{cases} \quad (7.25)$$

$$(j = 1, 2, \cdots, n; t = 1, 2, \cdots, j-1, j+T-1)$$

式中，R 是 Replacement 的缩写，表示更新机器；K 是 Keep 的缩写，表示保留使用。

由于计划的设备使用年限为 n 年，因此还要满足

$$g_{n+1}(t) = 0$$

对于 $g_i(t)$ 来说，允许的 t 值只能是 T。因为当进入计划过程时，机器必然已使用了 T 年。

应指出的是：这里研究的设备更新问题是以役龄作为状态变量的，决策是保留和更新两种。但它可推广到多维情形，如考虑对使用的机器进行大修作为一种决策，所需的费用和收益不仅取决于役龄和购置的年限，还取决于上次大修后的时间。因此，必须使用两个状态变量来描述系统的状态，其过程与此类似。

例 7.5 假设 $n=5$，$\alpha=1$，$T=1$，其有关数据见表 7-11。试制定 5 年中的设备更新策略，使设备在 5 年内的总收益达到最大。

表 7-11 项目的有关数据

单位：万元

年份	第 1 年					第 2 年				第 3 年			第 4 年		第 5 年	项目开始				
役龄	0	1	2	3	4	0	1	2	3	0	1	2	0	1	0	1	2	3	4	5
收益	22	21	20	18	16	27	25	24	22	29	26	24	30	28	32	18	16	16	14	14
运行费用	6	6	6	8	10	5	6	8	9	5	5	6	4	5	4	8	8	9	9	10
更新费用	27	29	32	34	37	29	31	34	36	31	32	33	32	33	34	32	34	36	36	38

解：因为第 j 年开始役龄为 t 年的机器，其制造年龄应为 $j-t$ 年，所以，$I_5(0)$ 为第 5 年新设备的收益，故 $I_5(0) = 32$。$I_3(2)$ 为第 3 年的设备其役龄为 2 年的收益，故 $I_3(2)=20$。同理 $O_5(0)=4$，$O_3(2)=8$。而 $C_5(1)$ 是第 5 年役龄为 1 年的机器（应为第 4 年的新设备）的更新费用，故 $C_5(1)=33$。同理 $C_5(2)=33$，$C_3(1)=31$，其余依此类推。

当 $j=5$ 时，由于设 $T=1$，故从第 5 年开始计算时，机器使用了 1、2、3、4、5 年，则递推关系式为

$$g_5(t) = \max \begin{cases} I_5(t) - O_5(t) - C_5(t) + g_6(1), & x_5 = R \\ I_5(t) - O_5(t) + g_6(t+1), & x_5 = K \end{cases}$$

因此

$$g_5(1) = \max \begin{cases} 32 - 4 - 33 + 0 = -5, & x_5 = R \\ 28 - 5 + 0 = 23, & x_5 = K \end{cases}$$

$$= 23，所以 x_5(1) = K$$

$$g_5(2) = \max \begin{cases} 32 - 4 - 33 + 0 = -5, & x_5 = R \\ 24 - 6 + 0 = 18, & x_5 = K \end{cases}$$

$$= 18，所以 x_5(2) = K$$

同理

$$g_5(3) = 13,\ x_5(3) = K;\ g_5(4) = 6,\ x_5(4) = R;\ g_5(5) = 4,\ x_5(5) = K。$$

当 $j=4$ 时，递推关系为

$$g_4(t) = \max \begin{cases} I_4(0) - O_4(0) - C_4(t) + g_5(1), & x_4 = R \\ I_4(t) - O_4(t) + g_5(t+1), & x_4 = K \end{cases}$$

故

$$g_4(1) = \max \begin{cases} 30 - 4 - 32 + 23 = 17, & x_4 = R \\ 26 - 5 + 18 = 39, & x_4 = K \end{cases}$$

$$= 39，所以 x_4(1) = K$$

同理

$$g_4(2) = 29,\ x_4(2) = K;\ g_4(3) = 16,\ x_4(3) = K;\ g_4(4) = 13,\ x_4(4) = R$$

当 $j=3$ 时，有

$$g_3(t) = \max \begin{cases} I_3(0) - O_3(0) - C_3(t) + g_4(1), & x_3 = R \\ I_3(t) - O_3(t) + g_4(t+1), & x_3 = K \end{cases}$$

故

$$g_3(1) = \max \begin{cases} 29 - 5 - 31 + 39 = 32, & x_3 = R \\ 25 - 6 + 29 = 48, & x_3 = K \end{cases}$$

$$= 48，所以 x_3(1) = K$$

同理
$$g_3(2) = 31, \ x_3(2) = R; \ g_3(3) = 27, \ x_3(3) = R \text{。}$$

当 $j=2$ 时，有
$$g_2(t) = \max \begin{cases} I_2(0) - O_2(0) - C_2(t) + g_3(1), & x_2 = R \\ I_2(t) - O_2(t) + g_3(t+1), & x_2 = K \end{cases}$$

故
$$g_2(1) = \max \begin{cases} 27 - 5 - 29 + 48 = 41, & x_2 = R \\ 21 - 6 + 31 = 46, & x_2 = K \end{cases}$$
$$= 46, \ \text{所以} x_2(1) = K$$

$$g_2(2) = \max \begin{cases} 27 - 5 - 34 + 48 = 36, & x_2 = R \\ 16 - 8 + 27 = 35, & x_2 = K \end{cases}$$
$$= 36, \ \text{所以} x_2(2) = R$$

当 $j=1$ 时，有
$$g_1(t) = \max \begin{cases} I_1(0) - O_1(0) - C_1(t) + g_2(1), & x_1 = R \\ I_1(t) - O_1(t) + g_2(t+1), & x_1 = K \end{cases}$$

故
$$g_1(1) = \max \begin{cases} 22 - 6 - 32 + 46 = 30, & x_1 = R \\ 18 - 8 + 36 = 46, & x_1 = K \end{cases}$$
$$= 46, \ \text{所以} x_1(1) = K$$

最后，根据上面计算过程反推之，可求得最优策略见表 7-12，相应的总收益为 46 万元。

表 7-12 最优策略

年份	役龄	最佳策略
第 1 年	1	K
第 2 年	2	R
第 3 年	1	K
第 4 年	2	K
第 5 年	3	K

7.2.6 复合系统可靠性问题

若某种机器的工作系统由 n 个部件串联组成，只要有一个部件失灵，整个系统就不能工作。为了提高系统工作的可靠性，在每个部件上均装有主要元件的备用件，并且设计了备用元件自动投入装置。显然，备用元件数量越多，整个系统正常工作的可靠性越大。但备用元件多了,整个系统的成本、质量、体积均相应加大,工作精度也降低。因此,最优化问题是在考虑上述限制条件下,应如何选择各部件的备用元件数,使整个系统的工作可靠性最大。

某种复合系统由 n 个部件串联而成,如图 7-13 所示。

图 7-13 复合系统

部件 $i(i=1,2,\cdots,n)$ 装有 u_i 个备用元件,其正常工作的概率为 $p_i(u_i)$,则系统正常工作的概率为

$$p = \prod_{i=1}^{n} p_i(u_i) \quad (7.26)$$

设装一个部件 i 备用元件费用为 c_i,质量为 w_i,要求总费用不超过 c,总质量不超过 w,则这个问题有两个约束条件,系统可靠性问题的静态规划模型为

$$\max p = \prod_{i=1}^{n} p_i(u_i) \quad (7.27)$$

$$\begin{cases} \sum_{i=1}^{n} c_i u_i \leqslant c \\ \sum_{i=1}^{n} w_i u_i \leqslant w \\ u_i \geqslant 0 \text{ 且为整数}, i=1,2,\cdots,n \end{cases} \quad (7.28)$$

这是一个非线性整数规划问题,因 u_i 要求为整数,且目标函数是非线性的。非线性整数规划是一个较为复杂的问题,采用动态规划方法来解会比较容易。

为了构造动态规划模型,根据两个约束条件取二维状态变量,采用两个状态的变量符号 x_k,y_k 来表达,其中

x_k:由第 k 个到第 n 个部件所容许使用的总费用。

y_k:由第 k 个到第 n 个部件所容许具有的总质量。

决策变量 u_k 为部件 k 上安装的备用元件数,这里的决策变量是一维的。

状态转移方程为:

$$x_{k+1} = x_k - u_k c_k, (1 \leqslant k \leqslant n)$$
$$y_{k+1} = y_k - u_k w_k, (1 \leqslant k \leqslant n)$$

允许决策集合:

$$D_k(x_k, y_k) = \{u_k : 0 \leqslant u_k \leqslant \min([x_k / c_k], [y_k / w_k])\}$$

最优指标函数 $f_k(x_k, y_k)$ 为由状态 x_k 和 y_k 出发,从部件 k 到部件 n 的系统的最大可靠性。

因此,整机可靠性的动态规划基本方程为

$$\begin{cases} f_k(x_k, y_k) = \max_{u_k \in D_k(x_k, y_k)} \{p_k(u_k) f_{k+1}(x_k - u_k c_k, y_k - u_k w_k)\}, k = n, n-1, \cdots, 1 \\ f_{n+1}(x_{n+1}, y_{n+1}) = 1 \end{cases}$$

边界条件为 1，这是因为 x_{n+1}、y_{n+1} 均为零，装置根本不工作，故可靠性为 1。最后计算得 $f_1(c,w)$ 即为所求问题的最大可靠性。

这个问题的特点是指标函数为连乘形式，而不是连加形式，但仍满足可分离性和递推关系；边界条件是 1 而不是 0。这些特点是由研究对象的特性所决定的。另外，这里可靠性 $p_i(u_i)$ 是 u_i 的严格单调递增函数，而且 $p_i(u_i) \leq 1$。

在这个问题中，如果静态规划模型的约束条件增加为 3 个，例如，要求总体积不超过 v，则状态变量取三维变量 (x_k, y_k, z_k)。这就说明静态规划问题的约束条件增加时，对应的动态规划状态变量的维数也需要增加，而决策变量的维数可以不变。

例 7.6 某厂设计一种电子设备，由三种元件 D_1，D_2，D_3 组成，已知这三种元件的价格及可靠性见表 7-13。要求在设计中所使用元件的费用不超过 105 元，如何设计可使设备的可靠性达到最大？

表 7-13 三种元件的价格及可靠性

元件	单价（u_k）/元	可靠性
D_1	30	0.9
D_2	15	0.8
D_3	20	0.5

解：

用动态规划的逆序解法求解模型，过程如下。

阶段 k：按元件类型将问题分为三个阶段，$k=1,2,3$。

状态变量 s_k：表示能容许用在元件 D_k 至元件 D_3 的总费用。

决策变量 x_k：表示在元件 D_k 上的并联个数。

状态转移方程：$s_{k+1} = s_k - u_k x_k$

p_k 表示一个元件 D_k 正常工作的概率，则（$1-p_k$）为 x_k 个元件 D_k 不能正常工作的概率。令最优指标函数 $f_k(s_k)$ 表示由状态 s_k 开始从元件 D_k 至元件 D_3 组成的系统的最大可靠性。因而有

$$\begin{cases} f_k(s_k) = \max_{1 \leq x_k \leq [s_k/u_k] \text{且为整数}} \{[1-(1-p_k)^{x_k}] f_{k+1}(s_{k+1})\}, k=1,2,3 \\ f_4(s_4) = 1 \end{cases}$$

由于 $s_1=105$，故此问题为求出 f_1（105）即可。

(1) 当 $k=3$ 时，要确保 3 种元件每种至少有 1 个，故 $20 \leqslant s_3 \leqslant 105-30-15$。

$$f_3(60) = \max_{1 \leqslant x_3 \leqslant 3}[1-(0.5)^{x_3}] = \max\{0.5, 0.75, 0.875\} = 0.875$$

$$f_3(45) = \max_{1 \leqslant x_3 \leqslant 2}\{0.5, 0.75\} = 0.75$$

$$f_3(30) = 0.5$$

当 $k=3$ 时，s_3 的集合如表 7-14 所示。

表 7-14 当 $k=3$ 时

s_3	30	45		60		
x_3	1	1	2	1	2	3
$p_3 f_4$	0.5	0.5	$1-0.5^2$	0.5	$1-0.5^2$	$1-0.5^3$
$f_3(s_3)$	0.5	0.75		0.875		
x_3^*	1	2		3		

(2) 当 $k=2$ 时，要确保 3 种元件每种至少有 1 个，故 $35 \leqslant s_2 \leqslant 105-30$。

$$f_2(75) = \max_{1 \leqslant x_2 \leqslant 4}\{[1-(1-0.8)^{x_2}]f_3(75-15x_2)\}$$

$$= \max_{1 \leqslant x_2 \leqslant 4}\{0.8f_3(60), 0.96f_3(45), 0.992f_3(30), 0.9984f_3(15)\}$$

$$= \max\{0.8 \times 0.875, 0.96 \times 0.75, 0.992 \times 0.5, 0.9984 \times 0\}$$

$$= \max\{0.7, 0.72, 0.496, 0\}$$

$$= 0.72$$

同理

$$f_2(45) = \max_{1 \leqslant x \leqslant 2}\{0.8f_3(30), 0.96f_3(15)\}$$

$$= \max\{0.4, 0\}$$

$$= 0.4$$

当 $k=2$ 时，s_2 的集合如表 7-15 所示。

表 7-15 当 $k=2$ 时

s_2	45	75		
x_2	1	1	2	3
$p_2 f_3$	0.8×0.5	0.8×0.875	$(1-0.2^2) \times 0.75$	$(1-0.2^3) \times 0.75$
$f_2(s_2)$	0.4	0.72		
x_2^*	1	2		

（3）当 $k=1$ 时，$s_1=105$，要确保 3 种元件每种至少有 1 个，故 $1 \leqslant x_1 \leqslant [105-15-20]/30 = 2$。

$$f_1(105) = \max_{1 \leqslant x_1 \leqslant 2} \{[1-(0.1)^{x_1}]f_2(10.5-30x_1)\}$$
$$= \max\{0.9 f_{2(75)}, 0.99 f_{2(45)}, 0.999 f_{2(15)}\}$$
$$= 0.648$$

当 $k=1$ 时，s_1 的集合如表 7-16 所示。

表 7-16 当 $k=1$ 时

s_1	105	
x_1	1	2
$p_1 f_2$	0.9×0.72	(1−0.1²)×0.4
$f_1(s_1)$	0.648	
x_1^*	1	

所以得 $x_1=1$，$x_2=2$，$x_3=2$ 为最优方案，即元件 D_1 用 1 个，元件 D_2 用 2 个，元件 D_3 用 2 个，其总费用为 100 元，设备最大可靠性为 0.648。

7.3 习题

1. 某企业计划委派 10 名推销员到 4 个地区推销产品，每个地区分配 1～4 名推销员。各地区月收益（单位：万元）与推销员人数的关系如表 7-17 所示。企业应如何分配 4 个地区的推销人员可使月总收益最大？

表 7-17 各地区月收益与推销员人数关系

单位：万元

人数	地区			
	A	B	C	D
1	40	50	60	70
2	70	120	200	240
3	180	230	230	260
4	240	240	270	300

2. 某工厂生产 3 种产品，各种产品的质量与利润如表 7-18 所示。现将 3 种产品运往市场出售，运输能力总量超过 10t，问如何安排运输使得利润最大？

表7-18 各种产品的质量和利润

种类	单件质量/t	单件利润/元
1	2	100
2	3	140
3	4	180

3. 现有一家面粉加工厂,每星期上五天班。生产成本和需求量见表7-19。面粉加工没有生产固定成本,每袋面粉的存储费为 h_k=0.5元,按天交货,分别比较下列两种方案的最优性,求成本最小的方案。

(1)星期一早上和星期五晚上的存储量为零,不允许缺货,仓库容量为 S=40袋。

(2)其他条件不变,星期一库存量为8袋。

表7-19 生产成本和需求量

星期(k)	1	2	3	4	5
需求量(d_k)/袋	10	20	25	30	30
每袋生产成本(C_k)/元	8	6	9	12	10

4. 用动态规划求解下列线性规划问题。

$$\max z = 2x_1 + 4x_2$$

$$\text{s.t.} \begin{cases} 2x_1 + x_2 \leq 6 \\ x_1 \leq 2 \\ x_2 \leq 4 \\ x_1, x_2 \geq 0 \end{cases}$$

5. 用动态规划求解下列非线性规划问题。

(1) $\max z = 4x_1^2 - x_2^2 + 2x_3^2$

$$\text{s.t.} \begin{cases} 3x_1 + 2x_2 + x_3 = 9 \\ x_1, x_2, x_3 \geq 0 \end{cases}$$

(2) $\max z = x_1 x_2 \cdots x_n$

$$\text{s.t.} \begin{cases} x_1 + x_2 + \cdots + x_n = c, \text{其中} c \geq 0 \\ x_1, x_2, \cdots, x_n \geq 0 \end{cases}$$

第8章
图与网络优化

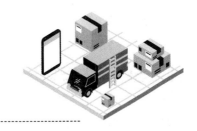

图论是应用十分广泛的运筹学分支,它已广泛地应用在物理学、化学、控制论、信息论、科学管理、电子计算机等各个领域。图论中的图是由若干给定的点及连接两点的线所构成的图形,这种图形通常用来描述某些事物之间的某种特定关系,用点代表事物,用连接两点的线表示相应两个事物间具有的关系。

在实际生活、生产和科学研究中,很多问题都可以用图论的理论和方法来解决。例如,在组织生产中,为完成某项生产任务,各工序之间怎样衔接,才能使生产任务完成得既快又好;又如,一个邮递员送信,要走完他负责投递的全部街道,完成任务后回到邮局,应该按照怎样的路线走,所走的路程才能最短;再如,各种通信网络的合理架设,交通网络的合理分布等问题,应用图论的方法求解都很简便。

欧拉利用图论思想解决了哥尼斯堡七桥问题,如图8-1(a)所示。哥尼斯堡城中有一条河,河中有两个岛,两岸与两岛间有七座桥。有人提出这样的问题:一位步行者怎样才能不重复、不遗漏地一次走完七座桥,最后回到出发点。

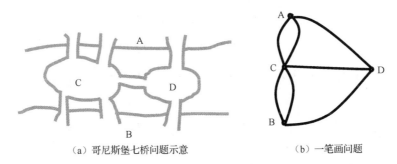

(a)哥尼斯堡七桥问题示意　　　　(b)一笔画问题

图8-1　哥尼斯堡七桥问题

欧拉将此问题归结为图8-1(b)所示的图形一笔画问题,并证明了从某一点开始,不重复地一笔画出这个图形,最后回到出发点是不可能的,因为图8-1(b)中的每个点都只与奇数条线相关联,不可能将这个图不重复地一笔画成。这是古典图论中的一个著名问题。

随着科学技术的发展以及电子计算机的出现与广泛应用，20 世纪 50 年代，图论得到进一步发展，将庞大复杂的工程系统和管理问题用图描述，可以解决很多工程设计和管理决策的最优化问题，如完成工程任务的时间最少、距离最短、费用最低等问题。图论越来越受到数学、工程技术及经营管理等各个领域的广泛重视。

8.1 图的基本概念

8.1.1 图的定义

若用点表示研究的对象、用边表示这些对象之间的联系，则图 G 可以定义为点 V 和边 E 的集合，记作 $G=(V,E)$。

图 G 区别于几何学中的图，这里只关心图中有多少个点以及哪些点之间有连线，一般情况下，图中点的相对位置如何、点与点之间连线的长短曲直，对于反映对象之间的关系并不重要。

图论中的图示例，如图 8-2 所示。

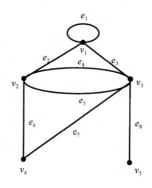

图 8-2 图论中的图示例

图中的点用 v 表示，边用 e 表示。对每条边可用它所连接的点表示，记作：$e_1=[v_1,v_1]$，$e_2=[v_1,v_2]$。

$$V=\{v_1,v_2,v_3,v_4,v_5\}, \quad E=\{e_1,e_2,e_3,e_4,e_5,e_6,e_7,e_8\}$$

（1）端点、关联边、相邻。

若有边 e，$e=[v_i,v_j]\in E$，称 v_i 和 v_j 是边 e 的端点，称边 e 为点 v_i 或 v_j 的关联边。若点 v_i、v_j 与同一条边关联，称点 v_i 和 v_j 相邻；若边 e_i 和 e_j 具有公共的端点，称边 e_i 和 e_j 相邻。

（2）无向边与无向图。

若图中任一条边的端点无序，即 (v_i,v_j) 与 (v_j,v_i) 是同一条边，则称它为无向边，此时图称为无向图，如图 8-3 所示。

（3）有向图。

若图中边 (v_i, v_j) 的端点是有序的，则称它是有向边（或弧），v_i 与 v_j 分别称为这条有向边的始点和终点，相应的图称为有向图，如图 8-4 所示。

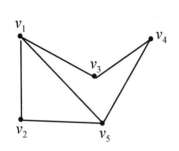

图 8-3　无向图　　　　　　　　图 8-4　有向图

（4）环、多重边。

如果边 e 的两个端点相重叠，称该边为环，如图 8-5 中的边 e_1 为环。如果两个点之间有多于一条的关联边，则称这两个点具有多重边，如图 8-5 中的边 e_4 和 e_5。

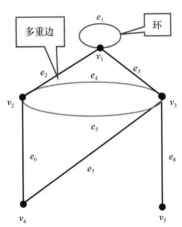

图 8-5　环、多重边示例

（5）简单图、多重图。

简单图：由一些顶点和连接这些顶点的边所组成，并且每对顶点之间只能存在一条边。所以通常会用 $G = (V, E)$ 来表示一个简单图。简单图也称无向图。无环、无多重边的图也称简单图［图 8-6（a）和图 8-6（b）］。

多重图：含多重边的图称为多重图，如图 8-6（c）和图 8-6（d）所示。

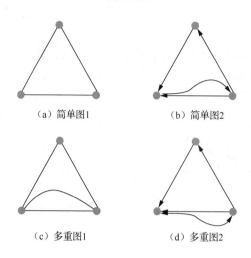

(a) 简单图1　　(b) 简单图2

(c) 多重图1　　(d) 多重图2

图 8-6　简单图、多重图判断

(6) 次奇点、偶点、悬挂点、悬挂边。

与某个端点 v 关联的边的个数，称为次，记为 $d(v)$，次为奇数的点称为奇点，否则为偶点。次为 1 的点称为悬挂点，悬挂点的关联边称为悬挂边，次为零的点称为孤立点，如图 8-7 所示。

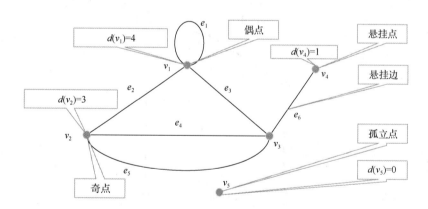

图 8-7　图中各种点示例

在有向图中，以点 v 为始点的边数称为节点 v 的出次，记为 $d^+(v)$；以 v 为终点的边数称为 v 的入次，记为 $d^-(v)$。节点 v 的出次与入次的和称为点 v 的次。

图 $G=(V,E)$，若 E' 是 E 的子集，V' 是 V 的子集，且 E' 中的边仅与 V' 中的节点相关联，则称 $G=(V',E')$ 为图 G 的一个子图，若 $V'=V$，则称 G' 为 G 的一个生成子图（支撑子图）。

(1) 子图，生成子图（支撑子图）。

图 8-8（a）中 $G_1=\{V_1、E_1\}$、图 8-8（b）中 $G_2=\{V_2, E_2\}$，如果 $V_1 \subseteq V_2$，$E_1 \subseteq E_2$，

则称 G_1 是 G_2 的一个子图。若 $V_1 = V_2$，$E_1 \subseteq E_2$，则称 G_3 是 G_2 的一个生成子图［支撑子图，图 8-8（c）］。

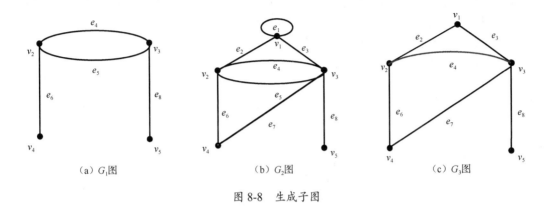

图 8-8　生成子图

（2）网络（赋权图）。

设图 8-9 中 $G=(V, E)$，对 G 的每一条边(v_i, v_j)相应赋予数量指标 w_{ij}，w_{ij} 称为边(v_i, v_j)的权，赋予权的图 G 称为网络（赋权图）。权可以代表距离、费用、通过能力（容量）等。

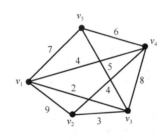

图 8-9　赋权图

端点无序的赋权图称为无向网络，端点有序的赋权图称为有向网络（图 8-10）。

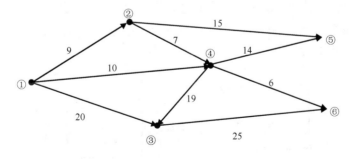

图 8-10　有向网络

（3）链。

无向图中一个点、边交错的序列，序列中的第一个和最后一个元素都是点，若其中每条边以序列中位于它之前和之后的点为端点，则称这个点、边序列为图中连接其第一个点与最后一个点的链。链中所含的边数称为链长。

简单链：没有重复边，如图8-11所示。

初等链：既无重复边也无重复点。对有向图可类似定义链，如果各边方向一致，则称为道路。

$$\mu = v_0, e_1, v_1, L, e_k, v_k$$

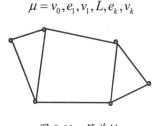

图 8-11　简单链

（4）圈。

若在无向图中，一条链的第一个点与最后一个点重合，则称这条链为圈。只有重复点而无重复边的圈为简单圈，既无重复点又无重复边的圈为初等圈，如图8-12所示；否则为非简单圈，如图8-13所示。

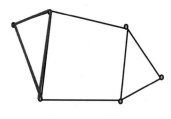

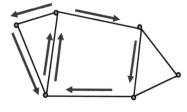

图 8-12　初等圈　　　　　图 8-13　非简单圈

（5）连通图。

一个图中任意两点间至少有一条链相连，则称此图为连通图，如图8-14（a）所示。任何一个非连通图[图8-14（b）]总可以分为若干个连通子图，每一个连通子图称为原图的一个分图（连通分支）。

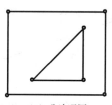

（a）连通图　　　　　（b）非连通图

图 8-14　连通图

定理 8.1：任何图中，节点次数之和等于所有边数的 2 倍。

证明：由于每条边必与两个节点关联，在计算点的次时，每条边均被计算了两次，所以节点次数的总和等于所有边数的 2 倍。

定理 8.2：任何图中，次为奇数的节点必为偶数。

证明：设 V_1 和 V_2 分别为图 G 中奇点与偶点的集合。由定理 8.1 可得

$$\sum_{v\in V_1}d(v)+\sum_{v\in V_2}d(v)=\sum_{v\in V}d(v)=2m \qquad (8.1)$$

因为 $2m$ 为偶数，且偶点的次之和 $\sum_{v\in V_2}d(v)$ 也为偶数，所以 $\sum_{v\in V_1}d(v)$ 必为偶数，即奇数点的个数必为偶数。

8.1.2 图的矩阵表示

在计算机中存储一个图最基本的方法是采用矩阵来表示一个图，图的矩阵表示又分为邻接矩阵、关联矩阵、权矩阵等。

1. 邻接矩阵

对于图 $G=(V,E)$，$|V|=n$，$|E|=m$，有 $n\times n$ 阶方矩阵 $A=(a_{ij})_{n\times n}$，其中

$$a_{ij}=\begin{cases}1,(v_i,v_j)\in E\\0,\text{其他}\end{cases} \qquad (8.2)$$

图 8-15 所示的邻接矩阵构造图可以构造表 8-1 所示的邻接矩阵表。

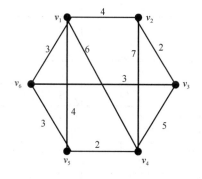

图 8-15　邻接矩阵构造图

表 8-1　邻接矩阵表

节点	v_1	v_2	v_3	v_4	v_5	v_6
v_1	0	1	0	1	1	1
v_2	1	0	1	1	0	0
v_3	0	1	0	1	0	1
v_4	1	1	1	0	1	0
v_5	1	0	0	1	0	1
v_6	1	0	1	0	1	0

2. 关联矩阵

对于图 $G=(V,E)$，$|V|=n$，$|E|=m$，有 $m\times n$ 阶矩阵 $M=(m_{ij})_{m\times n}$。

其中：

$$m_{ij}=\begin{cases}1,\text{当且仅当点}v_i\text{是边}e_j\text{的一个端点}\\0,\text{其他}\end{cases} \tag{8.3}$$

图 8-16 所示的关联矩阵构造图可以构造表 8-2 所示的关联矩阵表。

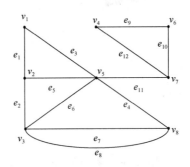

图 8-16 关联矩阵构造图

表 8-2 关联矩阵表

	e_1	e_2	e_3	e_4	e_5	e_6	e_7	e_8	e_9	e_{10}	e_{11}	e_{12}
v_1	1	0	1	0	0	0	0	0	0	0	0	0
v_2	1	1	0	0	1	0	0	0	0	0	0	0
v_3	0	1	0	0	0	1	1	1	0	0	0	0
v_4	0	0	0	0	0	0	0	0	1	0	0	1
v_5	0	0	1	1	1	1	0	0	0	0	1	0
v_6	0	0	0	0	0	0	0	0	1	1	0	0
v_7	0	0	0	0	0	0	0	0	0	1	1	1
v_8	0	0	0	1	0	0	1	1	0	0	0	0

3. 权矩阵

对于图 $G=(V,E)$，其中边 (v_i,v_j) 有权 w_{ij}，构造矩阵 $B=(b_{ij})_{n\times n}$。

其中：

$$b_{ij}=\begin{cases}w_{ij},(v_i,v_j)\in E\\0,(v_i,v_j)\notin E\end{cases} \tag{8.4}$$

图 8-17 所示的权矩阵构造图可以构造表 8-3 所示的权矩阵表。

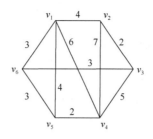

图 8-17　权矩阵构造图

表 8-3　权矩阵表

	v_1	v_2	v_3	v_4	v_5	v_6
v_1	0	4	0	6	4	3
v_2	4	0	2	7	0	0
v_3	0	2	0	5	0	3
v_4	6	7	5	0	2	0
v_5	4	0	0	2	0	3
v_6	3	0	3	0	3	0

8.2　树

连通且不含圈的无向图称为树。树中次为 1 的点称为树叶，次大于 1 的点称为分枝点。

8.2.1　树的性质

定理 8.3：对于图 $G=(V,E)$，$|V|=n$，$|E|=m$，则下列关于树的说法是等价的。
（1）在树中，任意两点之间必有一条且仅有一条链，如图 8-18 所示。
（2）在树中去掉任意一条边，则树构不成连通图，并且 $q(G)=P(G)-1$，如图 8-19 所示。
（3）在树中任意两点间添加一条边就得到唯一的一个圈，且恰有 $P+1$ 条边，如图 8-20 所示。
（4）在树中，至少有两个悬挂点。

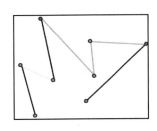 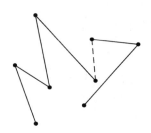 

图 8-18　树中的链　　　图 8-19　去掉任意一条边的图　　　图 8-20　两点间添加一条边得到的图

8.2.2　支撑树的概念

若图 G 的部分图是一棵树，则称该树为图 G 的支撑树（生成树），或称为图 G 的树。

定理 8.4：图 G 有支撑树的充分必要条件是图 G 是连通的，如图 8-21 所示。

 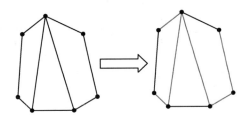

图 8-21　支撑树

定义：连通图 $G=(V,E)$，每条边上有非负权 w_{ij}，一棵支撑树上各边的权之和称为这棵支撑树的权，具有最小权的支撑树称为最小支撑树，简称最小树。

例如，如何用造价最省的电话线网将各有关单位的电话线路连起来的问题，就可以归结为求最小支撑树的问题。图 8-22 所示为非最小支撑树。

 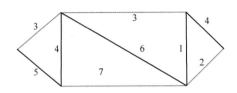

图 8-22　非最小支撑树

8.2.3 最小支撑树的解法

最小支撑树的解法常用的有：避圈法和破圈法。

（1）避圈法。这种方法是每一步从图 8-23 中挑选一条边，满足：①它与已经选出的边不构成圈；②它是满足条件①的权最小的边，直至选够 $n-1$ 条边。

解：

① 从图 8-23 中找出权重最小的边 (v_1, v_4)，然后去点边 (v_1, v_4)，如图 8-24 所示。

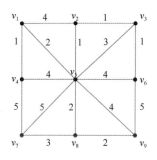
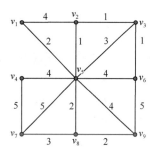

图 8-23　避圈法示例图　　　　图 8-24　去点边 (v_1, v_4)

② 从图 8-24 中找出权重最小的边且与已去掉的边不构成圈，即 (v_2, v_5)，然后去点边 (v_2, v_5)，如图 8-25 所示。

③ 从图 8-25 中找出权重最小的边且与已去掉的边不构成圈，即 (v_2, v_3)，然后去点边 (v_2, v_3)，如图 8-26 所示。

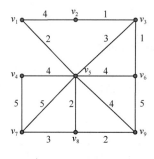
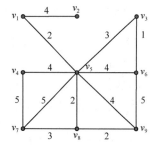

图 8-25　去点边 (v_2, v_5)　　　　图 8-26　去点边 (v_2, v_3)

④ 从图 8-26 中找出权重最小的边且与已去掉的边不构成圈，即 (v_3, v_6)，然后去点边 (v_3, v_6)，如图 8-27 所示。

⑤ 从图 8-27 中找出权重最小的边且与已去掉的边不构成圈，即 (v_1, v_5)，然后去点边 (v_1, v_5)，如图 8-28 所示。

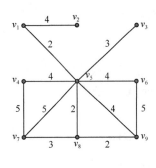

图 8-27 去点边 (v_3, v_6)

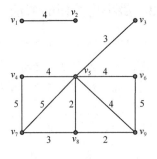

图 8-28 去点边 (v_1, v_5)

⑥ 从图 8-28 中找出权重最小的边且与已去掉的边不构成圈，即 (v_5, v_8)，然后去点边 (v_5, v_8)，如图 8-29 所示。

⑦ 从图 8-29 中找出权重最小的边且与已去掉的边不构成圈，即 (v_8, v_9)，然后去点边 (v_8, v_9)，如图 8-30 所示。

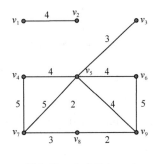

图 8-29 去点边 (v_5, v_8)

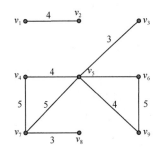

图 8-30 去点边 (v_8, v_9)

⑧ 从图 8-30 中找出权重最小的边且与已去掉的边不构成圈，即 (v_7, v_8)，然后去点边 (v_7, v_8)，如图 8-31 所示。

此时，权重最小的边为 (v_3, v_5)，该边与已选出的边构成圈，则中止。已选出的这些边构成最小支撑树，如图 8-32 所示。

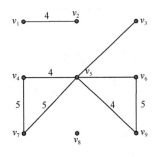

图 8-31 去点边 (v_7, v_8)

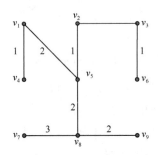

图 8-32 最小支撑树

（2）破圈法。这种方法是每一步从图 8-23 中任选一个圈，然后去掉该圈中权最大的边，直至图中没有圈。

解：

① 在图 8-23 中找到一个圈(v_1, v_2, v_5)，找到该圈中权数最大的边$[v_1, v_2]$，去点边$[v_1, v_2]$，如图 8-33 所示。

② 在图 8-33 中找到一个圈(v_2, v_3, v_5)，找到该圈中权数最大的边$[v_3, v_5]$，去点边$[v_3, v_5]$，如图 8-34 所示。

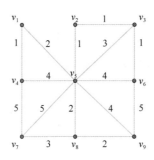
图 8-33　去点边$[v_1, v_2]$

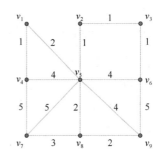
图 8-34　去点边$[v_3, v_5]$

③ 在图 8-34 中找到一个圈(v_1, v_4, v_5)，找到该圈中权数最大的边$[v_4, v_5]$，去点边$[v_4, v_5]$，如图 8-35 所示。

④ 在图 8-35 中找到一个圈(v_5, v_7, v_8)，找到该圈中权数最大的边$[v_5, v_7]$，去点边$[v_5, v_7]$，如图 8-36 所示。

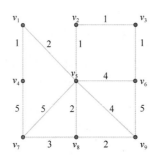
图 8-35　去点边$[v_4, v_5]$

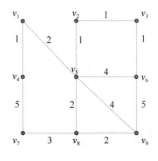
图 8-36　去点边$[v_5, v_7]$

⑤ 在图 8-36 中找到一个圈$(v_1, v_4, v_7, v_8, v_5)$，找到该圈中权数最大的边$[v_4, v_7]$，去点边$[v_4, v_7]$，如图 8-37 所示。

⑥ 在图 8-37 中找到一个圈(v_5, v_8, v_9)，找到该圈中权数最大的边$[v_5, v_9]$，去点边$[v_5, v_9]$，如图 8-38 所示。

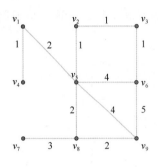
图 8-37 去点边 $[v_4, v_7]$

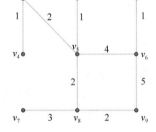
图 8-38 去点边 $[v_5, v_9]$

⑦ 在图 8-38 中找到一个圈 (v_2, v_5, v_6, v_3)，找到该圈中权数最大的边 $[v_5, v_6]$，去点边 $[v_5, v_6]$，如图 8-39 所示。

⑧ 在图 8-39 中找到一个圈 $(v_2, v_3, v_6, v_9, v_8, v_5)$，找到该圈中权数最大的边 $[v_6, v_9]$，去点边 $[v_6, v_9]$，如图 8-40 所示。

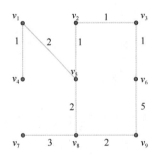
图 8-39 去点边 $[v_5, v_6]$

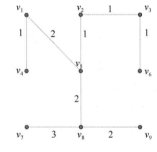
图 8-40 去点边 $[v_6, v_9]$

此时，图 8-40 中已无圈，剩余所有的边构成了最小支撑树。最终，避圈法和破圈法的结果一致。

8.3 最短路问题

8.3.1 问题的提出

如何用最短的路线将三部电话连接起来？此问题可抽象为设 $\triangle ABC$ 为等边三角形，如图 8-41 所示，连接三个顶点的路线（称为网络）。这种网络有许多种，其中最短路线是两边之和（如 $AB+AC$）。

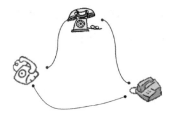
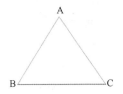

图 8-41　等边三角形最短路问题

但若增加一个周转站（新点 P），连接四个点的新网络的最短路线为 $n = PA + PB + PC$，如图 8-42 所示。最短新路线的长度 n 比原来只有三个点的最短路线要短。这样得到的网络不仅比原来的节省材料，而且稳定性也更好。

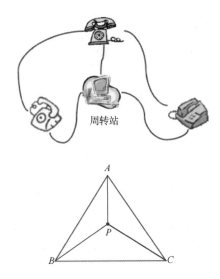

图 8-42　增加一个周转站后的最短路线

问题描述：从给定的网络图中找出一点到各点或任意两点之间距离最短的一条路。

选址、管道铺设时的选线、设备更新、投资、某些整数规划和动态规划等问题，也可以归结为求最短路问题。

8.3.2　最短路算法

1. Dijkstra算法

（1）求解思路：从起点出发，逐步顺序地向外探寻，每向外延伸一步都要求路径是最短的。

（2）使用条件：网络中所有的弧的权均为非负，即 $w_{ij} \geq 0$。

（3）选用符号的意义。

① P 标号 [Permanent（固定/永久性）标号]：从起点到该标号点的最短路权。
② T 标号 [Temporary（临时性）标号]：从起点到该标号点的最短路权上界。
（4）计算步骤及示例。
① 给起点 v_s 标上固定标号 $P(v_s)=0$，其余各点标临时性标号 $T(v_j)=\infty$，$j\neq 1$。
② 假定 v_i 是新产生的固定标号点，对所有与 v_i 相邻的节点 v_k，若 v_k 是 P 标号点，则对 v_k 点不再进行标号；若 v_k 点是 T 标号点，则进行如下修改：

$$T(v_k)=\min[T(v_k),P(v_i)+w_{ik}]$$

其中，等号右侧的 $T(v_k)$ 代表 v_k 点上一步的 T 标号值。
③ 在现有 T 标号中找出最小者修改为 P 标号 $P(v_k)=\min\limits_{v_j\in s}[T(v_j)]$，其中，$j$ 为所有的 T 标号点集合，转入步骤②。

重复以上的步骤，直到终点的 T 标号改为 P 标号。

例 8.1 用 Dijkstra 算法求图 8-43 中从 v_1 到 v_6 的最短路线。

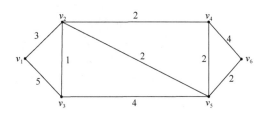

图 8-43 例 8.1 示例图

解：（1）将 v_1 作为 P 标号，其余所有点为 T 标号，如图 8-44 所示。

$$P(v_1)=0,T(v_i)=+\infty(i=2,3,\cdots,6)$$

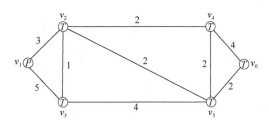

图 8-44 将 v_1 作为 P 标号

（2）修改与顶点 v_1 直接相连而又属于 T 标号点，如图 8-45 所示。

$$T(v_2)=\min\{T(v_2),P(v_1)+w_{12}\}=\min\{+\infty,0+3\}=3$$
$$T(v_3)=\min\{T(v_3),P(v_1)+w_{13}\}=\min\{+\infty,0+5\}=5$$
$$\min\limits_{v_j\in s}\{T(v_j)\}=\min\{T(v_2),T(v_3),T(v_4),T(v_5),T(v_6)\}=T(v_2)=3$$

因此，$P(v_2)=3$。

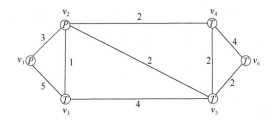

图 8-45　修改与 v_1 直接相连的 T 标号点

（3）修改与 v_2 直接相连而又属于 T 标号的点，如图 8-46 所示。

$$T(v_3) = \min\{T(v_3), P(v_2) + w_{23}\} = \min\{5, 3+1\} = 4$$
$$T(v_4) = \min\{T(v_4), P(v_2) + w_{24}\} = \min\{+\infty, 3+2\} = 5$$
$$T(v_5) = \min\{T(v_5), P(v_2) + w_{25}\} = \min\{+\infty, 3+2\} = 5$$
$$\min_{v_j \in s}\{T(v_j)\} = \min\{T(v_3), T(v_4), T(v_5), T(v_6)\} = T(v_3) = 4$$

因此，$P(v_3) = 4$。

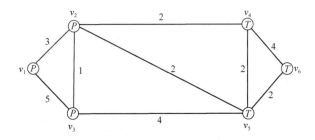

图 8-46　修改与 v_2 直接相连的 T 标号点

（4）修改与 v_3 直接相连而又属于 T 标号的点，如图 8-47 所示。

$$T(v_5) = \min\{T(v_5), P(v_3) + w_{35}\} = \min\{5, 4+4\} = 5$$
$$\min_{v_j \in s}\{T(v_j)\} = \min\{T(v_4), T(v_5), T(v_6)\} = T(v_4) = T(v_5) = 5$$

因此，$P(v_4) = 5$，$P(v_5) = 5$。

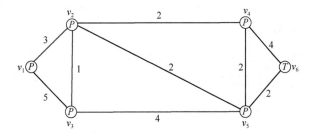

图 8-47　修改与 v_3 直接相连的 T 标号点

（5）修改与 v_4、v_5 直接相连而又属于 T 标号的点，如图 8-48 所示。

$$\{T(v_6)\} = \min\{T(v_6), T(v_4) + w_{46}, T(v_5) + w_{56}\} = \min\{+\infty, 5+4, 5+2\} = 7$$

$$\min_{v_j \in S}\{T(v_j)\} = \min\{T(v_6)\} = 7$$

因此，$P(v_6) = 7$。

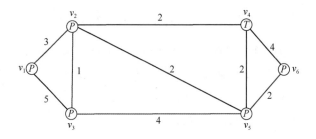

图 8-48 修改与 v_4、v_5 直接相连的 T 标号点

通过反向追踪可得 v_1 到 v_6 的最短路线为 $v_1 \rightarrow v_2 \rightarrow v_5 \rightarrow v_6$。

例 8.2 求图 8-49 中从①到⑧的最短路线。

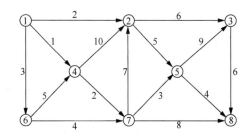

图 8-49 例 8.2 示例图

解：（1）$P = \{1\}$，与点①相邻的 T 标号点为②、④、⑥，故可选路线分别为 d_{12}、d_{14}、d_{16}，如图 8-50 所示。

$$\min\{d_{12}, d_{14}, d_{16}\} = \min\{0+2, 0+1, 0+3\} = 1$$

得 $P = \{1, 4\}$，$P_4 = 1$ 为最短路线。

（2）$P = \{1, 4\}$，与①、④相邻且仍为 T 标号点的是②、⑥、⑦，可选路线分别为 d_{12}、d_{16}、d_{42}、d_{47}，如图 8-51 所示。

$$\min\{d_{12}, d_{16}, d_{42}, d_{47}\} = \min\{0+2, 0+3, 1+10, 1+2\} = 2$$

得 $P = \{1, 2, 4\}$，$P_2 = 2$ 为最短路线。

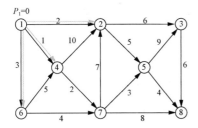
图 8-50　$P=\{1\}$ 时的可选路线

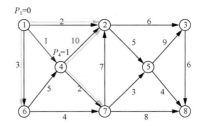
图 8-51　$P=\{1,4\}$ 时的可选路线

（3）$P=\{1,2,4\}$，与点①、②、④相邻且仍为 T 标号点的是③、⑤、⑥、⑦，可选路径分别为 d_{16}、d_{23}、d_{25}、d_{47}，如图 8-52 所示。

$$\min\{d_{16},d_{23},d_{25},d_{47}\}=\min\{0+3,2+6,2+5,1+2\}=3$$

得 $P=\{1,2,4,6\}$，$P_6=3$ 为最短路线。

（4）$P=\{1,2,4,6\}$，与点①、②、④、⑥相邻且仍为 T 标号点的是③、⑤、⑦，可选路线分别为 d_{23}、d_{25}、d_{47}、d_{67}，如图 8-53 所示。

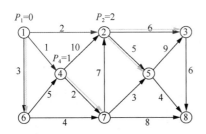
图 8-52　$P=\{1,2,4\}$ 时的可选路线

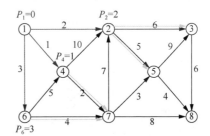
图 8-53　$P=\{1,2,4,6\}$ 时的可选路线

$$\min\{d_{23},d_{25},d_{47},d_{67}\}=\min\{2+6,2+5,1+2,3+4\}=3$$

得 $P=\{1,2,4,6,7\}$，$P_7=3$ 为最短路线。

（5）$P=\{1,2,4,6,7\}$，与点①、②、④、⑥、⑦相邻且仍为 T 标号点的是③、⑤、⑧，可选路线分别为 d_{23}、d_{25}、d_{75}、d_{78}，如图 8-54 所示。

$$\min\{d_{23},d_{25},d_{75},d_{78}\}=\min\{2+6,2+5,3+3,3+8\}=6$$

得 $P=\{1,2,4,5,6,7\}$，$P_5=6$ 为最短路线。

（6）$P=\{1,2,4,5,6,7\}$，与①、②、④、⑤、⑥、⑦相邻且仍为 T 标号点的是③、⑧，可选路线分别为 d_{23}、d_{53}、d_{58}、d_{78}，如图 8-55 所示。

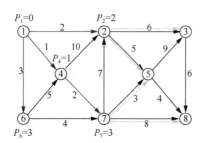 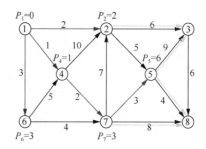

图 8-54　$P=\{1,2,4,6,7\}$ 时的可选路线　　　图 8-55　$P=\{1,2,4,5,6,7\}$ 时的可选路线

$$\min\{d_{23},d_{53},d_{58},d_{78}\}=\min\{2+6,6+9,6+4,3+8\}=8$$

得 $P=\{1,2,3,4,5,6,7\}$，$P_3=8$ 为最短路线。

（7）$P=\{1,2,3,4,5,6,7\}$，仅点⑧为 T 标号点，可选路线分别为 d_{38}、d_{58}、d_{78}，如图 8-56 所示。

$$\min\{d_{38},d_{58},d_{78}\}=\min\{8+6,6+4,3+8\}=10$$

得 $P=\{1,2,3,4,5,6,7,8\}$，$P_8=10$ 为最短路线。

（8）$P=\{1,2,3,4,5,6,7,8\}$，已找完所有最短路线，如图 8-57 所示。

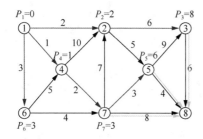 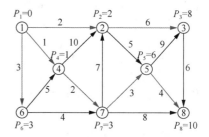

图 8-56　$P=\{1,2,3,4,5,6,7\}$ 时的可选路线　　　图 8-57　$P=\{1,2,3,4,5,6,7,8\}$ 时的所有可选路线

因此，①到⑧的最短路线为 $P=\{1,4,7,5,8\}$，长度为 $d_{14}+d_{47}+d_{75}+d_{58}=1+2+3+4=10$。

2．逐次逼近算法

求解思路：从起点到终点的最短路，总沿着该路从点 v_1 先到某一点 v_i，然后沿着边 (v_i,v_j) 到达 v_j，如果 v_1 到 v_j 是最短路，则 v_1 到 v_i 也是最短路，即

$$P_{1j}=\min_{i}(P_{1i}+l_{ij}) \tag{8.5}$$

求指定点 v_1 到其他任意点 v_T 的最短路（边的权可以为负）。

操作步骤如下。

① 令 $P_{1j}^{(1)}=l_{1j}(j=1,2,\cdots,n)$。 $\tag{8.6}$

② 使用迭代公式 $P_{1j}^{(k)}=\min_{i}\{P_{1i}^{(k-1)}+l_{ij}\}(k=2,3,\cdots,n)$。

③ 当进行到第 t 步时，若出现 $P_{1j}^{(k)} = P_{1j}^{(t-1)}(j=1,2,3,\cdots,n)$ 则停止，$P_{1j}^{(t)} = (j=1,2,3,\cdots,n)$ 即为 v_1 到各点的最短路。

$P_{1j}^{(k)}$ 表示 v_1 最多经过 k 条边到 v_j 的所有道路中的最短路。

例 8.3 求图 8-58 中 v_1 到其他所有点的最短路线。

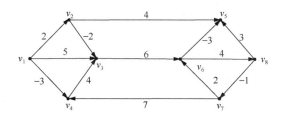

图 8-58 例 8.3 示例图

解：（1）当 $k=1$ 时，如图 8-59 所示。

$$P_{11}^{(1)} = 0, P_{12}^{(1)} = 2, P_{13}^{(1)} = 5, P_{14}^{(1)} = -3, P_{15}^{(1)} = P_{16}^{(1)} = P_{17}^{(1)} = P_{18}^{(1)} = +\infty$$

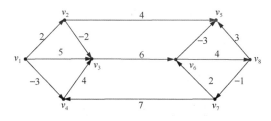

图 8-59 当 $k=1$ 时，v_1 到各点的最短距路线

（2）当 $k=2$ 时，如图 8-60 所示。

$P_{11}^{(2)} = 0, P_{12}^{(2)} = 2$

$P_{13}^{(2)} = \min\left\{P_{11}^{(1)} + l_{13}, P_{12}^{(1)} + l_{23}, P_{14}^{(1)} + l_{43}\right\} = \min\{0+5, 2+(-2), -3+4\} = 0$

$P_{14}^{(2)} = \min\left\{P_{11}^{(1)} + l_{14}, P_{17}^{(1)} + l_{74}\right\} = \min\{0+(-3), +\infty+7\} = -3$

$P_{15}^{(2)} = \min\left\{P_{12}^{(1)} + l_{25}, P_{16}^{(1)} + l_{65}, P_{18}^{(1)} + l_{85}\right\} = \min\{2+4, +\infty+(-3), +\infty+3\} = 6$

$P_{16}^{(2)} = \min\left\{P_{13}^{(1)} + l_{36}, P_{17}^{(1)} + l_{76}\right\} = \min\{5+6, +\infty+2\} = 11$

$P_{17}^{(2)} = \min\left\{P_{18}^{(1)} + l_{87}\right\} = +\infty$

$P_{18}^{(2)} = \min\left\{P_{16}^{(1)} + l_{68}\right\} = +\infty$

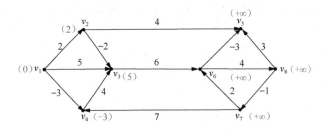

图 8-60 当 $k=2$ 时，v_1 到各点的最短路线

（3）当 $k=3$ 时，如图 8-61 所示。

$P_{11}^{(3)} = 0, P_{12}^{(3)} = 2$

$P_{13}^{(3)} = \min\{P_{11}^{(2)} + l_{13}, P_{12}^{(2)} + l_{23}, P_{14}^{(2)} + l_{43}\} = \min\{0+3, 2+(-2), -3+4\} = 0$

$P_{14}^{(3)} = \min\{P_{11}^{(2)} + l_{14}, P_{17}^{(2)} + l_{74}\} = \min\{0+(-3), +\infty+7\} = -3$

$P_{15}^{(3)} = \min\{P_{12}^{(2)} + l_{25}, P_{16}^{(2)} + l_{65}, P_{18}^{(2)} + l_{85}\} = \min\{2+4, 11+(-3), +\infty+3\} = 6$

$P_{16}^{(3)} = \min\{P_{13}^{(2)} + l_{36}, P_{17}^{(2)} + l_{76}\} = \min\{0+6, +\infty+2\} = 6$

$P_{17}^{(3)} = \min\{P_{18}^{(2)} + l_{87}\} = \min\{+\infty+(-1)\} = +\infty$

$P_{18}^{(3)} = \min\{P_{16}^{(2)} + l_{68}\} = \min\{11+4\} = 15$

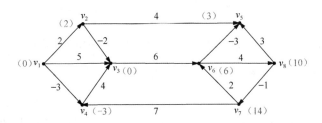

图 8-61 当 $k=3$ 时，v_1 到各点的最短路线

（4）当 $k=4$ 时，如图 8-62 所示。

$P_{11}^{(4)} = 0, P_{12}^{(4)} = 2$

$P_{13}^{(4)} = \min\{P_{11}^{(3)} + l_{13}, P_{12}^{(3)} + l_{23}, P_{14}^{(3)} + l_{43}\} = \min\{0+3, 2+(-2), -3+4\} = 0$

$P_{14}^{(4)} = \min\{P_{11}^{(3)} + l_{14}, P_{17}^{(3)} + l_{74}\} = \min\{0+(-3), +\infty+7\} = -3$

$P_{15}^{(4)} = \min\{P_{12}^{(3)} + l_{25}, P_{16}^{(3)} + l_{65}, P_{18}^{(3)} + l_{85}\} = \min\{2+4, 6+(-3), 15+3\} = 3$

$P_{16}^{(4)} = \min\{P_{13}^{(3)} + l_{36}, P_{17}^{(3)} + l_{76}\} = \min\{0+6, +\infty+2\} = 6$

$P_{17}^{(4)} = \min\{P_{18}^{(3)} + l_{87}\} = \min\{15+(-1)\} = 14$

$$P_{18}^{(4)} = \min\left\{P_{16}^{(3)} + l_{68}\right\} = \min\{6+4\} = 10$$

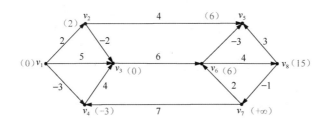

图 8-62　当 $k=4$ 时，v_1 到各点的最短路线

（5）当 $k=5$ 时，如图 8-63 所示。

$P_{11}^{(5)} = 0, P_{12}^{(5)} = 2$

$P_{13}^{(5)} = \min\left\{P_{11}^{(4)} + l_{13}, P_{12}^{(4)} + l_{23}, P_{14}^{(4)} + l_{43}\right\} = \min\{0+5, 2+(-2), -3+4\} = 0$

$P_{14}^{(5)} = \min\left\{P_{11}^{(4)} + l_{14}, P_{17}^{(4)} + l_{74}\right\} = \min\{0+(-3), +\infty+7\} = -3$

$P_{15}^{(5)} = \min\left\{P_{12}^{(4)} + l_{25}, P_{16}^{(4)} + l_{65}, P_{18}^{(4)} + l_{85}\right\} = \min\{2+4, 6+(-3), 10+3\} = 3$

$P_{16}^{(5)} = \min\left\{P_{13}^{(4)} + l_{36}, P_{17}^{(4)} + l_{76}\right\} = \min\{0+6, 14+2\} = 6$

$P_{17}^{(5)} = \min\left\{P_{18}^{(4)} + l_{87}\right\} = \min\{10+(-1)\} = 9$

$P_{18}^{(5)} = \min\left\{P_{16}^{(4)} + l_{68}\right\} = \min\{6+4\} = 10$

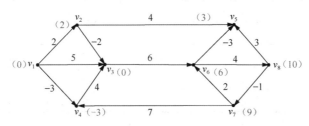

图 8-63　当 $k=5$ 时，v_1 到各点的最短路线

（6）当 $k=6$ 时，如图 8-64 所示。

$P_{11}^{(6)} = 0, P_{12}^{(6)} = 2$

$P_{13}^{(6)} = \min\left\{P_{11}^{(5)} + l_{13}, P_{12}^{(5)} + l_{23}, P_{14}^{(5)} + l_{43}\right\} = \min\{0+3, 2+(-2), -3+4\} = 0$

$P_{14}^{(6)} = \min\left\{P_{11}^{(5)} + l_{14}, P_{17}^{(5)} + l_{74}\right\} = \min\{0+(-3), +\infty+7\} = -3$

$P_{15}^{(6)} = \min\left\{P_{12}^{(5)} + l_{25}, P_{16}^{(5)} + l_{65}, P_{18}^{(5)} + l_{85}\right\} = \min\{2+4, 6+(-3), 10+3\} = 3$

$P_{16}^{(6)} = \min\left\{P_{13}^{(5)} + l_{36}, P_{17}^{(5)} + l_{76}\right\} = \min\{0+6, 14+2\} = 6$

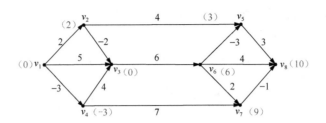

图 8-64 当 $k=6$ 时，v_1 到各点的最短路线

（7）当 $k=7$ 时，

$$P_{17}^{(6)} = \min\{P_{18}^{(5)} + l_{87}\} = 9$$

（8）当 $k=8$ 时，

$$P_{18}^{(6)} = \min\{P_{16}^{(5)} + l_{68}\} = 10$$

v_1 到各点的最短路线如表 8-4 所示。

表 8-4 最短路线

	$P_{1j}^{(1)}$	$P_{1j}^{(2)}$	$P_{1j}^{(3)}$	$P_{1j}^{(4)}$	$P_{1j}^{(5)}$	$P_{1j}^{(6)}$
v_1	0	0	0	0	0	0
v_2	2	2	2	2	2	2
v_3	5	0	0	0	0	0
v_4	−3	−3	−3	−3	−3	−3
v_5		6	6	3	3	3
v_6		11	6	6	6	6
v_7				14	9	9
v_8			15	10	10	10

逆推法推出 v_1 到 v_8 的最短路线，依次找到点 v_8，v_6，v_3，v_2，v_1。从 v_1 到 v_8 的最短路线为 $v_1 \to v_2 \to v_3 \to v_6 \to v_8$，最短路线长度为 10。

8.4 网络最大流问题

8.4.1 基本概念与基本定理

如何制订一个运输计划使产地到销地的产品输送量最大？这就是一个网络最大流问题。

(1)容量网络。

对网络上的每条弧(v_i, v_j)都给出一个最大的通过能力,称为该弧的容量,简记为C_{ij}。容量网络中通常规定一个发点(也称源点,记为v_s)和一个收点(也称汇点,记为v_t),网络中其他点称为中间点,如图 8-65 所示。

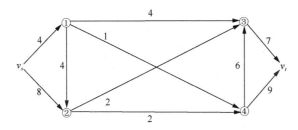

图 8-65 容量网络图

(2)网络的最大流。

网络中从发点到收点之间允许通过的最大流量。

(3)流与可行流。

流是指加在网络各条弧上的实际流量,对加在弧(v_i, v_j)上的负载量记为f_{ij}。若$f_{ij} = 0$,称为零流。

满足以下条件的一组流称为可行流。

① 容量限制条件。容量网络上所有的弧满足:$0 \leq f_{ij} \leq C_{ij}$。

② 中间点平衡条件。

$$\sum f(v_i, v_j) - \sum f(v_j, v_i) = 0 (i \neq s, t) \quad (8.7)$$

③ 若以$v(f)$表示网络中$v_s \to v_t$的流量,则有

$$v(f) = \sum f(v_s, v_j) - \sum f(v_j, v_t) = 0 \quad (8.8)$$

④ 标示方式:每条边上标示两个数字,第一个是容量,第二个是流量,如图 8-66 所示。

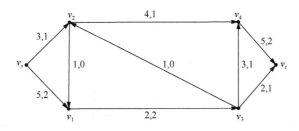

图 8-66 容量/流量网络图

结论:任何网络上一定存在可行流。(零流也是可行流)

网络最大流问题:指满足容量限制条件和中间点平衡的条件下,使$v(f)$值达到最大。

（4）饱和弧、零流弧、非饱和弧、非零流弧。

如果 $f_{ij}=C_{ij}$，从 i 到 j 的弧是饱和弧，如图 8-67（a）所示；如果 $f_{ij}<C_{ij}$，从 i 到 j 的弧是非饱和弧，如图 8-67（b）所示。

如果 $f_{ij}=0$，从 i 到 j 的弧是零流弧，如图 8-67（c）所示；如果 $f_{ij}>0$，从 i 到 j 的弧是非零流弧，如图 8-67（d）所示。

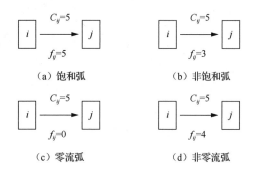

图 8-67 弧的示例

（5）链、前向弧、后向弧。

链：从发点到收点的一条路线（弧的方向不一定都同向）称为链。从发点到收点的方向规定为链的方向，如图 8-68 中箭头所指方向即为链的方向。

若 μ 是连接发点 v_s 和收点 v_t 的一条链，我们规定链的方向是从 v_s 到 v_t，则链上的弧被分成前向弧和后向弧。

前向弧：弧与链的方向一致，记为 μ^+。

后向弧：弧与链的方向相反，记为 μ^-。

设 f 是一个可行流，μ 是从 v_s 到 v_t 的一条链，若 μ 满足前向弧都是非饱和弧，后向弧都是非零流弧，则称 μ 是（可行流 f 的）一条增广链。

增广链：

在 μ^+ 上每一条弧都是非饱和弧，$0 \leqslant f_{ij} < C_{ij}$。

在 μ^- 上每一条弧都是非零流弧，$0 < f_{ij} \leqslant C_{ij}$。

图 8-68 彩图

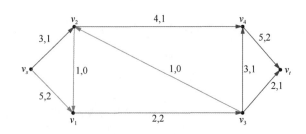

图 8-68 链、前向弧、后向弧示例图

以图 8-68 为例。

$\mu_1: v_s \to v_2 \to v_4 \to v_t$ 中 (v_s, v_2)、(v_2, v_4)、(v_4, v_t) 均为前向弧且各条弧上的流量均小于容量，是非饱和弧，所以此链是增广链。

$\mu_2: v_s \to v_2 \to v_3 \to v_t$ 中 (v_s, v_2)、(v_3, v_t) 均为前向弧且各条弧上的流量均小于容量，所以此链不是增广链。

$\mu_3: v_s \to v_2 \to v_1 \to v_3 \to v_t$ 中 (v_s, v_2)、(v_2, v_1)、(v_1, v_3)、(v_3, v_t) 均为前向弧，但弧 (v_1, v_3) 为饱和弧，所以此链不是增广链。

$\mu_4: v_s \to v_1 \to v_2 \to v_3 \to v_t$ 中 (v_s, v_1)、(v_3, v_t) 是前向弧且各条弧上的流量均小于容量，(v_1, v_2)、(v_2, v_3) 是后向弧且为零流弧，所以此链不是增广链。

$\mu_5: v_s \to v_2 \to v_4 \to v_3 \to v_t$ 中 (v_s, v_2)、(v_2, v_4)、(v_3, v_t) 为前向弧且为非饱和弧，(v_4, v_3) 为后向弧且是非零流弧，所以此链是增广链。

（6）割集。

容量网络 $G = (V, E, C)$，v_s 为起始点，v_t 为终点。如果把 V 分成两个非空集合 $S, \overline{S}$，使 $v_s \in S, v_t \in \overline{S}$，则所有起点属于 S，而终点属于 $\overline{S}$ 的弧的集合，称为由 S 决定的割集，记作 $(S, \overline{S})$。割集中由 S 到 $\overline{S}$ 所有弧的容量之和，称为这个割集的容量，记为 $C(S, \overline{S})$。

例 8.4 对图 8-68 上的弧赋流量，图 8-69 至图 8-71 所示为有向加权网络，求其割集。

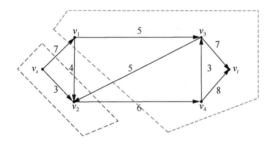

图 8-69 彩图

图 8-69 割集 1

起始点集合为 $S = (v_s, v_2)$，终点集合为 $\overline{S} = (v_1, v_3, v_4, v_t)$；

割集为 $(S, \overline{S}) = \{(v_s, v_1), (v_2, v_4), (v_2, v_3)\}$；

割集的容量为 $C(S, \overline{S}) = l_{s1} + l_{24} + l_{23} = 7 + 6 + 5 = 18$。

如图 8-70 所示，设 $S = \{v_1, v_2, v_5\}$，$\overline{S} = \{v_3, v_4, v_6, v_7\}$，则割集 $(S, \overline{S}) = \{(v_1, v_3), (v_2, v_4), (v_5, v_7)\} = l_{13} + l_{24} + l_{57} = 9 + 6 + 9 = 24$。

而 (v_2, v_3) 和 (v_4, v_5) 不是该割集中的弧。

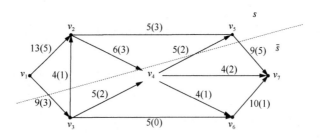

图 8-70 割集 2

如图 8-71 所示，设 $S=\{v_1,v_2\}$，$\overline{S}=\{v_3,v_4,v_5,v_6,v_7\}$，则割集 $(S,\overline{S})=\{(v_1,v_3),(v_2,v_4),(v_2,v_5)\}=l_{13}+l_{24}+l_{25}=9+6+5=20$。

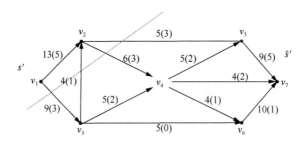

图 8-71 割集 3

（7）最大流最小割定理。

由发点 v_s 到收点 v_t 任一可行流量 W 必须受割集 $(S,\overline{S})$ 容量的限制，即有 $W\leqslant C(S,\overline{S})$，容量最小的割集称为最小割集。

最大流最小割定理：对于任一容量网络，从发点到收点的最大流量等于最小割的容量。

8.4.2 最大流的标号法

标号法的思路：先找一个可行流，可行流经过标号的过程得到从发点 v_s 到收点 v_t 的增广链；经过调整过程沿增广链增加可行流的流量，获得新的可行流。重复这一过程，直到可行流无增广链，得到最大流。

从任一个可行流 f 出发（若网络中没有给定初始可行流 f，可从零流开始），经过标号和调整两个过程。

① 标号过程：用来找增广链的过程。

② 调整过程：用来增加增广链流量的过程。

标号法的操作步骤如下。

（1）找出第一个可行流，如所有弧的流量 $f_{ij}=0$。

（2）用标号的方法找一条增广链。

首先给发点 s 标号(∞)，标号中的数字表示允许的最大调整量。然后选择一个点 v_i 已标号并且另一端未标号的弧沿着某条链向收点检查：

如果弧的起点为 v_i，并且有 $f_{ij} < C_{ij}$，则给 v_j 标号为 $(C_{ij} - f_{ij})$；如果弧的方向指向 v_i，并且有 $f_{ji} > 0$，则 v_j 标号 (f_{ji})。

（3）重复第（2）步，可能出现两种结果。

① 标号过程中断，t 无法标号，说明网络中不存在增广链，目前流量为最大流。同时可以确定最小割集，记已标号的点集为 S，未标号的点集为 $\bar{S}$，$(S, \bar{S})$ 为网络的最小割。

② t 得到标号，反向追踪在网络中找到一条从 s 到 t 的由标号点及相应的弧连接而成的增广链。继续第（4）步。

（4）修改流量。设原图可行流为 f，增广链上所有节点标号值最小值为 $\varepsilon(t)$，令

$$f' = \begin{cases} f + \varepsilon(t), & \text{对增广链上所有的前向弧} \\ f - \varepsilon(t), & \text{对增广链上所有的后向弧} \\ f, & \text{对所有非增广链上的弧} \end{cases}$$

得到网络上一个新的可行流 f'。

（5）擦除图上所有标号，重复步骤（1）～步骤（4），直到图中找不到任何增广链，计算结束。

例 8.5 用标号法求图 8-72 中节点 $s \to t$ 的最大流量，并找出最小割。

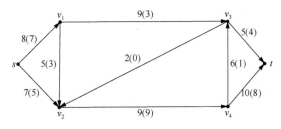

图 8-72 例 8.5 示例图

解：（1）为发点 s 标号(∞)，如图 8-73 所示。

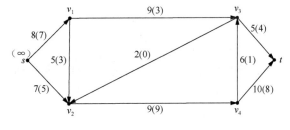

图 8-73 为发点 s 标号

（2）检查与 s 点相邻的未标号的点 v_1，因 $f_{s1}<C_{s1}$，故为 v_1 标号，$\varepsilon(v_1) = \min\{\infty, C_{s1}-f_{s1}\}=1$，如图 8-74 所示。

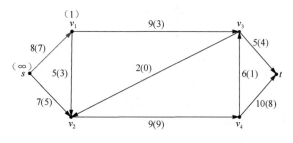

图 8-74　为 v_1 标号

（3）检查与 v_1 点相邻的未标号的点 v_3，因 $f_{13}<C_{13}$，故为 v_3 标号，$\varepsilon(v_3)=\min\{1,C_{13}-f_{13}\}=\min\{1,6\}=1$，如图 8-75 所示。

（4）检查与 v_3 点相邻的未标号的点 t，因 $f_{3t}<C_{3t}$，故为 t 标号，$\varepsilon(t)=\min\{1,C_{3t}-f_{3t}\}=\{1,1\}=1$，如图 8-76 所示。

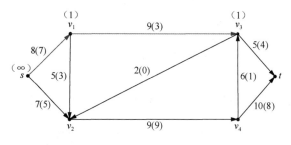

图 8-75　为 v_3 标号

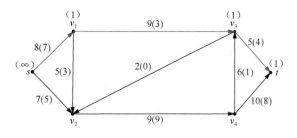

图 8-76　为 t 标号

从而找到一条增广链 $s \to v_1 \to v_3 \to t$。

（5）修改增广链上的流量，非增广链上的流量不变，得到新的可行流，如图 8-77 所示。

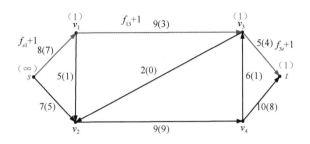

图 8-77 新的可行流 1

（6）擦除所有标号，重复上述标号过程，寻找新的增广链，如图 8-78 所示。

$$\varepsilon(v_2) = \min\{\infty, 7-5\} = 2$$
$$\varepsilon(v_1) = \min\{2, 3\} = 2$$
$$\varepsilon(v_3) = \min\{2, 9-4\} = 2$$
$$\varepsilon(v_4) = \min\{2, 1\} = 1$$
$$\varepsilon(t) = \min\{1, 10-8\} = 1$$

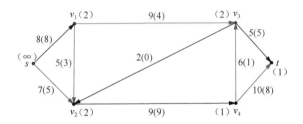

图 8-78 新的增广链 1

（7）修改增广链上的流量，非增广链上的流量不变，得到新的可行流，如图 8-79 所示。

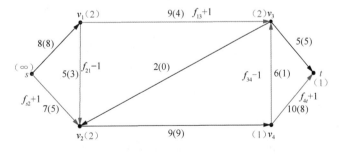

图 8-79 新的可行流 2

（8）擦除所有标号，重复上述标号过程，寻找另外的增广链，对其进行调整，如图 8-80 所示。

$\varepsilon(v_2) = \min\{\infty, 7-6\} = 1$

$\varepsilon(v_1) = \min\{1, 2\} = 1$

$\varepsilon(v_3) = \min\{1, 4\} = 1$

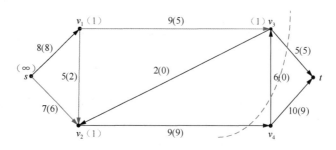

图 8-80 新的增广链 2

故，已经标点的点集 $S = \{s, v_1, v_2, v_3\}$，未标点 $\overline{S} = \{v_4, t\}$

$S = \{s, v_1, v_2, v_3\}$

$S' = \{v_4, t\}$

最小割 $(S, \overline{S}) = \{(v_2, v_4), (v_3, t)\}$

$= l_{24} + l_{3t} = 9 + 5 = 14$

最大流为 14。

例 8.6 求图 8-81 中 $s \to t$ 的最大流，并找出最小割。

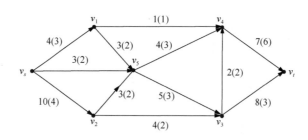

图 8-81 例 8.6 示例图

解：（1）在已知可行流的基础上，通过标号寻找增广链，如图 8-82 所示。

$\varepsilon(v_2) = \min\{\infty, (c_{s_2} - f_{s_2})\} = \min\{\infty, 10 - 4\} = 6$

$\varepsilon(v_3) = \min\{\varepsilon(v_3)\} = \{\varepsilon(v_2), (c_{23} - f_{23})\} = \min\{6, 4 - 2\} = 2$

$\varepsilon(v_t) = \min\{\varepsilon(v_3), (c_{3t} - f_{3t})\} \min\{2, 8 - 3\} = 2$

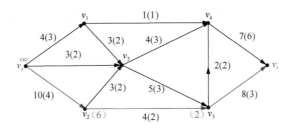

图 8-82 增广链 1

存在增广链：$v_s \to v_2 \to v_3 \to v_t$。

（2）修改增广链上的流量，非增广链上的流量不变，得到新的可行流，如图 8-83 所示。

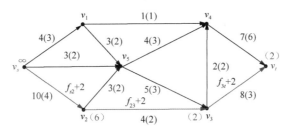

图 8-83 新的可行流 1

（3）擦除原标号，重新搜寻增广链，如图 8-84 所示。

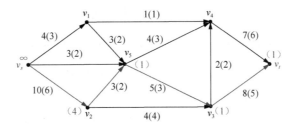

图 8-84 增广链 2

$$\varepsilon(v_2) = \min\{\varepsilon(v_s),(c_{s_2} - f_{s_2})\} = \min\{\infty, 10-6\} = 4$$
$$\varepsilon(v_5) = \min\{\varepsilon(v_2),(c_{25} - f_{25})\} = \min\{4, 3-2\} = 1$$
$$\varepsilon(v_3) = \min\{\varepsilon(v_5),(c_{53} - f_{53})\} = \min\{4, 5-3\} = 1$$
$$\varepsilon(v_t) = \min\{\varepsilon(v_3),(c_{3t} - f_{3t})\} = \min\{1, 8-5\} = 1$$

存在增广链：$v_s \to v_2 \to v_5 \to v_3 \to v_t$。

（4）修改增广链上的流量，非增广链上的流量不变，得到新的可行流，如图 8-85 所示。

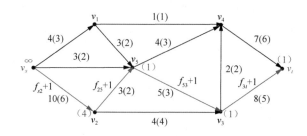

图 8-85　新的可行流 2

（5）擦除原标号，重新搜寻增广链，如图 8-86 所示。

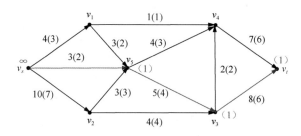

图 8-86　增广链 3

$$\varepsilon(v_5) = \min\{\varepsilon(v_s),(c_{s_5} - f_{s_5})\} = \min\{\infty, 3-2\} = 1$$

$$\varepsilon(v_3) = \min\{\varepsilon(v_5),(c_{53} - f_{53})\} = \min\{1, 5-4\} = 1$$

$$\varepsilon(v_t) = \min\{\varepsilon(v_3),(c_{3t} - f_{3t})\} = \min\{1, 8-6\} = 1$$

存在增广链：$v_s \to v_5 \to v_3 \to v_t$。

（6）调整增广链上的流量，非增广链流量不变，得到新的可行流，如图 8-87 所示。

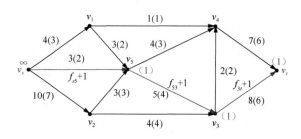

图 8-87　新的可行流 3

（7）擦除原标号，重新标号，搜索新的增广链，如图 8-88 所示。

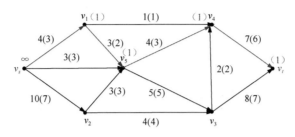

图 8-88 增广链 4

$$\varepsilon(v_1) = \min\{\varepsilon(v_s),(c_{s_1}-f_{s_1})\} = \min\{\infty, 4-3\} = 1$$
$$\varepsilon(v_5) = \min\{\varepsilon(v_1),(c_{15}-f_{15})\} = \min\{1, 3-2\} = 1$$
$$\varepsilon(v_4) = \min\{\varepsilon(v_5),(c_{54}-f_{54})\} = \min\{1, 4-3\} = 1$$
$$\varepsilon(v_t) = \min\{\varepsilon(v_4),(c_{4t}-f_{4t})\} = \min\{1, 7-6\} = 1$$

存在增广链：$v_s \rightarrow v_1 \rightarrow v_5 \rightarrow v_4 \rightarrow v_t$。

（8）调整增广链上的流量，非增广链流量不变，得到新的可行流，如图 8-89 所示。

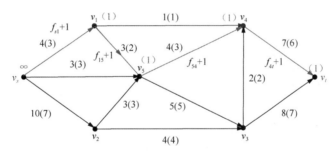

图 8-89 新的可行流 4

（9）擦除标号，在新的可行流上重新标号，发现已无法标号，不存在新的增广链，此可行流已为最大流，最大流量为 14，如图 8-90 所示。

$$\varepsilon(v_2) = \min\{\varepsilon(v_s),(c_{s_2}-f_{s_2})\} = \min\{\infty, 10-7\} = 3$$

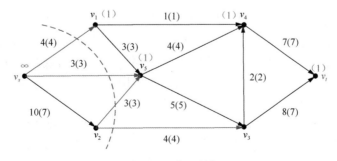

图 8-90 唯一割集

已标号点集 $S = \{v_s, v_2\}$，未标号点集 $\overline{S} = \{v_1, v_3, v_4, v_5, v_t\}$；
最小割集 $(S, \overline{S}) = \{(v_s, v_1), (v_s, v_5), (v_2, v_5), (v_2, v_3)\}$；
最大流 $f_{\max} = f_{s1} + f_{s5} + f_{25} + f_{23} = 4 + 3 + 3 + 4 = 14$。

8.5 最小费用最大流问题

对每一条弧都给出单位流量费用的容量网络 $D = (V, A, B)$（称为费用容量网络），求取最大流 X，使输送流量的总费用 $C(X) = \sum C_{ij} x_{ij}$ 为最小的一类优化问题。

1. 最小费用流

对一个费用容量网络，在具有相同流量 f 的可行流中，总费用最小的可行流称为该费用容量网络关于流量 f 的最小费用流，简称流量为 f 的最小费用流。

2. 增广链的费用

当沿着一条关于可行流 X 的增广链（流量修正路线）μ，以修正量 $\varepsilon = 1$ 进行调整，得到新的可行流 $\tilde{x}$，则称 $C(\tilde{x}) - C(X)$ 为增广链 μ 的费用。

此时，$\tilde{x}$ 的流量为 $f(\tilde{x}) = f(X) + 1$（前向弧），增广链 μ 的费用就是以单位调整量调整可行流时所付出的费用。当修正量 $\varepsilon = 1$ 时，

$$C(\tilde{x}) - C(X) = \left[\sum_{\mu^+} C_{ij}(\tilde{x}_{ij} - x_{ij}) + \sum_{\mu^-} C_{ij}(\tilde{x}_{ij} - x_{ij})\right] = \sum_{\mu^+} C_{ij} - \sum_{\mu^-} C_{ij}$$

3. 求解最小费用最大流问题采用对偶法

（1）求解途径。
① 始终保持网络中的可行流是最小费用流，通过不断调整使流量逐步增大，最终成为最小费用的最大流。
② 始终保持可行流是最大流，通过不断调整使费用逐步减小，最终成为最大流量的最小费用流。

（2）算法原理。

定理 8.5：若 X 是流量为 $f(X)$ 的最小费用流，μ 是关于 X 的所有增广链中费用最小的增广链，那么沿着 μ 去调整 X 得到的新的可行流 $\tilde{x}$ 就是流量为 $f(\tilde{x})$ 的最小费用流。

实现思路。根据上述定理，只要找到最小费用增广链，在该链上调整流量，得到增加流量后的最小费用流。循环往复直至求出最小费用最大流。

最小费用最大流的工作原理如图 8-91 所示。

最小费用最大流实施的关键是构造增广费用网络图（即扩展费用网络图），并借助最短路算法寻找最小费用增广链。前向弧增加流量 ε_j，后向弧减少流量 ε_j 可以调整增广链流量。

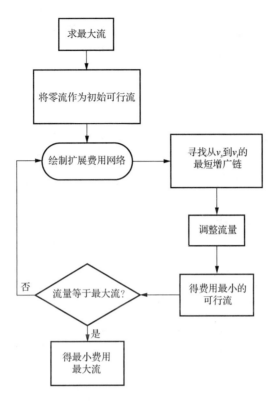

图 8-91 最小费用最大流的工作原理图

增广费用网络图的构造方法是将网络中的每一条弧 (v_i, v_j) 都变成一对方向相反的弧，以形成四通八达的"路"，权数定义如下。

正向：$w_{ij} = \begin{cases} b_{ij} & \text{若} f_{ij} < C_{ij} \\ +\infty & \text{若} f_{ij} = C_{ij} \end{cases}$，$+\infty$ 是指这条边已经饱和，不能再增加流量，否则要花很高的代价，实际上无法实现，因此权为 $+\infty$ 的边可以从网络中去掉。

反向：$w_{ji} = \begin{cases} -b_{ij} & \text{若} f_{ij} < C_{ij} \\ +\infty & \text{若} f_{ij} = C_{ij} \end{cases}$，$+\infty$ 是指这条边流量已经为零，不能再减少流量，因此权为 $+\infty$ 的边可以从网络中去掉。

在容量网络中寻找最小费用增广链就相当于在增广费用网络图（扩展费用网络图）中寻找从发点到收点的最短路。

注意：将找到的最短路还原到原网络图中（虚线弧改成原图中的反向弧）。

（3）求解最小费用最大流的操作步骤。

① 取初始可行流为零流，其必为流量为 0 的最小费用流。

② 一般为第 $k-1$ 次迭代，得一最小费用流 $X^{(k-1)}$，对当前可行流构造增广费用网络图 $W(X^{(k-1)})$，用最短路算法求出从发点到收点的最短路。

若不存在最短路，则 $X^{(k-1)}$ 即最小费用最大流，停止迭代；否则，进入步骤③。

③ 将最短路还原成原网络图中的最小费用增广链 μ，在增广链 μ 上对可行流 $X^{(k-1)}$ 进行调整，得到新的可行流图，若其流量等于 $f_{\max}$，则迭代结束。否则返回步骤①，进行下一次迭代。

（4）求解最小费用最大流问题的注意事项。

① 求得最小费用最大流的问题关键是找到最小费用可增广链，且要寻找所有增广链中费用最小的那条增广链，而找到该增广链的关键是构造赋权图（长度网络）。

② 构造赋权图先要在原有弧上添加一条反向弧，然后按照权值构造规则添加权值及去掉饱和弧和零流弧。

③ 在构造的赋权图中找出最短路（Dijkstra 算法和逐次逼近法），即最小费用增广链，在增广链上进行调整。

例 8.7 求图 8-92 中从 v_s 到 v_t 的最小费用最大流，图中弧上的数字分别为容量 B_{ij}，费用 C_{ij}，可行流图 [流量网络 (B_{ij},C_{ij},x_{ij})]。

解：（1）第 0 次迭代，不发生变化（图 8-92）。

① $\varepsilon(v_2) = \min\{\varepsilon(v_s), c_{s2} - f_{s2}\} = \min\{\infty, 8-4\} = 4$

② $\varepsilon(v_3) = \min\{\varepsilon(v_2), c_{23} - f_{23}\} = \min\{4, 10-4\} = 4$

已标号 $S = \{v_s, v_2, v_3\}$

未标号 $\overline{S} = \{v_1, v_t\}$，最小割 $(S, \overline{S}) = \{(v_s, v_1), (v_2, v_1), (v_3, v_t)\}$

故最大流 $f_{\max} = f_{s1} + f_{21} + f_{3t} = 7 + 0 + 4 = 11$

最大流图 $f_{\max} = 11$（未标费用）。

例 8.7 彩图

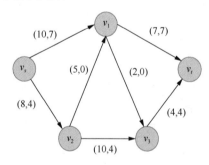

图 8-92 例 8.7 示例图

（2）第 1 次迭代。

① 原图全部是零流弧，保持原边不变，单位费用为权。

② 所有的权均大于零，采用 Dijkstra 算法求出最短路：$v_s \to v_2 \to v_1 \to v_t$，恰好也是最小费用增广链，如图 8-93 所示。

从图 8-94 可知：

① 流量调整量 $\varepsilon_1 = \min\{8-0, 5-0, 7-0\} = 5$；

② 总流量 $f_1 = 5$；

③ 最小费用增广链的费用 $\sum C_{ij} = 1+2+1 = 4$；
④ 总费用 $= 4 \times 5 = 20$。

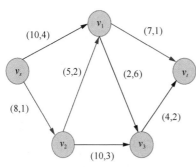

图 8-93 第 1 次迭代增广链

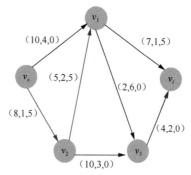

图 8-94 第 1 次迭代可行流

（3）第 2 次迭代。

① 零流弧保持原边，非饱和非零流弧 (v_s, v_2) 和 (v_1, v_t) 增添后向弧，饱和弧 (v_2, v_1) 去掉原弧并增添后向弧。

② 用逐次逼近算法求出最短路：$v_s \to v_1 \to v_t$，恰好也是最小费用增广链，如图 8-95 所示。

从图 8-96 可知：

① 流量调整量 $\varepsilon_2 = \min\{10-0, 2-0\} = 2$；
② 总流量=原流量+新增流量=5+2=7；
③ 最小费用增广链的费用 $\sum C_{ij} = 4+1 = 5$；
④ 总费用=原费用+新增费用=20+5×2=30。

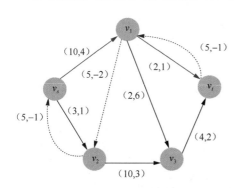

图 8-95 第 2 次迭代增广链

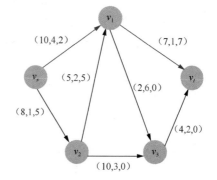

图 8-96 第 2 次迭代可行流

（4）第 3 次迭代。

① 零流弧保持原边，此外的非饱和弧增添后向弧，饱和弧去掉原边并增添反向虚线弧。

② 用列表法求得最短路：$v_s \to v_2 \to v_3 \to v_t$，恰好也是最小费用增广链，如图 8-97 所示。

从图 8-98 可知：

① 流量调整量 $\varepsilon_3 = \min\{\varepsilon(v_s), \varepsilon(v_2), \varepsilon(v_3), \varepsilon(v_t)\} = \min\{\infty, 8-5, 10-0, 4-0\} = 3$；

② 总流量=原流量+新增流量=7+3=10；

③ 最小费用增广链的费用 $\sum C_{ij} = 1+3+2 = 6$；

④ 总费用=原费用+新增费用=30+6×3=48。

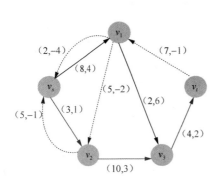

图 8-97　第 3 次迭代增广链

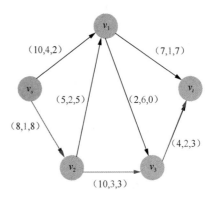

图 8-98　第 3 次迭代可行流

（5）第 4 次迭代。

① 零流弧保持原边，此外的非饱和弧增添后向弧，饱和弧去掉原边并增添后向弧。

② 用列表法求得最短路：$v_s \to v_1 \to v_2 \to v_3 \to v_t$。

③ 对应的最小费用增广链是：$v_s \to v_1 \to v_2 \to v_3 \to v_t$，如图 8-99 所示。

从图 8-100 可知：

① 流量调整量 $\varepsilon_4 = \min\{\varepsilon(v_s), \varepsilon(v_1), \varepsilon(v_2), \varepsilon(v_3), \varepsilon(v_t)\} = \min\{+\infty, 10-2, 5, 10-3, 4-3\} = 1$；

② 总流量=原流量+新增流量=10+1=11；

③ 最小费用增广链的费用 $\sum C_{ij} = 4-2+3+2 = 7$；

④ 总费用=原费用+新增费用=48+7×1=55。

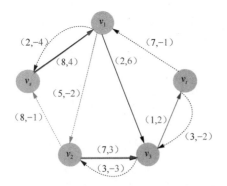

图 8-99　第 4 次迭代增广链

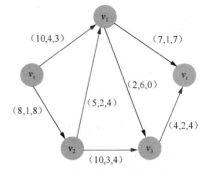

图 8-100　第 4 次迭代可行流

由于总流量 11 已达到最大流量，故停止迭代，当前的可行流图即最大流图。

8.6 习题

1. 用破圈法和避圈法找出图 8-101 中的一个支撑树。
2. 已知 6 个城市：Pe，T，PA，M，n，L。在由表 8-5 所示的交通网络距离数据中确定最小树。

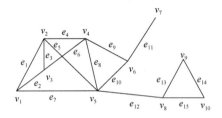

图 8-101　习题 2 图

表 8-5　交通网络数据

城市	Pe	T	PA	M	n	L
Pe	×	13	51	77	68	50
T	13	×	60	70	67	59
PA	51	60	×	57	36	2
M	77	70	57	×	20	55
n	68	67	36	20	×	34
L	50	59	2	55	34	×

3. 有 9 个城市 $v_1, v_2, \cdots, v_9$ 的公路网如图 8-102 所示。弧旁边数字是该段公路的长度，有一批货物要从 v_1 运到 v_9，请问走哪条路路程的长度最短？

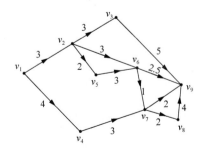

图 8-102　习题 3 图

4. 在图 8-103 中：

（1）用 Dijkstra 算法求从 v_1 到各点的最短路；

（2）指出对 v_1 来说哪些顶点是不可到达的。

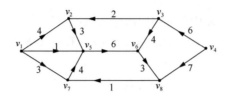

图 8-103　习题 4 图

第 9 章 网 络 计 划

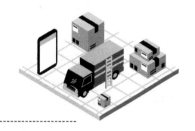

运输系统的计划工作是运输工作的重要组成部分,而运输系统又是一个要素数量多、结构复杂的大系统。想要编制运输系统计划,并在此基础上进一步进行优化和控制,采用传统的经验和方法往往不能满足要求,而网络计划技术是完成这一任务的有效方法之一。

网络计划技术是指应用计划评审技术(Program Evaluation and Review Technique,PERT)和关键路线法(Critical Path Method,CPM)对计划项目进行核算、评价,然后选定最优方案的一种技术。网络计划技术的主要内容包括绘制网络图、计算时间参数以及对网络计划进行优化。PERT 主要是指完成工作的时间估计为概率型,其通常采用三时估计法,注重计划的评价和审查。CPM 是指以经验数据确定工作时间,即完成工作的时间估计为确定型,注重项目的费用和工期之间的相互关系。

网络计划技术的基本思想是,将计划项目分解为相对独立的活动,根据各个活动的先后顺序、相互关系以及完成活动所需的时间,做出能够反映项目全貌的网络图;从项目完成全过程出发,找出影响项目进度的关键活动和关键路线,通过对资源的优化调度,实现对计划项目实施的有效控制和管理。

网络计划技术的优点主要体现在可以明确表示各项活动之间的相互联系和影响,找出关键路线和关键活动,对项目的整个过程进行优化,从而尽量缩短项目的工期,达到降低成本的目标。

因此,网络计划技术适用于生产技术复杂、工作项目繁多,且紧密联系的一些跨部门的工作计划,如新产品研制开发、大型工程项目建设、生产技术准备和复杂设备的大修计划等。

9.1 网络图的绘制

9.1.1 基本概念

网络计划的重要标志是网络图。网络图又称箭头图,由一系列的弧和节点组成,用以表征各种事件和活动之间的逻辑关系,其基本组成要素包括工序、事件和路线。网络图中的有向弧代表各种工序,工序完成需要的时间标在弧上;节点表示事件,表示工序的开始与结束,每个节点都有唯一的节点标号。

1. 工序

工序泛指一切消耗时间或资源的活动,又称活动、任务、工作或作业。

(1)虚工序:指虚设的工序,用来表达相邻工序之间的邻接关系,不需要消耗时间和资源。

(2)紧前工序:指紧接某道工序的前道工序。

(3)紧后工序:指紧接某道工序的后续工序。

例如,工序 d 需要在工序 a、b、c 都完工后才能开工,其网络图如图 9-1(a)所示,称工序 a、b、c 为工序 d 的紧前工序,而工序 d 为工序 a、b、c 的紧后工序。对于网络图 9-1(b),工序 d 为工序 a、b、c 的紧前工序,工序 a、b、c 为工序 d 的紧后工序。

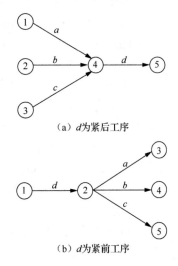

(a)d 为紧后工序

(b)d 为紧前工序

图 9-1 紧前工序与紧后工序

2. 事件

事件标志一个或若干个工序的开始或结束,它不消耗时间或资源,或相对于工序来讲消耗量可以忽略不计。某个事件的实现标志着在它前面各道工序(紧前工序)的结束,也标志着它后面各道工序(紧后工序)的开始。

3. 路线

在项目网络图中,从最初事件到最终事件由各道工序连贯组成一条有向路线。路线的总长度是指路线中各道工序所需时间的总和。

（1）关键路线。在一个网络图中，可能有很多条路线，其中总长度最长的路线称为关键路线。

（2）关键工序。在网络图中，关键路线上的各道工序称为关键工序。

9.1.2 绘制网络图的步骤和方法

1. 绘制网络图的步骤

网络计划是项目管理和项目安排领域比较科学的计划编制方法，其编制的基本步骤如下。

（1）编制工序明细表。收集并整理资料，将计划项目分解为若干道工序，确定工序的紧前工序和紧后工序，编制明细表。

（2）绘制项目网络图。绘图遵循的一般原则是从项目的开工工序开始，由左向右画图直到项目所有工序完工。

（3）计算网络图的时间参数。计算各道工序和事件的有关时间参数。

（4）优化网络计划。对计划项目的时间和资源进行进一步优化。

网络图是计划项目的网络模型，是项目工期计算、工序开工时间调整、网络优化的基础，因此网络图绘制对于整个网络计划的编制至关重要。绘制网络图的具体步骤如下。

（1）任务分解。将计划项目分解为若干具体的作业。

（2）确定工序的持续时间。根据工序的内容、以往类似工序的资料等确定各道工序的持续时间。常用的方法包括确定型方法和概率型方法。

① 确定型方法。在具备工时定额和劳动定额的任务中，工序的工时可以用这些定额资料来确定。有些工作虽无定额可查，但是存在有关工作的统计资料，也可利用统计资料分析来确定工序的时间。

② 概率型方法。当开发试制型的任务，或对工序所需工时难以准确估计时，可以采用三时估计法来确定工序的工时。这种方法对每道工序先要做出下面三种情况的时间估计。

· 最乐观时间：指在顺利情况下，完成工序所需的最短时间，用 a 表示。

· 最可能时间：指在正常情况下，完成工序所需的时间，用 m 表示。

· 最悲观时间：指在不利情况下，完成工序所需的最长时间，用 b 表示。

利用这三种时间，每道工序的期望工时可估计为

$$t = \frac{a + 4m + b}{6} \tag{9.1}$$

（3）确定工序之间的关系。分析各道工序之间的紧前工序、紧后工序。

（4）绘制网络图。

在网络图绘制和网络计划的实施过程中，有必要进行监督、控制、调整和修改，以尽可能使整个计划项目达到最优。

2. 绘制网络图的基本规则

绘制网络图必须遵循如下规则。

（1）基本表示方法。用弧 (i, j) 表示一道工序，事件 i 是工序的开始，事件 j 是工序的完成，规定 $i<j$；节点编号不能重复。

（2）紧前完工。每道工序开始之前，其所有的紧前工序必须已经完工。该规则保证了网络图能够正确表达已经规定的工序之间的逻辑关系。

（3）添加虚工序。虚工序用虚箭线表示。在下列两种情形中必须添加虚工序。

① 紧前工序与紧后工序不是一一对应关系，即多道工序有相同的紧前工序，又有不同的紧前工序。例如，c 的紧前工序是 a，d 的紧前工序是 a 和 b，工序 a 是 c、d 的公共紧前工序，b 是 d 的紧前工序而不是 c 的紧前工序，图 9-2（a）所示的画法是错误的，正确的画法如图 9-2（b）所示。

② "二夹一"一对节点之间只能有一道工序。该规则保证一对节点只能表示一道工序。图 9-3（a）所示的画法是错误的。在这种情形下，应添加一道虚工序。正确的画法如图 9-3（b）所示。

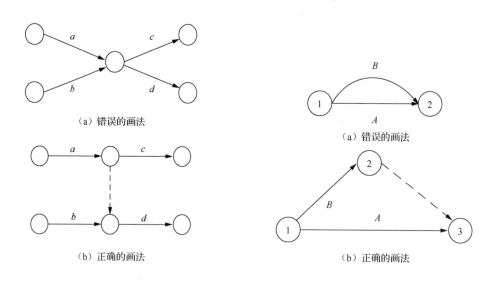

图 9-2 紧前工序与紧后工序不是一一对应虚工序示例　　图 9-3 "二夹一"虚工序示例

（4）起点和终点唯一。网络图只有一个起点节点和一个终点节点，起点节点无紧前工序，终点节点无紧后工序。

（5）工序不重复，网络无回路。一道工序从整个计划的开始到完工，只能被执行一次，因而不能出现回路。图 9-4 所示的网络图是错误的。

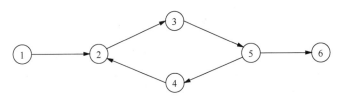

图 9-4 错误的网络图

（6）网络图的布局。网络图应该清晰醒目，布局突出重点，尽可能将关键路线布置在中心位置，并尽量将联系紧密的工序布置在相近的位置。箭线应尽量画成水平线或具有水平线的折线，尽量避免箭线的交叉。

由此，绘制网络图的基本规则可以归纳为：工序开始事件编号小于结束事件编号，紧前工序与紧后工序是相邻工序，不能有平行工序，网络图只有一个起点和一个终点。

3. 网络图绘制实例

例 9.1 根据某项目的新产品投产前全部准备工作的资料（表 9-1），绘制该项目的网络图。

表 9-1 例 9.1 项目工序明细表

工序代号	工序名称	紧前工序	紧后工序	持续时间/天
A	交通流调查	—	C	20
B	交通设施现状调查	—	C	10
C	交通需求预测	A、B	D、F	20
D	交通规划编制	C	E、F	50
E	交通规划公示	D	—	10
F	交通规划修订	C、D	G	20
G	交通规划审批	F	—	20

解： 该项目的网络图，如图 9-5 所示。

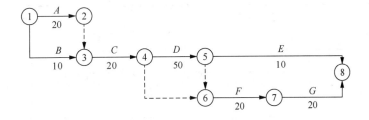

图 9-5 例 9.1 项目的网络图

例 9.2 根据某项目作业明细表的资料（表 9-2），绘制项目的网络图。

表 9-2 例 9.2 项目工序明细表

工序	紧前工序	工序时间/天	工序	紧前工序	工序时间/天
A	—	2	H	E、G	9
B	A	4	I	C	7
C	B	10	J	F、I	8
D	C	6	K	J	4
E	C	4	L	J	5
F	E	5	M	H	2
G	D	7	N	K、L	6

解： 首先画出网络草图，然后对事件按照从左到右、由小到大的顺序编号，得到该项目的网络图如图 9-6 所示。注意观察网络图中虚工序的应用。

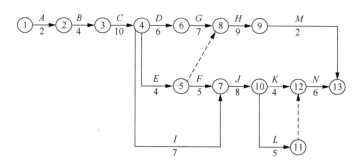

图 9-6 例 9.2 项目的网络图

例 9.3 项目资料见表 9-3，要求如下。
（1）计算各道工序时间的期望值。
（2）绘制该项目的网络图。

表 9-3 例 9.3 项目工序明细表

工序	紧前工序	工序的三种时间/天			工序	紧前工序	工序的三种时间/天		
		a	m	b			a	m	b
A	—	6	7	9	F	C	18	24	26
B	—	5	8	10	G	E	30	35	42
C	—	11	12	14	H	D	20	26	30
D	A、B、C	15	17	19	I	F	14	17	22
E	A	9	10	12	J	F	28	34	38

解：(1) 由式（9.1）可得各道工序时间的期望值，如表9-4所示。

表9-4 工序时间的期望值

工序	A	B	C	D	E	F	G	H	I	J
期望值	7.17	7.83	12.17	17	10.17	23.33	35.33	25.67	17.33	33.67

(2) 绘制的项目网络图，如图9-7所示。

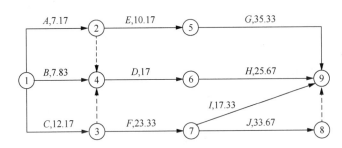

图9-7 例9.3项目的网络图

9.2 网络图时间参数

应用网络计划技术的目的是进行网络计划优化和网络计划控制，而这两项工作都需要网络图的各种时间参数。

1. 事件时间参数

事件本身不占用时间，它只表示项目工序应在某一时刻开始或结束的时间点。事件的时间参数有两个：最早时间和最迟时间。

（1）事件 i 的最早时间 $T_E(i)$：事件最早时间表明以 i 为起点的各道工序的最早可能开始的时间，也表示以 i 为终点的各道工序的最早可能完成时间，其计算公式等于从起点事件到该事件的最长路线上所有工序的工时总和。

$$\begin{cases} T_E(1) = 0 \\ T_E(i) = \max\{T_E(k) + T(k,i)\}, i = 2,3,\cdots,n（n为终点事项的编号）\end{cases} \quad (9.2)$$

式中，k 是事件 i 的紧前工序的开工事件变量。

（2）事件 j 的最迟时间 $T_L(j)$：事件最迟时间表明以 j 为起点的各道工序的最迟必须开始的时间，也表示以 j 为终点的各道工序的最迟必须完成时间。一般情况下，工程的最早完工时间可看成项目工程的总工期，因此按照事件编号从大到小的逆序逐个计算，可以得到事件最迟时间公式如下。

$$\begin{cases} T_L(n) = T_E(n), (n\text{为终点事项的编号}) \\ T_L(j) = \min\{T_L(i) - T(i,j)\}, i = n-1, n-2, \cdots, 1 \end{cases} \quad (9.3)$$

2. 工序时间参数

（1）工序(i,j)的最早开始时间$T_{ES}(i,j)$。任何一道工序都必须在其紧前工序结束后才能开始，但是紧前工序完工后其紧后工序不一定立即开工。紧前工序的最早结束时间即为工序的最早可能开始时间，用$T_{ES}(i,j)$表示。其计算公式为

$$\begin{cases} T_{ES}(1,j) = 0 \\ T_{ES}(i,j) = \max_{k<l<j}\{T_{ES}(k,i) + T(k,i)\} = T_E(i) \end{cases} \quad (9.4)$$

式中，k是工序(i,j)的紧前工序的开工事件变量；$T(k,i)$是工序(k,i)的时间。

（2）工序(i,j)的最早结束时间$T_{EF}(i,j)$。工序的最早结束时间表示工序按最早开始时间开始所能达到的完工时间，用$T_{EF}(i,j)$表示。其计算公式为

$$T_{EF}(i,j) = T_{ES}(i,j) + T(i,j) \quad (9.5)$$

（3）工序(i,j)的最迟结束时间$T_{LF}(i,j)$。工序的最迟结束时间表示工序按最迟时间开工所能达到的完工时间，用$T_{LF}(i,j)$表示。其计算公式为

$$T_{LF}(i,j) = T_L(j) \quad (9.6)$$

（4）工序(i,j)的最迟开始时间$T_{LS}(i,j)$。工序的最迟开始时间表示工序在不影响整个工程如期完工的前提下，必须开始的最晚时间，用$T_{LS}(i,j)$表示。计算公式为

$$T_{LS}(i,j) = T_{LF}(i,j) - T(i,j) \quad (9.7)$$

$T_{LS}(i,j)$的另一种计算公式为

$$T_{LS}(i,j) = \min_{i<j<\varphi}\{T_{LS}(j,\varphi) - T(i,j)\} \quad (9.8)$$

式中，φ是工序(i,j)的紧后工序的结束事件变量；$\min_{i<j<\varphi}\{T_{LS}(j,\varphi)\}$是工序$(i,j)$所有紧后工序最迟开始时间的最小值，也是工序$(i,j)$最迟结束时间。

$T_{LF}(i,j)$的另一种计算公式为

$$T_{LF}(i,j) = \min_{i<j<\varphi}\{T_{LS}(j,\varphi)\} \quad (9.9)$$

（5）工序(i,j)的总时差。工序的总时差又称作业时差，用来表示该工序（作业）有多少机动时间可以利用。工序的总时差越大，机动时间越多，工作潜力就越大，说明计划安排不紧凑。

工序总时差$R(i,j)$表示在不影响工程总工期的条件下，工序最早开始（或结束）可以推迟的时间。用工序(i,j)的最迟开始（或结束）时间与最早开始（或结束）时间之差表示，其计算公式为

$$R(i,j) = T_{\text{LF}}(i,j) - T_{\text{ES}}(i,j) - T(i,j) \tag{9.10}$$

总时差 $R(i,j)$ 是工序 (i,j) 的相对机动时间，不一定就按总时差拖后开工。

（6）工序 (i,j) 的单时差 $F(i,j)$。工序的单时差是指在不影响紧后工序的最早开始时间的条件下，工序 (i,j) 开始可以推迟的时间，其计算公式为

$$F(i,j) = \min_{\varphi} \{T_{\text{ES}}(j,\varphi)\} - T_{\text{EF}}(i,j) \tag{9.11}$$

$F(i,j)$ 是工序 (i,j) 真正的机动时间，从工序最早开始时间起，拖延开工时间只要不超过 $F(i,j)$，就不会影响紧后工序的开工和项目的完工时间。

3. 其他时间参数

（1）关键工序和关键路线。

总时差等于零，表明该工序的开工时间没有机动余地，必须准时开工，否则必贻误总工期，这种工序称为关键工序。关键工序的最早开始时间和最迟开始时间相等，没有推迟时间。工序总时差大于零，表明该工序的开工时间有一定的机动余地，这种工序称为非关键工序。

将全部关键工序按顺序连接起来，从起点节点到终点节点如能形成一条路线，则这条路线称为关键路线。

由于关键路线上各道工序的总时差为 0，即没有开工机动时间，因此关键路线上各道工序的持续时间之和为总工期。为了保证总工期顺利完工，必须保证关键路线上的各道工序如期开工；若要缩短总工期时间，必须向关键路线"要工时"，即压缩某些关键工序的持续时间。

关键工序与非关键工序的区别仅仅是从总工期的角度考虑，与其在工程中的重要程度没有绝对关系。

另外，关键路线可能不止一条。

（2）项目的完工期。

所有工序完工后项目才完工，最后一道工序完工的时间就是项目的完工期，数值上等于关键路线上各关键工序的时间之和。可以将问题视为最短路问题，项目的完工期等于最长路线的长度。

9.3 网络计划的优化

绘制网络图、计算时间参数和确定关键线路，仅得到一个初始计划方案。后期根据上级要求和实际资源的配置，需要对初始方案进行调整和完善，即进行网络计划的优化。网络计划优化的目标是综合考虑各道工序的进度，合理利用资源，降低费用等。

9.3.1 工期优化

若网络计划图的计算工期大于上级要求的工期,必须根据计划的要求进度,缩短工程项目的完工工期。采取以下措施,可以增加对关键工序的投入,缩短关键工序的持续时间和工期。

(1) 采取技术措施,提高工效,缩短关键工序的持续时间,从而缩短关键线路的时间。

(2) 采取组织措施,充分利用非关键工序的总时差,合理调配人力、物力和资金等资源。

9.3.2 资源优化

在编制初始网络计划图后,需要考虑尽量利用现有资源的问题,即在项目工期不变的条件下,均衡地利用资源。实际工程项目中包括的工作种类繁多,需要投入资源种类也很多,可以使用计算机来完成均衡地利用资源。为了简化计算,具体操作如下。

(1) 优先安排关键工序所需要的资源。

(2) 利用非关键工序的总时差,错开各道工序的开始时间,不在同一时区内集中使用同一资源,以免出现资源使用高峰。

(3) 在确实受到资源制约,或在考虑综合经济效益的条件下,且时间许可时,也可以适当地推迟工程项目的工期,达到错开资源使用高峰的目的。

例 9.4 现有机械加工工人 65 人,要完成工作 D、F、G、H、K。各工作需要的工人人数等见表 9-5,问怎样安排机械加工人数可以做到资源合理利用。

表 9-5 例 9.4 工作需求表

工作	持续时间/天	需要工人/人	总时差/天
D	20	58	0
F	18	22	47
G	30	42	0
H	15	39	20
K	25	26	0

解: 若上述工作都按最早开始时间安排,在完成各关键工序的 75 天工期中,每天需要机械加工的工人人数如图 9-8 所示。有 10 天需要 80 人,另 10 天需要 81 人。这时超过了现有机械工人人数的约束,必须进行调整。以虚线表示的非关键路线上非关键工序 F、H 有机动时间,若将工作 F 延迟 10 天开工,就可以解决第 70~80 天的超负荷问题;将工作 H 推迟 10 天开工,可以解决第 100~110 天的超负荷问题。于是新的负荷图

（图 9-9）能满足机械工人 65 人的约束条件。以上人力资源平衡利用了非关键工序的总时差，从而避开资源负荷的高峰。

避开资源负荷高峰时，可以采用将非关键工序分段作业或采用技术措施减少所需要的资源，也可以根据计划规定适当延长工程项目的工期。

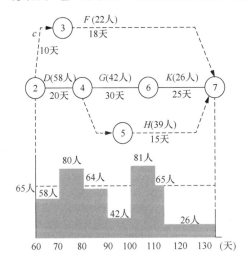

图 9-8　计划需机械加工工人人数图

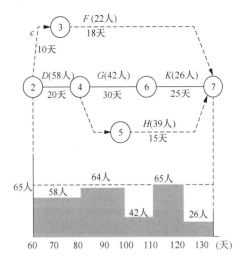

图 9-9　调整后需机械加工工人人数图

9.3.3　时间-费用优化

编制网络计划时，要研究如何使完成项目的工期尽可能缩短，费用尽可能少；或在保证既定项目完成时间条件下，所需要的费用最少；或在费用限制的条件下，项目完工工期最短，这就是时间-费用优化要解决的问题。完成一个项目的费用可以分为直接费用和间接费用两大类。

1. 直接费用

直接与工程项目相关的支出为直接费用，包括材料费用、直接生产工人工资等。为了缩短工作的持续时间和工期，就需要采取一定的技术组织措施和增加投入，相应地要增加一部分直接费用。

2. 间接费用

间接费用包括施工管理费和其他间接费用等。一般按项目工期的长短进行分摊，工期越短，分摊的间接费用就越少。项目总费用、直接费用、间接费用与项目工期之间存在一定的关系，可以用图 9-10 表示。

图中，T_1 为最短工期，项目总费用最高；T_2 为最佳工期；T_3 为项目工期。

当项目总费用最少且工期短于要求工期时，就是最佳工期。

进行工期-费用优化时，首先要计算出不同工期下最低的直接费用率，然后考虑相应的间接费用。费用优化的步骤如下。

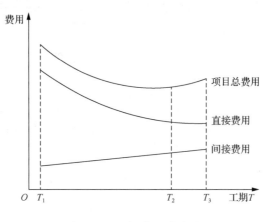

图 9-10　工期-费用关系图

（1）计算费用增加率（简称费用率）。

费用率是指缩短工作持续时间每单位时间（如一天）所需要增加的费用。按工作的正常持续时间计算各关键工序的费用率，通常可表示为

$$\Delta C_{i-j} = \frac{CC_{i-j} - CN_{i-j}}{DN_{i-j} - DC_{i-j}} \tag{9.12}$$

式中，ΔC_{i-j} 为工序 $i\text{-}j$ 的费用率；CC_{i-j} 为将工序 $i\text{-}j$ 持续时间缩短为最短持续时间后，完成该工作所需要的直接费用；CN_{i-j} 为在正常条件下完成工序 $i\text{-}j$ 所需要的直接费用；DN_{i-j} 为工序 $i\text{-}j$ 正常持续时间；DC_{i-j} 为工序 $i\text{-}j$ 最短持续时间。

（2）在网络计划网络图中找出费用率最低的一道关键工序或一组关键工序作为缩短持续时间的对象。其工期缩短后的时间不能小于最短持续时间，不能成为非关键工序。

（3）同时计算相应增加的项目总费用，并考虑由于工期的缩短间接费用的变化，在此基础上计算项目的总费用。

重复以上步骤，直到获得满意的方案。

例 9.5　已知项目的每天间接费用为 400 元，利用表 9-6 中的已知资料，按图 9-11 的方案图安排进度，项目正常工期为 170 天，对应的项目直接费用为 68900 元，间接费用为 170 × 400 = 68000（元），项目总费用为 136900 元。这是在正常条件下项目实施的方案，称为 170 天方案。若要缩短此方案的工期，首先缩短关键路线上直接费用率最低的工作的持续时间，在工期为 170 天方案中关键工序①—②—④—⑥—⑦—⑧中 K、G 的直接费用率是最低。从表 9-6 中可见这两项工作的持续时间都只能缩短 10 天。因此总工期可以缩短为 170-10-10=150（天）。按 150 天工期计算，这时总的直接费用增加到

68900+(290×10+350×10)=75300（元）。由于缩短工期，可以减少间接费用 400×20=8000（元），工期为 150 天方案的总费用为 75300+60000= 135300（元）。与工期为 170 天方案相比，工期为 150 天方案可以节省总费用 1600 元。

表 9-6 工作-费用表

序号	工作代号	正常持续时间/天	工作直接费用/元	最短工作时间/天	工作直接费用/元	费用率/（元/天）
1	A	60	10000	60	10000	—
2	B	45	4500	30	6300	120
3	C	10	2800	5	4300	300
4	D	20	7000	10	11000	400
5	E	40	10000	35	12500	500
6	F	18	3600	10	5440	230
7	G	30	9000	20	12500	350
8	H	15	3750	10	5750	400
9	K	25	6250	15	9150	290
10	L	35	12000	35	12000	—

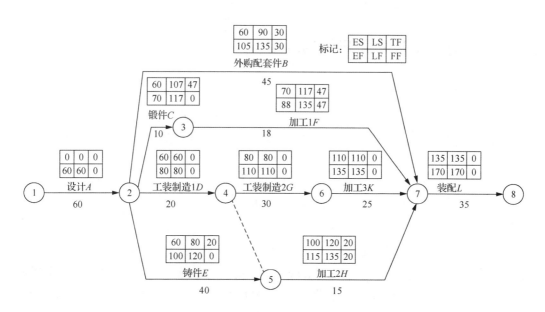

图 9-11 方案图

但在工期为 150 天方案中已有两条关键路线，即

①→②→④→⑥→⑦→⑧与①→②→⑤→⑦→⑧

如果再缩短工期，将在这两条关键路线上同时缩短工期项目的直接费用将大幅度增加。例如，在工期为 150 天方案的基础上再缩短工期 10 天，成为工期为 140 天方案。这时应将工序 D 缩短 10 天；工序 H 缩短 5 天（只能缩短 5 天），工序 E 缩短 5 天。这时直接费用为 75300+400×10+400×5+500×5=83800（元），间接费用为 140×400=56000（元），总费用为 139800 元。显然工期 140 天方案的总费用比工期为 150 天方案和工期为 170 天方案的总费用都高。因此，综合考虑工期为 150 天方案为最佳方案。计算结果汇总在表 9-7 中。

表 9-7 方案-费用表

工期方案	工期为 170 天方案	工期为 150 天方案	工期为 140 天方案
缩短关键工作	—	K, G	D, H, E
缩短工作持续时间/天	—	10, 10	10, 5, 5
直接费用/元	68900	75300	83800
间接费用/元	68000	60000	56000
总费用/元	139600	135300	139800

9.4 网络计划在交通方面的应用

为了确保项目能如期完工，在实际应用关键路线法的过程中，工序作业时间除了正常的平均作业时间，还有部分缓冲时间。如果大家都能按要求在第一时间开始作业，一般情况下就能如期完工，但"学生综合征"是人们的一种普遍行为。同学提交作业、准备考试，往往快到最后期限时才匆忙动笔和复习，时常采取临阵磨枪策略。这个问题对项目管理的缓冲时间设置很有启示："留有余地"是否为有效的安排工作的方式？为了如期完工留有多少余地最好？在什么地方留有余地最好？

项目出现延期完工问题的大部分原因为不可控的突发性事件。如何对突发性事件进行有效管理，是项目管理面临的首要难题。以色列物理学家及企业管理专家高德拉特在项目管理中考虑人的这种行为因素，突破了关键路线的金科玉律，1997 年提出了关键链方法。随后，关键链方法逐渐在各国的项目管理中被采用，大大缩短了工程时间。例如，美国宾夕法尼亚州建一芯片厂，计划 28～36 个月建成；进行项目规划时，计划 18 个月内完成；但运用关键链方法改进后，实际只用了 13 个月就完成了工期。

高德拉特在《关键链》中指出，项目经理在考虑工程中的突发事件时，往往留有很

长的安全缓冲时间,以应对项目实施过程中的不测。关键链方法的作业时间分布图如图 9-12 所示。

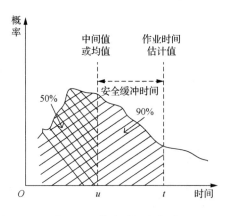

图 9-12 作业时间分布图

传统的关键路线法中,为了保证项目能如期完工,给每道作业都富留一定的安全缓冲时间。在图 9-12 中,作业时间估计值是大部分项目经理做计划会选择的预估时间,中间值或均值(作业时间期望值)与选择的预估时间之间的差距,就是在进行项目计划时要预留的安全缓冲时间。从图 9-12 中可以看出,项目的作业时间估计值是作业时间期望值的 2 倍。也就是说,一般而言的安全缓冲时间差不多是作业完工时间(理想情况下)的 1 倍。

项目的安全缓冲时间如此之长,主要是由于过去项目中突发事件的发生使管理人员更保守,不愿承担太大的延期风险,而过多的管理层次也使各个环节增加安全因素。但过长的安全缓冲时间在项目管理实践中未能大大降低项目延期的风险。这是因为每道作业都留有安全缓冲时间,所以作业人员凭经验认为作业时间留有空余,时常是开始不急,而将作业的开工时间延后,导致作业经常延迟完工;又由于前后作业之间的依存关系而导致完工延误的不断积累,前面作业完工的延误会全部转嫁给后面的系列作业中。因此大部分的安全缓冲时间在项目进程的各个步骤中被人为地消耗了,根本没有起到预防突发性事件的作用。

使用关键路线法保证作业按时完成的具体思路是:削减每道作业的预估时间,不为单道作业设置安全缓冲时间,而将节省的时间建立一个任务缓冲(某项任务的总体安全时间)。也就是说,把安全缓冲时间设置在项目任务的末端,集中富留一定的时间,来应对未知的突发性事件。

当每道作业的预估时间减少,一般是由 90% 的按时完成概率减少到 50% 时,各道作业时间将会减半,再将减半的时间之和的一半作为项目安全缓冲时间,这使得项目管理可以更集中且更有效率。

图 9-13 表示将每道作业的预估时间减半，然后将减半的时间之和的一半作为项目安全缓冲时间，这就是项目的共用缓冲时间，所需时间为原来的 3/4。

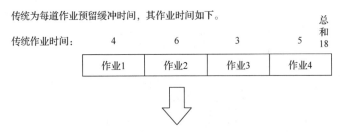

图 9-13　设置项目缓冲时间示意图

我们还需要考虑资源冲突，使制约因素（瓶颈资源）不受非制约因素的影响，在每条衔接路径与关键路线会合的地方插入衔接缓冲时间，如零件的供货缓冲时间，如图 9-14 所示。

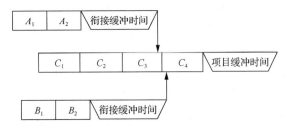

图 9-14　设置衔接缓冲时间示意图

在项目运行的过程中，管理者在关注关键路线的项目缓冲的同时，也要注意衔接路线中的缓冲时间，确保关键路线不被非关键路线的延误所阻碍。

9.5　习题

1. 试画出表 9-8 对应的网络图，并为事件编号。

表 9-8　工序明细表

工序	工时/d	紧后工序	工序	工时/d	紧后工序
A	6	C, D	H	6	M
B	2	E, F	I	3	—

续表

工序	工时/d	紧后工序	工序	工时/d	紧后工序
C	5	J, K	J	1	L
D	7	G, I, H	K	2	M
E	5	G, I, H	L	5	—
F	9	M, I	M	4	—
G	8	M	—	—	—

2. 根据项目工序明细表（表 9-9）。

（1）画出项目的网络图。

（2）计算工序的最早开始、最迟开始时间和总时差。

（3）找出关键路线和关键工序。

表 9-9 习题 2 项目工序明细表

工序	A	B	C	D	E	F	G
紧前工序	—	A	A	B, C	C	D, E	D, E
工序时间	9	6	12	19	6	7	8

3. 绘制表 9-10 对应的项目网络图，用表上计算法计算工序的各项时间参数并确定关键路线。

表 9-10 习题 3 项目工序明细表

工序	工时/d	紧前工序	工序	工时/d	紧前工序
A	5	—	F	4	B, C
B	8	A, C	G	8	C
C	3	A	H	2	F, G
D	6	C	I	4	E, H
E	10	B, C	J	5	F, G

4. 表 9-11 给出了某条道路修建的项目工序明细表。

表 9-11 习题 4 项目工序明细表

工序	A	B	C	D	E	F	G	H	I	J	K	L	M	N
紧前工序	—	—	—	A, B	B	B, C	E	D, G	E	E	H	F, J	I, K, L	F, J, L
时间/天	9	6	8	12	8	18	16	9	14	6	10	24	15	12

（1）绘制修建该条道路的项目网络图。

（2）在网络图上求工序的最早开始时间、最迟开始时间。

（3）用表格表示工序的最早开始时间、最迟开始时间和完成时间、总时差和自由时差。

（4）找出所有关键路线以及对应的关键工序。

（5）求该项目的完工期。

5. 已知某交通工程项目各道工序的 3 种估计时间见表 9-12。

（1）绘制网络图并计算各道工序的期望时间和方差。

（2）求关键工序和关键路线。

（3）求项目完工时间的期望值。

表 9-12　习题 5 项目工序明细表

工序	紧前工序	工序的 3 种时间		
		A	M	B
i	—	9	10	12
B	A	6	8	10
C	A	13	15	16
D	B	8	9	11
E	B, C	15	17	20
F	D, E	9	12	14

第 10 章 排 队 论

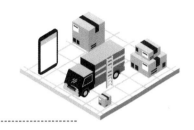

10.1 排队论的基本概念

10.1.1 排队论的定义

排队论是研究排队系统（又称随机服务系统）的数学理论和方法，是运筹学的一个重要分支。

有形排队现象：进餐馆就餐，到图书馆借书，到车站等车，去医院看病，去售票处买票，到工具房领物品等。

无形排队现象：如几个旅客同时打电话订车票，如果有一人正在通话，其他人只得在各自的电话机前等待，他们分散在不同的地方，形成一个无形的队列在等待接通电话。

表 10-1 中列出了几种实际生活中的排队系统。

表 10-1 排队系统举例

排队	要求服务项目	服务机构/人员
待修机（仪）器	修理	修理人员
汽车	加油	加油站
病人	看病	医生
电话呼机	通话	交换台
飞机（船舶）	进航空港（港口）	跑道（码头）
球队	比赛	场地
信号	传送	信道
数据	存储	计算机
……	……	……

排队的不一定是人，也可以是物。例如，生产线上的原材料、半成品等待加工，因故障而停止运行的机器设备等待修理，码头上的船只等待装货或卸货，要下降的飞机因跑道被占用而在空中盘旋等。

10.1.2 排队系统的组成

实际生活中的排队系统各不相同，但概括起来都由三个基本部分组成：输入过程、排队过程、服务过程。

1. 输入过程

输入过程是指要求服务的顾客按一定的规律到达排队系统的过程，有时也称顾客流。其包括输入源和输入方式两部分。

（1）输入源即顾客的总体。它可能是有限的总体，也可能是无限的总体。例如，到某加油站要加油的汽车显然是有限的总体，而上游河水流入水库可以认为是无限的总体。

（2）输入方式。输入方式与输入源的性质有一定的联系，输入源可能是离散的，例如等待加油的汽车、等待理发的顾客、等待购票的旅客等；也可能是连续的，如流入水库中的河水等。目前，排队论只局限于讨论离散总体，连续总体很少涉及，本书暂不讨论连续总体。

输入方式一般与下列因素有关。

① 顾客"来到"的方式可能是一个一个的（如加油的汽车、就诊的病人），也可能是成批的（如会议代表到食堂就餐、团体到影院看电影）。

② 顾客相继到达的间隔时间可以是确定型的（如流水线上的装配件、定期运行的班车等），也可以是随机型的（如到理发店去理发的顾客、待加油的汽车等）。

③ 顾客的到达可以是相互独立的，即以前的顾客到达情况对以后顾客的到来没有影响。本书主要讨论这种情况，对于有关联的情况暂不讨论。

④ 输入过程是平稳的，即描述相继到达的间隔时间分布和所含参数（如期望、方差等）都与时间无关。否则，输入过程是非平稳的。

2. 排队过程

排队过程包括队列形式和排队规则两部分。

队列形式主要是指队列数目和队列的空间形式。队列数目有单列和多列之分。在多列的情形，各列间的顾客有的可以互相转移，有的不能相互转移；有的顾客因排队等候时间过长而中途退出，有的则不能退出，必须坚持到被服务完。本书只讨论各列间不能相互转移，也不能中途退出的情形。队列的空间形式分为有形队列和无形队列，等待购票的旅客队列及等待加油的汽车队列是有形队列，而向电话交换台要求通话的呼唤则为无形队列。

排队规则可以有许多种，其中主要有以下三种。

（1）损失制。当顾客到达时，所有服务设备均被占用，顾客不进入队列而随即离去。

（2）等待制。当顾客到达时，所有服务设备均不空闲，顾客进入队列，等待接受服务，一直等到服务完毕以后才离去。

（3）混合制。这是损失制与等待制相结合的一种服务规则，一般是指允许顾客排队，但又不允许队列无限长。大体有以下三种。

① 队长有限，即系统等待空间是有限的。最多只能容纳 k 个顾客在系统中等待，当新顾客到达时，若系统中的顾客数（又称队长）小于 k，则可进入系统排队或接受服务；否则，便离开系统，并不再回来。例如，水库的库容是有限的，旅馆的床位是有限的。

② 等待时间有限，即顾客在系统中等待时间不超过某一给定的长度 T，当等待时间超过 T 时，顾客将自动离开，不再回来。例如，易损失的电子元件的库存问题，超过一定存储时间的元器件被自动认为失效。

③ 逗留时间（等待时间与服务时间之和）有限。例如，用高射炮射击敌机，当敌机飞越射击有效区域的时间为 T 时，若这个时间内敌机未被击落，也就不可能再被击落了。

3. 服务过程

服务过程包含服务规则和服务机构两部分。

（1）服务规则。当顾客到达时，若所有服务台都被占用且又允许排队，则该顾客将进入队列等待。服务台对顾客进行服务所遵循的等待规则如下。

① 先到先服务（First Come First Served，FCFS）。按顾客到达的先后顺序对顾客进行服务，这是最普遍的情形。

② 后到先服务（Last Come First Served，LCFS）。在许多库存系统中就会出现这种情况，如钢板存入仓库后，需要时总是从最上面取出；又如在情报系统中，后来到达的信息往往更重要，要先加以分析和利用。

③ 随机服务（Service In Random Order，SIRO）。当服务台空闲时，不按排队序列而随意指定某个顾客接受服务，如电话交换台接通呼叫、乘客选择出租车。

④ 有优先权的服务（Priority，PR）。服务台根据顾客的优先权的不同进行服务，如病危的病人应优先治疗，重要的信息应优先处理，出价高的顾客应优先考虑。

（2）服务机构。服务机构主要包括服务方式、服务设备和服务时间及其分布。服务方式可以是单个服务也可以是成批服务，公共汽车对在站台上等候的乘客就是成批服务。服务设备可以是一个或几个，在图10-1中，包括单服务台排队系统、多服务台排队系统、多服务台串联排队系统。

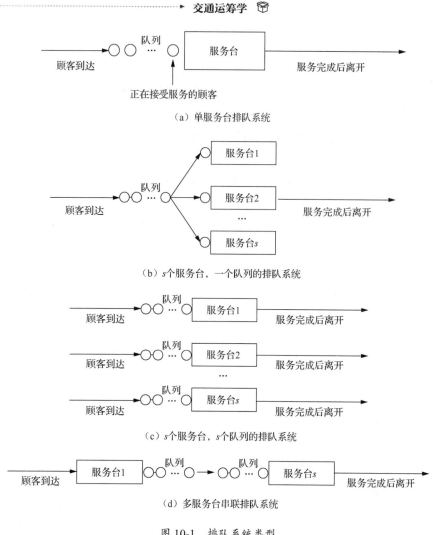

图 10-1 排队系统类型

10.1.3 排队系统模型的分类

为了区别各种排队系统，根据输入过程、排队过程和服务过程的变化对排队模型进行描述或分类，可给出很多模型。1953 年，Kendall 提出一个分类方法，称为 Kendall 符号，其形式为 $X/Y/Z$。

在 1971 年一次关于排队论符号标准化国际会议上，将 Kendall 符号扩充为以下标准形式：$X/Y/Z/A/B/C$ 或 $[X/Y/Z]:[A/B/C]$。

各符号的意义如下：

（1）X 表示顾客相继到达时间间隔的概率分布，可取 M、D、E_k、G 等，其中，M 表示顾客到达过程服从泊松分布或负指数分布；D 表示定长输入；E_k 表示 k 阶爱尔朗（Erlang）分布；G 表示一般相互独立的随机分布。

（2）Y表示服务时间分布，所用符号与X相同。

（3）Z表示服务台个数，取正整数。1表示单个服务台，$s(s>1)$表示多个服务台。

（4）A表示系统中顾客容量限额，或称等待空间容量。若系统中有k个等待位子（$0<k<\infty$），当k=0时，说明系统不允许等待，即为损失制系统；当$k=\infty$时，表示为等待制系统；当k为有限整数时，表示为混合制系统。

（5）B表示顾客源限额，可取正整数或∞，即有限与无限两种。

（6）C表示服务规则，如FCFS、LCFS、SIRO、PR等。

10.1.4 排队论研究的基本问题

排队论研究的基本问题如下。

（1）通过研究主要数量指标在瞬时或平稳状态下的概率分布及数字特征，了解系统运行的基本特征。

（2）统计推断问题，建立适当的排队模型是排队论研究的第一步，在建立模型过程中，经常会遇到如下问题：检验系统是否达到平稳状态；检验顾客相继到达时间间隔的相互独立性，确定服务时间的分布及有关参数等。

（3）系统优化问题，又称系统控制问题或系统运营问题，其基本目的是使系统处于最优的或最合理的状态。系统优化问题包括最优设计问题和最优运营问题。

10.1.5 排队系统的数量指标

排队系统的主要数量指标包括等待时间、忙期、队长，数量指标的常用记号和其他常用数量指标。

（1）等待时间、忙期、队长。

① 等待时间。从顾客到达时刻起到他开始接受服务止这段时间称为等待时间，又称逗留时间，是一个随机变量。

② 忙期。忙期是指从顾客到达空闲的服务机构起，到服务机构再次成为空闲的这段时间，即服务机构连续忙的时间。忙期也是一个随机变量，是服务员最为关心的指标，因为它关系到服务员的服务强度。与忙期相对的是闲期，即服务机构连续保持空闲的时间。在排队系统中，忙期和闲期总是交替出现的。

③ 队长。队长是指系统中的顾客数（排队等待的顾客数与正在接受服务的顾客数之和）；排队长是指系统中正在排队等待服务的顾客数。队长和排队长一般都是随机变量。

（2）排队论主要研究系统处于稳定状态时的工作情况，以下衡量系统运行效率的工作指标都是以稳态系统为前提的。

p_n：系统在长度为 t 的时间内到达 n 个顾客的概率，计算公式如下。

$$p_n(t) = \frac{(\lambda t)^n}{n!} e^{-\lambda t}, t > 0, n = 0, 1, 2, \cdots$$

当 $t=1$ 时，p_n 表示单位时间内到达 n 个顾客的概率。

L_s：平稳系统中顾客数的平均值，又称平均队长。

L_q：平稳系统中正在排队的顾客数的平均值，又称平均排队长。

T_s：顾客在平稳系统中的逗留时间。

$W_s = E(T)$：顾客在平衡系统中的平均逗留时间。

T_q：顾客在平稳系统中的排队等待时间。

$W_q = E(T_q)$：顾客在平稳系统中的平均排队等待时间。

（3）为了计算上述运行指标，还需要引入其他常用数量指标。

λ：顾客平均到达率，即单位时间内到达服务系统的平均顾客数。

s：顾客系统中并联服务台的数目。

$\frac{1}{\lambda}$：顾客的平均到达间隔。

μ：系统的平均服务率，即单位时间内被服务完毕后，离开系统的平均顾客数。

$\frac{1}{\mu}$：每个服务台的平均服务时间。

n：稳态系统任一时刻的状态（即系统中所有顾客数）。

ρ：平均服务强度，即每个服务台在单位时间内的平均服务时间，$\rho = \frac{\lambda}{s\mu}$。

10.2　单服务台排队系统模型

对于输入过程为泊松流（顾客的到达过程服从泊松分布），服务时间服从负指数分布的单服务台排队系统模型，主要包括下列几种：标准的排队系统模型 $M/M/1/\infty/\infty$、有限等待空间排队系统模型 $M/M/1/N/\infty$、顾客源有限的排队系统模型 $M/M/1/\infty/m$。本小节只介绍标准的排队系统模型 $M/M/1/\infty/\infty$。

当服务规则为先到先服务的情况时，该排队系统的模型可记为：$M/M/1/\infty/\infty/FCSC$。

10.2.1　模型假设条件

单服务台的排队系统，它的输入过程服从泊松分布过程，服务时间服从负指数分布，其适合下列条件的排队系统。

（1）输入过程：顾客源是无限的，顾客单个到来，相互独立，一定时间的到达数服从泊松分布，到达过程也是平稳的。

（2）排队规则：单队，且队长没有限制，先到先服务。

（3）服务机构：单服务台，各个顾客的服务时间是相互独立的，服从相同的负指数分布。

此外，还假设到达间隔时间和服务时间是相互独立的。

标准的单服务台排队模型为 $M/M/1/\infty/\infty/FCFS$ 排队系统模型。其中，$M/M/1/\infty/\infty/FCFS$ 中第一个 M 的含义为顾客依次到达的时间间隔 T_m，$T_m(m=1,2,\cdots,n)$ 形成一个随机变量序列 $\{T_m\}$，且每个随机变量 $\{T_m\}$ 均服从独立同分布的负指数分布，其密度函数为

$$f(t) = \begin{cases} \lambda e^{-\lambda t}, & t \geq 0 \\ 0, & t < 0 \end{cases}$$

$M/M/1/\infty/\infty/FCFS$ 中第二个 M 的含义为服务时间 S_m，$S_m(m=1,2,\cdots,n)$ 形成一个随机变量序列 $\{S_m\}$，且每个随机变量 $S_m(m=1,2,\cdots,n)$ 均服从独立同分布的负指数分布，其密度函数为

$$g(t) = \begin{cases} \mu e^{-\mu t}, & t \geq 0 \\ 0, & t < 0 \end{cases}$$

服务时间 S_m 和到达时间间隔 $T_m(m=1,2,\cdots,n)$ 是相互独立的。

队列长度无限为 $M/M/1/\infty/\infty/FCFS$ 中第一个 ∞ 的含义，顾客源容量无限为 $M/M/1/\infty/\infty/FCFS$ 中第二个 ∞ 的含义。

10.2.2 排队系统状态概率分布

为了便于说明问题，这里以细胞的生灭过程为例来讨论。假设有一堆细胞，每个细胞在时间 Δt 内分裂成两个的概率为 $\lambda \Delta t + O(\Delta t)$，在 Δt 时间内细胞死亡的概率为 $\mu \Delta t + O(\Delta t)$，各个细胞在任何时间段内分裂和死亡都是独立的，并且把细胞的分裂和死亡都看成一个事件的话，则在 Δt 时间内发生两个或两个以上事件的概率为 $O(\Delta t)$。假设已知初始时刻细胞的个数，问经过 T 时间后细胞将变成多少个？如果把细胞的分裂看成一个顾客接受完服务后离去，则生灭过程恰好反映了一个排队服务系统的瞬时状态 $N(t)$ 随时间 T 变化的过程。

当有一个新顾客到达时，系统将由某一低状态转移到相邻的高状态，如由状态 i 转移到 $i+1$，当有一个顾客因接受完服务而立即离去时，系统将由某一高状态转移到相邻的低状态，如由状态 i 转移到状态 $i-1$。其中，节点编号 i 表示系统所处的状态，$i=0,1,2,\cdots$，箭头方向表示状态转移方向。系统状态转移可用图 10-2 表示。

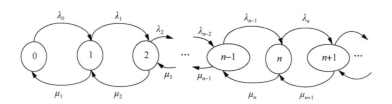

图 10-2 系统状态转移

10.2.3 排队系统运行指标

$M/M/1/\infty/\infty/FCFS$ 排队系统的运行指标如下。

系统达到平稳后，系统有 n 个顾客的概率为

$$\begin{cases} p_0 = 1-\rho, & \rho<1 \\ p_n = (1-\rho)\rho^n, & n \geqslant 1 \end{cases}$$

平均系统队长（包括正被服务和排队等候的总顾客数）为

$$L_s = \sum_{n=0}^{\infty} np_n = \sum_{n=1}^{\infty} n(1-\rho)\rho^n$$

$$= (\rho + 2\rho^2 + 3\rho^3 + \cdots) - (\rho^2 - 2\rho^3 + 3\rho^4 + \cdots)$$

$$= \frac{\rho}{1-\rho}$$

顾客在系统内的平均逗留时间为

$$W_s = \frac{L_s}{\lambda} = \frac{1}{\mu(1-\rho)} = \frac{1}{\mu-\lambda}$$

正在接受服务顾客数为

$$L_{服} = 0 \times p_0 + 1 \times \sum_{k=1}^{\infty} p_k = 1 - p_0 = \rho$$

系统内排队等候的平均顾客数为

$$L_q = L_s - L_{服} = \frac{\rho}{1-\rho} - \rho = \frac{\rho^2}{1-\rho} = \frac{\lambda\rho}{\mu-\lambda}$$

顾客平均排队等候时间为

$$W_q = \frac{L_q}{\lambda} = \frac{\rho^2}{\lambda(1-\rho)}$$
$$= \frac{\lambda}{\mu(\mu-\lambda)}$$
$$= \rho W_s$$

系统内多于 k 个顾客的概率为
$$p = 1 - \sum_{l=0}^{k} p_l$$
$$= 1 - (1 - \rho^{k+1})$$
$$= \rho^{k+1}$$

记 L_s 为系统内顾客数，则其方差为 $\sigma^2 = Dl_s$ 为
$$\sigma_s^2 = \sum_{k=0}^{\infty}(l_s - L_s)^2 p_k = \cdots = \frac{\rho}{(1-\rho)^2}$$

记 L_q 为系统内排队等候的顾客数，则其方差为
$$\sigma_q^2 = DL_q = E(L_q^2) - L_q^2$$
$$= \sum_{k=0}^{\infty} k^2 p_{k+1} - L_q^2$$
$$= \cdots$$
$$= \frac{\rho^2(1+\rho-\rho^2)}{(1-\rho)^2}$$

现将上述几个主要运行指标归纳如下。
$$p_0 = 1 - \rho$$
$$p_n = \rho^n(1-\rho)$$
$$L_s = \frac{\lambda}{\mu-\lambda} = \frac{\rho}{1-\rho}$$
$$L_q = \frac{\lambda^2}{\mu(\mu-\lambda)} = \frac{\rho^2}{1-\rho} = L_s \rho$$
$$W_s = \frac{1}{\mu-\lambda}$$
$$W_q = \frac{L_q}{\lambda} = \frac{\rho^2}{\lambda(1-\rho)} = \frac{\lambda}{\mu(\mu-\lambda)} = \rho W_s$$
$$L_s = \lambda W_s$$
$$W_s = W_q + \frac{1}{\mu}$$
$$L_s = L_q + \frac{\lambda}{\mu}$$

10.3 多服务台排队系统模型

多服务台排队系统模型与前面的模型相比，只是服务台从一个变为多个，其他假设条件不变。对于输入过程为泊松流，服务时间服从负指数分布的多服务台排队系统模型，主要包括下列几种：标准的排队系统模型 $M/M/c/\infty/\infty$、有限等待空间排队系统模型 $M/M/c/N/\infty$、顾客源有限的排队系统模型 $M/M/c/\infty/m$。所以这里主要讨论这三种模型。

10.3.1 标准的 $M/M/c/\infty/\infty$ 排队系统

根据前面介绍的符号的含义，这个系统讨论的内容为：顾客源无限制，顾客相互独立地单个到达，在一定时间内顾客的到达数服从泊松分布，到达过程是平稳的，到达系统后按照先到先得的规则接受服务，有 c 个服务台，系统对顾客数没有限制。

为了讨论方便，在这里需要假设 c 个服务台之间的工作是相互独立的且其平均服务率相同，即若表示第 i 个服务台的服务率（即单位时间该服务台服务了多少个顾客），则假设 $\mu_1 = \mu_2 = \cdots = \mu_c = \mu$。当系统中的顾客数 $n < c$ 时，整个服务系统的平均服务率是 $n\mu$；当系统中的顾客数 $n > c$ 时，整个服务系统的平均服务率是 $c\mu$。与前面的讨论相同，当 $\rho = \dfrac{\lambda}{c\mu} < 1$ 时才不会排成无限的队列，我们只讨论这种情况，并称 P 为该系统的服务强度或该系统的平均服务率。这时的 λ 是顾客的平均到达率。关于该系统的状态转移概率的推导过程省略。下面列出状态转移概率的公式：

$$p_0 = \left[\sum_{n=0}^{c-1} \frac{1}{n!}\left(\frac{\lambda}{\mu}\right)^n + \frac{1}{c!}\left(\frac{\lambda}{\mu}\right)^c \left(\frac{1}{1-\rho}\right) \right]^{-1}$$

$$p_n = \begin{cases} \dfrac{1}{n!}\left(\dfrac{\lambda}{\mu}\right)^n p_0, & 0 \leqslant n \leqslant c \\[6pt] \dfrac{1}{c! c^{n-c}}\left(\dfrac{\lambda}{\mu}\right)^n p_0, & n > c \end{cases}$$

系统中的平均顾客数（平均队长）L_s 和平均等待的顾客数（平均等待队长）L_q 为

$$L_s = L_q + \frac{\lambda}{\mu}$$

$$L_q = \sum_{n=c+1}^{\infty}(n-c)p_n = \frac{(c\rho)^c \rho}{c!(1-\rho)^2} p_0$$

同时，求得顾客在系统中的平均等待时间 W_q 和平均逗留时间 W_s 为

$$W_q = \frac{L_q}{\lambda},\ W_s = \frac{L_s}{\lambda}$$

第 10 章
排　队　论

例 10.1 某售票处有 3 个窗口，顾客达到该售票处的人数服从泊松分布，根据记录，平均每分钟有 0.9 人到达。售票处售票的时间根据统计分析是服从负指数分布的，平均每分钟为 0.4 人服务（售票）。现设顾客到达后先排成一队（即所谓的串联），然后依次到空闲的窗口购票。试求：（1）该售票处的空闲概率；（2）平均等待队长以及平均队长；（3）顾客在该售票处的平均逗留时间和平均等待时间。

解：根据题意，这是一个 $M/M/3/c/\infty$ 排队系统。其中，$c=3$，$\lambda=0.9$ 人/min，$\mu=0.4$ 人/min。故 $\dfrac{\lambda}{\mu}=\dfrac{0.9}{0.4}=2.25$，$\rho=\dfrac{\lambda}{3\mu}=\dfrac{2.25}{3}=0.75<1$，满足上面的讨论要求。因此

（1）该售票处的空闲概率，即系统中有 0 个顾客的概率为

$$p_0 = \left[\sum_{n=0}^{c-1} \frac{1}{n!}\left(\frac{\lambda}{\mu}\right)^n + \frac{1}{c!}\left(\frac{\lambda}{\mu}\right)^c \left(\frac{1}{1-\rho}\right)\right]^{-1}$$

$$= \left[\sum_{n=0}^{2} \frac{1}{n!}\left(\frac{0.9}{0.4}\right)^n + \frac{1}{3!}\times\left(\frac{0.9}{0.4}\right)^3 \times \frac{1}{1.075}\right]^{-1}$$

$$= \left[1 + \frac{0.9}{0.4} + \frac{1}{2}\times 2.25^2 + \frac{1}{6}\times 2.25^3 \times \frac{1}{0.25}\right]^{-1}$$

$$= \left[1 + 2.25 + \frac{2.25^2}{2} + \frac{2.25^3 \times 4}{6}\right]^{-1}$$

$$\approx 0.0748$$

（2）平均等待队长 L_q 以及平均队长 L_s 为

$$L_q = \frac{(c\rho)^c \rho}{c!(1-\rho)^2} p_0 = \frac{\left(3\times\frac{2.25}{3}\right)^3 \times 0.75}{3!(1-0.75)^2}\times 0.0748 \approx 1.70(\text{min}),$$

$$L_s = L_q + \lambda/\mu = 1.70 + 2.25 = 3.95(\text{人})$$

（3）顾客在该售票处的平均逗留时间 W_s 和平均等待时间 W_q 为

$$W_s = \frac{L_s}{\lambda} = \frac{3.95}{0.9} \approx 4.39(\text{min}), \quad W_q = \frac{L_q}{\lambda} = \frac{1.70}{0.9} \approx 1.89(\text{min})$$

本例题中假设顾客是单个、独立到达系统的，到达后按照串联的方式排列，快到服务窗口后看到哪个窗口空闲就到该窗口。但是，有时也会遇到另外一种情况：虽然有若干个窗口，但要求顾客到达后先选择一个队列排队，一旦选定就不能更改。比如，在超市排队等待结账就是这种情况（虽然排好队后顾客可以另外选择一个队列，但必须从那个队列的最后排队）。一般来说，前面的系统效率更高。以该例题为例，假设顾客到达这 3 个窗口的平均到达率相同，于是有 $\lambda_1=\lambda_2=\lambda_3=0.9/3=0.3$（人/min），原来的 $M/M/c/\infty/\infty$ 排队系统就变成 3 个 $M/M/1/\infty/\infty$ 排队系统。此时，相关指标的计算如下。

（1）该售票处每个窗口的空闲概率，即系统中有 0 个顾客的概率为

$$p_0 = 1 - \rho = 1 - \frac{\lambda}{\mu} = 1 - \frac{0.3}{0.4} = 0.25$$

在上面的计算中，该系统的空闲概率为 0.0748，即大概有 7.48% 的时间是空闲的。现在的计算表明，如果是 3 个 $M/M/1/\infty/\infty$ 排队系统，则意味着每个窗口的空闲概率都是 25%，远远大于前者。

（2）该售票处每个窗口的平均队长 L_s 以及平均等待队长 L_q 为

$$L_s = \frac{\lambda}{\mu - \lambda} = \frac{0.3}{0.4 - 0.3} = 3(人)，\quad L_q = \frac{\rho\lambda}{\mu - \lambda} = \frac{\frac{0.3}{0.4} \times 0.3}{0.4 - 0.3} = 2.25(\min)$$

这意味着整个系统中的平均队长是 9 人，平均等待队长是 6.75 min。这两项指标也远远高于 $M/M/c/\infty/\infty$ 系统。

（3）顾客在该售票处每个窗口的平均逗留时间 W_s 和平均等待时间 W_q 为

$$W_s = \frac{1}{\mu - \lambda} = \frac{1}{0.4 - 0.3} = 10(\min)，\quad W_q = \frac{\rho}{\mu - \lambda} = \frac{\frac{0.3}{0.4}}{0.4 - 0.3} = 7.5(\min)$$

由计算可知，这两项指标同样高于 $M/M/c/\infty/\infty$ 排队系统。

10.3.2 $M/M/c/N/\infty$ 排队系统

根据前面介绍的符号的含义，这个系统讨论的内容为：顾客源无限制，顾客相互独立地单个到达，在一定时间内顾客的到达数服从泊松分布，到达过程是平稳的，到达系统后按照先到先得规则接受服务，有 c 个服务台，系统对顾客数有限制，限制总数是 N 个。当系统中顾客数为 $N \geq c$ 时，再来的顾客即被系统拒绝。其他的基本假设，即顾客达到率 λ 以及服务率 μ 等与上一个模型相同，并令 $\rho = \lambda/c\mu$。此时，相应的状态概率（推导过程省略）如下：

$$\begin{cases} p_0 = \left[\sum_{n=0}^{c} \frac{(c\rho)^n}{n!} + \frac{c^c}{c!} \cdot \frac{\rho(\rho^c - \rho^N)}{1 - \rho} \right]^{-1}, & \rho \neq 1 \\ p_n = \begin{cases} \dfrac{(c\rho)^n}{n!} p_0, & (1 \leq n < c) \\ \dfrac{c^c}{c!} \rho^n p_0, & (c \leq n \leq N) \end{cases} \end{cases}$$

有关运行指标（推导过程省略）如下：

$$\begin{cases} L_q = \dfrac{p_0 \rho (c\rho)^c}{c!(1-\rho)^2}\left[1-\rho^{N-c}-(N-c)\rho^{N-c}(1-\rho)\right] \\ L_s = L_q + c\rho(1-p_N) \\ W_q = \dfrac{L_q}{\lambda(1-P_N)} \\ W_s = W_q + \dfrac{1}{\mu} \end{cases}$$

10.3.3　$M/M/c/\infty/m$ 排队系统

根据前面介绍的符号的含义，这个系统讨论的内容为：顾客源限制总数为 m 个，顾客相互独立地单个到达，在一定时间内顾客的到达数服从泊松分布，到达过程是平稳的，到达系统后按照先到先得的规则接受服务，有 c 个服务台，系统对顾客数没有限制。其他的基本假设，即顾客达到率 λ 以及服务率 μ 等与第一个模型相同，并令 $\rho = m\lambda/c\mu$，此时，相应的状态概率（推导过程省略）如下：

$$\begin{cases} p_0 = \dfrac{1}{m!}\left[\sum_{k=0}^{c}\dfrac{1}{k!(m-k)!}\left(\dfrac{c\rho}{m}\right)^k + \dfrac{c^c}{c!}\sum_{k=c+1}^{m}\dfrac{1}{(m-k)!}\left(\dfrac{\rho}{m}\right)^k\right]^{-1} \\ p_n = \begin{cases} \dfrac{m!}{(m-n)!n!}\left(\dfrac{\lambda}{\mu}\right)^n p_0, & (0 \leqslant n \leqslant c) \\ \dfrac{m!}{(m-n)!c!c^{n-c}}\left(\dfrac{\lambda}{\mu}\right)^n p_0, & (c+1 \leqslant n \leqslant m) \end{cases} \end{cases}$$

相应的指标计算公式为

$$L_s = \sum_{n=1}^{m} n p_n$$

$$L_q = \sum_{n=c+1}^{m}(n-c)p_n$$

$$\lambda_e = \lambda(m - L_s)$$

$$W_q = \dfrac{L_q}{\lambda_e}$$

$$W_s = \dfrac{L_s}{\lambda_e}$$

10.4 排队论在交通系统中的应用

10.4.1 排队系统的最优化问题

排队系统的最优化问题分为两类：系统设计最优化和系统控制最优化。前者称为静态问题，从排队论一诞生起就成为人们研究的内容，目的是使设备达到最大效益，或者说，在一定的质量指标下要求服务机构最为经济。后者称为动态问题，是指一个给定的系统如何运营可使某个目标函数得到最优，这是 10 多年来排队论的研究重点之一。

在一般情形下，提高服务水平（数量、质量）自然会降低顾客的等待费用（损失），但却常常增加了服务机构的成本，我们最优化的目标之一是使二者费用之和为最小，以期达到这个目标的最优服务水平。另一个常用的目标函数是使纯收入或使利润（服务收入与服务成本之差）为最大（图 10-3）。各种费用在稳态情形下，都是按单位时间来考虑的。一般情形，服务费用（成本）是可以确切计算或估计的。至于顾客的等待费用就有许多不同情况，像机械故障问题中等待费用（由于机器待修而使生产遭受的损失）是可以确切估计的。

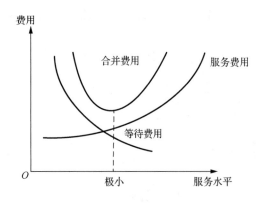

图 10-3 排队模型服务-费用图

服务水平可以由不同形式来表示，主要的是平均服务率（代表服务机构的服务能力和经验等），其次是服务设备，如服务台的个数 c；以及由队列所占空间大小所决定的队列最大限制数 N 等。服务水平也可以通过服务强度 ρ 来表示。

我们常用的求解方法，主要是基于求极值的思想，对于离散变量常用边际分析法，对于连续变量常用经典的微分法，对于复杂问题读者们可以用非线性规划或动态规划的方法。

10.4.2 以服务率为控制变量的排队系统优化

假定所考虑的排队系数为 $M/M/1/\infty/\infty/FCFS$，服务率(μ)是可变的，且在 λ 与 $+\infty$ 之间连续变化。即

$$\lambda < \mu < +\infty$$

该系统中服务率与费用的关系如下。

（1）服务机构的费用。较高的 μ 值将花费较高的费用。设 μ 值与服务机构的费用呈线性关系，则

$$服务机构的费用 = c_1\mu$$

式中，c_1 为单位时间单位速率的费用，它可以理解为服务机构在不同的速率上服务，而对于单位速率，付出价值为 c_1 的费用。改变服务率可增加或减少服务人员、服务设施。c_1 值应当是综合以上两种费用后所考虑的费用。

（2）顾客等待所消耗的费用。队长越长，等待的顾客越多，顾客等待所消耗的费用也就越大。

$$顾客等待所消耗的费用 = c_2 L_s$$

式中，c_2 为每个顾客在排队系统中停留单位时间所消耗的费用。如果顾客就是本单位的工作人员，可以理解为就是本单位工作人员的平均工资，对其他顾客也可以理解为这些顾客的平均工资。

（3）目标函数。系统中单位时间的总费用为

$$\begin{aligned} z &= c_1\mu + c_2 L_s \\ &= c_1\mu + c_2\frac{\lambda}{\mu - \lambda} \end{aligned}$$

（4）求最优服务率 μ^*。因为 μ 是连续变化的，利用高等数学中求极值的方法，就可以求得总费用 z 的极小值点，令

$$\frac{\mathrm{d}z}{\mathrm{d}\mu} = c_1 - \frac{c_2\lambda}{(\mu - \lambda)^2} = 0$$

得

$$(\mu - \lambda)^2 = \frac{c_2}{c_1}\lambda$$

又因为 $\lambda < \mu < +\infty$，所以 $\mu - \lambda > 0$，得

$$\mu - \lambda = \sqrt{\frac{c_2}{c_1}\lambda}$$

求得驻点为
$$\mu^* = \lambda + \sqrt{\frac{c_2}{c_1}\lambda}$$

再对 z 求 μ 的二阶导数
$$\frac{d^2 z}{d\mu^2} = 2c_2\lambda(\mu - \lambda)^{-3}$$

代入 μ^* 得
$$\left.\frac{d^2 z}{d\mu^2}\right|_{\mu^*} = 2c_2\lambda\left(\frac{c_2}{c_1}\lambda\right)^{-\frac{3}{2}}$$

因为 $c_1 > 0$，$c_2 > 0$，$\lambda > 0$，所以 $\left.\dfrac{d^2 z}{d\mu^2}\right|_{\mu^*} > 0$

故 μ^* 为极小值点。

10.4.3 以服务台数为控制变量的排队系统优化

排队系统优化除了服务率，还有服务台数(c)。事实上，当服务率提高到一定程度，就不可能再无限制地提高，这时改善排队系统服务效率的方法则应转向考虑改善服务台数。仅考虑 $M/M/c/\infty/\infty$ 的排队系统，其费用关系如下。

（1）服务机构的费用。这里是多服务台的服务系统，服务机构的费用是每一个服务台的单位时间费用和服务台的个数的乘积，即

$$\text{服务机构的费用} = c_1 c$$

式中，c 表示服务台数；c_1 表示每个服务台单位时间的费用。

（2）顾客等待所消耗的费用与 10.4.2 小节中相同。

（3）目标函数(z)对一个完整的排队系统来说，应考虑其单位时间的费用，即服务机构的费用与顾客等待所消耗的费用之和。

$$z = c_1 c + c_2 L_s$$

（4）求解 $z(c)$ 的最小值。因为 c 只取整数，无法使用经典的微分法，根据极小值的定义有

$$z(c^*) \leqslant z(c^* - 1)$$
$$z(c^*) \leqslant z(c^* + 1)$$

将目标函数(z)代入上式得

$$c_1 c^* + c_2 L_s(c^*) \leqslant c_1(c^* - 1) + c_2 L_s(c^* - 1)$$
$$c_1 c^* + c_2 L_s(c^*) \leqslant c_1(c^* + 1) + c_2 L_s(c^* + 1)$$

化简后可得

$$L_s(c^*) - L_s(c^*+1) \leq \frac{c_1}{c_2} \leq L_s(c^*-1) - L_s(c^*)$$

则满足上式的 c 值就是最优服务台数。

10.5 习题

1. 指出下列排队系统中的顾客和服务机构。
（1）机场起飞的客机；
（2）十字路口红绿灯前的车辆；
（3）超级市场收款台前的顾客；
（4）高速公路收费站前的车辆；
（5）汽车加油站内等待的车辆。

2. 列举生产或生活中下列各类排队服务系统的例子。
（1）无限等待空间；
（2）有限等待空间；
（3）无等待空间；
（4）先到先得服务；
（5）具有优先权的服务规则；
（6）随机服务规则；
（7）成批服务；
（8）服务时间随队长而变化；
（9）串联的排队系统；
（10）顾客源有限的排队系统。

3. 表 10-2 为某排队服务系统顾客到达与服务员对每名顾客服务时间分布的统计。假设顾客的到达服从泊松分布，服务时间服从负指数分布，试用 χ^2 检验在置信度为 95% 时上述假设能否接受。

表 10-2 顾客到达与服务员对每名顾客服务时间分布的统计

每小时到达顾客数	频数	对每名顾客的服务时间	频数
0	23	$0 \leq t < 10$	54
1	58	$10 \leq t < 20$	34
2	69	$20 \leq t < 30$	18
3	51	$30 \leq t < 40$	12

续表

每小时到达顾客数	频数	对每名顾客的服务时间	频数
4	35	$40 \leq t < 50$	8
5	18	$50 \leq t < 60$	6
6	11	$60 \leq t < 70$	3
7	3	$70 \leq t < 80$	1
8	1	$80 \leq t < 90$	1
9	1	$90 \leq t < 100$	1
合计	270	合计	138

4. 某市消费者协会一年（按 365 天计算）接受顾客对产品质量的申诉。设申诉以 $\lambda = 4$ 件/天的泊松流到达，该协会处理申诉的定额为 5 件/天，当天处理不完的将移交专门小组处理，不影响每天业务。

试求：

（1）一年内有多少天无一件申诉？

（2）一年内多少天处理不完当天的申诉？

5. 来到某餐厅的顾客流服从泊松分布，平均 20 人/h。餐厅于 11:00 开始营业。

试求：

（1）当 11:07 有 18 名顾客在餐厅时，于 11:12 恰好有 20 名顾客的概率（假定该时间区间内无顾客离去）；

（2）前一名顾客于 11:25 到达餐厅，后一名顾客在 11:28 至 11:30 之间到达餐厅的概率。

6. 某地区的人口出生间隔服从 $1/\lambda = 2h$ 的负指数分布。

试计算：

（1）某一天内无婴儿出生的概率；

（2）某天内恰好 20 名婴儿出生的概率；

（3）在 4h 内 5 名婴儿出生的概率。

7. 某牙科诊所的病人可以预约 9:00、10:00、11:00，一直到 16:00 去治疗。已知一名牙科医生治疗一名病人的时间服从负指数分布，平均为 10min。如果该诊所希望任何 1h 预约的病人在下批预约病人到达前治疗完毕的概率不低于 80%，问每小时预约的病人人数应不超过多少名？

8. 到汽车加油站加油的汽车服从泊松分布，平均每 5min 到达 1 辆。设加油站对每辆汽车的加油时间为 10min，问在这段时间内发生以下情况的概率：

（1）没有一辆汽车到达加油站；（2）有两辆汽车到达加油站；（3）不少于 5 辆汽车到达加油站。

9. 假定一个排队系统中有两名服务员，到达该系统的顾客数服从泊松分布，平均 1 人/h，每名服务员对顾客的服务时间服从负指数分布，平均 1 人/h。若有一名顾客于 12:00 到达该排队系统。

试求：

（1）下一名顾客在 13:00 前、13:00～14:00 之间、14:00 以后到达的概率；

（2）假定 13:00 前没有别的顾客到达，则下一名顾客于 13:00～14:00 之间到达的概率；

（3）在 13:00～14:00 之间顾客到达数为 0.1 和不小于 2 的概率；

（4）假定两名服务员于 13:00 都在为顾客服务，则两名被服务的顾客于 14:00 前，13:10 前，13:01 前都没有被服务完的概率。

10. 假设送达某加工中心的零件平均为 60 件/h，该中心的加工能力为平均 75 件/h。问处于稳定状态时，该加工中心的平均输出率为 60 件/h 还是 75 件/h？简要说明理由。

第 11 章 存 储 论

11.1 存储论的基本概念

11.1.1 存储问题的提出

人们在生产和日常生活中往往将所需的物资、用品和食物暂时地储存起来，以备将来使用或消费。这种储存物品的现象是为了解决供应（生产）与需求（消费）之间的不协调的一种措施，这种不协调性一般表现为供应量与需求量和供应时期与需求时期的不一致性，出现供不应求或供过于求。人们在供应与需求这两个环节之间加入储存环节，就能起到缓解供应与需求之间的不协调的作用，并以此为研究对象，利用运筹学的方法求得最合理、最经济的储存问题。党的二十大报告也提出了，要"优化配置创新资源"。生活和工作中的相关问题如下。

（1）水电站在雨季到来之前，水库的蓄水量就存在一个矛盾。从发电的需要角度来说，当然蓄水量多为好。从安全角度来说，如果雨季降雨量多，则必须考虑先放掉一些水，使水库蓄水量减少，否则洪水到来时，水库水位猛涨，溢洪道排泄不及时，可能会使水坝坍塌，除了水电站被破坏，还会给下游居民生活造成巨大的损失。假设只考虑安全，可提前把水库蓄水放空，但当雨季降雨量少时，就会造成水库蓄水量不足，使发电量减少。因此，合理地调节水库的蓄水量对国民经济有重大意义。

（2）工厂生产需用原材料，如没有储存一定数量的原材料，会发生停工待料的现象。原材料储存过多除了积压资金，还要支付一笔存储保管费用。例如，蛋品加工厂需用鲜鸡蛋做原材料，若鲜鸡蛋存量过少，会造成停工待料而使工厂经济受损失；若储存鲜鸡蛋过多，在支付存储保管费用时还要支出一笔冷冻保鲜费用。若遇到一些意外的因素使鲜鸡蛋变质则损失更大。在这种情况下，存储多少鲜鸡蛋合适呢？

（3）如果商店里的商品存储量不足，会发生缺货现象，失去销售机会从而减少商品的利润；如果商店里的商品存储量过多，一时售不出去，会造成商品积压，占用流动资金过多，难以周转，这样也会给商家造成经济损失。日常生活中，顾客购买何种商品以及购买多少，都带有随机性，商店的管理人员应根据日常销售等数据确定商品的存储量。

诸如此类，与存储量有关的问题，需要人们作出抉择。在长期实践中，人们摸索到一些规律，也积累了一些经验。专门研究这类有关存储问题的科学，构成运筹学的一个分支，叫作存储论，也称库存论。

11.1.2 存储问题及其基本概念

库存管理是对企业进行现代化科学管理的一个重要内容，一个工厂、一个商店没有必需的库存，就不能保证正常的生产活动和销售活动。若库存不足就会造成工厂停工待料和商店缺货，在经济上造成损失；若库存量太大就会占用流动资金，且增加商品的存储费用，使企业利润大幅下降，因此，必须对库存物资进行科学的管理。

存储系统是一个由补充、存储、需求三个环节紧密构成的运行系统。存储由于需求（输出）而减少，通过补充（输入）而增加，其中心可视为仓库（图 11-1）。

图 11-1 存储系统

1. 需求

对存储来说，由于需求，而从存储中取出一定数量的物质，使存储量减少，这就是存储的输出。有的需求是间断式的，有的需求是连续均匀的。

需求类型分为间断需求、连续需求、确定性需求、随机性需求。

间断需求：也称离散需求，表示在 t 时间内，需求 Q 的值从 S 变为 W，且变化的过程是不连续的，如图 11-2 所示。间断需求是一种随机需求，需求过程中存在大量零值。

连续需求：表示在 t 时间内，需求 Q 的值从 S 变为 W，且变化的过程是连续的，如图 11-3 所示。连续需求通常具有趋势性、周期性波动，季节性变化和随机性变化等特点。

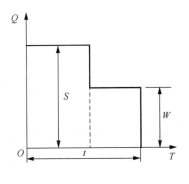

图 11-2 离散需求

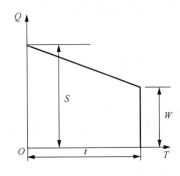

图 11-3 连续需求

确定性需求：需求量是常量的需求。

随机性需求：在某个时期内，物质需求量不确定，但它们的需求量可以用一个概率分布来描述。

2. 补充

存储由于需求而不断减少，必须加以补充，否则将无法满足需求，这种补充对存储系统来说称为输入。

库存物资的补充可以是订货，也可以是生产。当发出一张订单时，工厂可能立即交货，也可能需要一段时间再交货，从订货到收货之间的时间称为滞后时间或拖后时间。

为了能补充存储，必须提前订货，这个提前的时间就称为提前时间。一般情况下，滞后时间可以是确定性的，也可以是随机性的。

3. 费用

（1）存储费。

存储费是由于对库存物资进行保管而引起的费用，它包括货物占用资金的利息；为了库存物资安全而向保险机构缴纳的保险金；部分库存物资损坏、变质、短缺而造成的损失；库存物资占用仓库面积而引起的一系列费用，如货物的搬运费，仓库本身的固定资产折旧，仓库维修费用，仓库及其设备的租金，仓库的取暖、冷藏、照明等费用，仓库管理人员等的工资、福利费用，仓库的业务核算费用等。

（2）订购费。

订购（或生产准备）费，如材料费、加工费等是一项仅与订货或生产的次数有关而与订货数量或生产产品数量无关的固定费用。货物的成本费是一项与订货或生产产品的数量有关的可变费用。

（3）缺货损失费。

缺货损失费是指因货物存储不足而不能满足需求时造成的损失费用。例如，失去销售机会的损失、停工待料的损失以及拖延交货失去信誉而造成的罚款损失等。一般情况下，缺货损失费是难以确定的费用。在不允许缺货的情况下，通常认为缺货损失费为无穷大。

4. 存储策略

存储策略是指决定在什么情况下对存储进行补充以及补充数量是多少。存储策略可以分为以下四种类型。

（1）t-循环策略：每隔一个固定时间 t 补充一个固定的存储量 S，与库存数量无关。

（2）(t, S) 策略：每隔一个固定的时间 t 补充一次存储量，补充的数量以补足一个固定的存储量 S 为准。

（3）(s,S) 策略：存储量为 I，若 $I>s$，则不对库存进行补充；若 $I\leqslant s$，则对库存进行补充，补充量 $Q=S-I$。

（4）(t,s,S) 策略：每经过固定时间 t 检查存储量 I，若存储量 $I>s$，则不对库存进行补充；若 $I\leqslant s$，则对库存进行补充，补充量 $Q=S-I$。

存储论主要解决存储策略问题，即如下两个问题。

（1）补充存储物资时，每次补充量（Q）是多少？

（2）补充这些存储物资应该间隔多长时间（t）？

存储类型分为确定型存储模型和随机型存储模型两种。

（1）确定型存储模型：存储模型中的需求、补充等数据为确定的数值。

（2）随机型存储模型：存储模型中含有随机变量，不是确定的数值。

11.2 确定型存储模型

11.2.1 模型1：不允许缺货，补充时间较短

在研究、建立模型时，需要一些假设条件，目的是使模型简单、易于理解、便于计算。

模型的假设条件如下。

（1）不允许缺货，即缺货损失费为无穷大。

（2）当存储量降至零时，可以立即补充货物。

（3）需求为连续均匀的，且单位时间的需求量为常数 R。

（4）单位存储费不变 C_1。

（5）每次订货量不变，订购（或生产准备）费为常数 C_3。

其中订货量、单位存储费、每次订购费之间的关系见表11-1，参量关系图如图11-4所示。

表 11-1　各参量之间关系

订货量 Q	单位存储费 C_1	每次订购费 C_3
越小	存储费用越小	订购费用越大
越大	存储费用越大	订购费用越小

每次订货量 Q 必须满足 t 时间内的需求，故 $Q=Rt$。设存储货物单价为 K，则订购费为 C_3+KRt，而 t 时间内的平均订购费 C_0 为

$$C_0 = C_3/t + KR$$

由于需求是连续均匀的，故 t 时间内的平均存储量为

$$\frac{1}{t}\int_0^t RT\mathrm{d}T = \frac{1}{2}Rt \qquad (11.1)$$

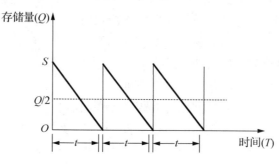

图 11-4　参量关系图

因此，t 时间内的平均存储费 C_s 为

$$\overline{C_s} = \frac{1}{2}C_1Rt \qquad (11.2)$$

由于不允许缺货，故不考虑缺货损失费。所以 t 时间内总的平均费用

$$C(t) = \frac{C_3}{t} + KR + \frac{1}{2}C_1Rt \qquad (11.3)$$

为了求最佳订货周期 t^*，可对 $C(t)$ 求导

$$\frac{\mathrm{d}C(t)}{\mathrm{d}t} = -\frac{C_3}{t^2} + \frac{1}{2}C_1R = 0$$

得到最佳订货周期

$$t^* = \sqrt{\frac{2C_3}{C_1R}} \qquad (11.4)$$

因此最佳订货批量为

$$Q^* = Rt^* = \sqrt{\frac{2C_3R}{C_1}} \qquad (11.5)$$

由于存储货物单价 K 和补充量 Q 无关，它是一个常数，因此，存储物总价 KQ 和存储策略的选择无关。为了分析和计算的方便，在求 t 时间内总的平均费用函数 $C(t)$ 时，常将这一项费用略去。略去这一项费用后，最低费用为

$$C^* = C(t^*) = \min C(t) = \sqrt{2C_1C_3R} + KR \qquad (11.6)$$

按照 T-循环策略，应当每隔 t^* 时间补充存储量 Q^*，这样最低费用为 C^* 是最经济的。模型 1 是存储论研究中最基本的模型，模型中的公式（11.5）为经济订货量（economic ordering quantity，EOQ）公式。

11.2.2 模型2：不允许缺货，补充时间较长

模型的假设条件如下。

（1）需求是连续均匀的，即单位时间的需求量为常数 R。

（2）补充需要一定时间，此时只考虑生产时间，生产是连续均匀的，且生产速度 P 为常数。

（3）不考虑货物价值。

已知需求速度为 R（$R<P$），生产的产品一部分满足需求，剩余部分才作为存储，这时存储量变化如图11-5所示。

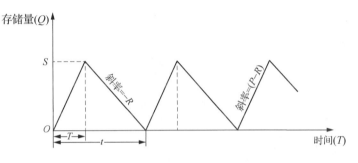

图 11-5 存储量变化图1

在$[0,T]$区间内，存储以（$P-R$）速度增加，在$[T,t]$区间内存储以速度 R 减少。T 与 t 皆为待定数。从图11-5可知，$(P-R)T=R(t-T)$，即 $PT=Rt$（等式表示以速度 P 生产 T 时间的产品等于 t 时间内的需求），并求出 $T=Rt/P$。

t 时间内的平均存储量为 $\frac{1}{2}(P-R)T$；t 时间内所需的存储费为 $\frac{1}{2}C_1(P-R)T$；t 时间内所需订购（或生产准备）费为 C_3。

单位时间总费用（平均费用）为

$$C(t) = \frac{1}{t}\left[\frac{1}{2}C_1(P-R)Tt + C_3\right]$$
$$= \frac{1}{2}C_1(P-R)T + \frac{C_3}{t} \quad (11.7)$$
$$= \frac{1}{2}C_1(P-R)\frac{Rt}{P} + \frac{C_3}{t}$$

设 $\min C(t)=C(t^*)$，利用微积分法可求得最佳周期为

$$t^* = \sqrt{\frac{2C_3P}{C_1R(P-R)}} \quad (11.8)$$

相应经济订货量为

$$Q^* = Rt^* = \sqrt{\frac{2C_3RP}{C_1(P-R)}} \quad (11.9)$$

$$\min C(t) = C(t^*) = \sqrt{2C_1C_3R\frac{P-R}{P}} \quad (11.10)$$

利用 t^* 可求得最佳生产时间为

$$t_3^* = \frac{R}{P}t^* = \sqrt{\frac{2C_3R}{C_1P(P-R)}} \quad (11.11)$$

最大存储量为

$$S = R(t^* - t_3^*) = \frac{R(P-R)}{P}t^* \quad (11.12)$$

最低费用为

$$C^* = \frac{2C_3}{t^*} \quad (11.13)$$

例 11.1 某工厂每月需甲产品 1000 件，每月生产 5000 件，每批装配费为 500 元，每月每件产品存储费为 20 元，求经济订货量及最低费用。

解： 已知 $C_3=500$，$C_1=20$，$P=5000$，$R=1000$，将各值代入式（11.9）及式（11.10）

$$Q^* = \sqrt{\frac{2C_3RP}{C_1(P-R)}} = \sqrt{\frac{2\times 500\times 1000\times 5000}{20\times(5000-1000)}} = 250(件)$$

$$\min C = \sqrt{\frac{2C_1C_3R(P-R)}{P}} = \sqrt{\frac{2\times 20\times 500\times 1000\times(5000-1000)}{5000}}$$

$$= \sqrt{16000000} = 4000(元)$$

所以，每次经济订货量为 250 件，每次生产所需装配费及存储量最低为 4000 元。

11.2.3 模型 3：允许缺货，补充时间较长

本模型的假设条件除了允许缺货，其余皆与模型 2 相同，其存储量变化如图 11-6 所示。

模型的假设条件如下。

（1）需求是连续均匀的，单位时间的需求量为常数 R。
（2）无限供货率。
（3）允许缺货，且最大缺货量为 B。
（4）单位货物单位时间的存储费 C_1。
（5）每次的订购（或生产准备）费 C_3。
（6）单位时间缺少一个单位货物所支付的单位缺货费 C_2。
（7）当缺货量达到 B 时进行补充，需要一定时间补充到最大存储量 S。

取[0,t]为一个周期,设 t_2 时刻开始生产。[0,t_2]时间内存储为零,B 表示最大缺货量。[t_1,t_2]时间内除了满足需求,还需补足[0,t_1]时间内的缺货。

[t_2,t_3]时间内满足需求后的产品进入存储,存储量以($P-R$)速度增加。S 表示最大存储量,t_3 时刻存储量达到最大,t_3 时刻停止生产。[t_3,t]时间存储量以需求速度 R 减少。

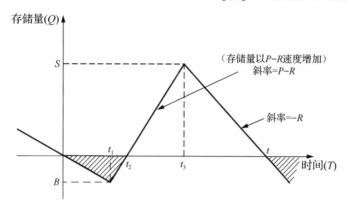

图 11-6　存储量变化图 2

模型参数的计算如下。

最大缺货量

$$B = Rt_1 = (P-R)(t_2 - t_1) \tag{11.14}$$

平均缺货量

$$\overline{B} = \frac{1}{2}Rt_1 \tag{11.15}$$

得

$$t_1 = \frac{P-R}{P}t_2 \tag{11.16}$$

[0,t]时间内缺货费用

$$\frac{1}{2}C_2 Rt_1 t_2 = \frac{1}{2}C_2 R \frac{P-R}{P} t_2^2 \tag{11.17}$$

最大存储量

$$S = R(t - t_3) = (P-R)(t_3 - t_2) \tag{11.18}$$

平均存储量

$$\overline{Q} = \frac{1}{2}(P-R)(t_3 - t_2) \tag{11.19}$$

得[0,t]时间内存储费用

$$\frac{1}{2}C_1(P-R)(t_3 - t_2)(t - t_2) = \frac{1}{2}C_1(P-R)\frac{R}{P}(t - t_2)^2$$

$$t_3 = \frac{R}{P}t + (1 - \frac{R}{P})t_2 \tag{11.20}$$

[0,t]时间内总平均费用

$$C(t,t_2) = \frac{1}{t}\left[\frac{1}{2}C_1(P-R)\frac{R}{P}(t-t_2)^2 + \frac{1}{2}C_2(P-R)\frac{R}{P}t_2^2 + C_3\right] \tag{11.21}$$

$$= \frac{1}{2}(P-R)\frac{R}{P}\left[C_1 t - 2C_1 t_2 + (C_1-C_2)\frac{t_2^2}{t}\right] + \frac{C_3}{t}$$

对式（11.21）的 t 和 t_2 求偏导数得

$$\frac{\partial C(t,t_2)}{\partial t} = \frac{1}{2}(P-R)\frac{R}{P}\left[C_1 + (C_1-C_2)t_2^2\left(-\frac{1}{t^2}\right)\right] - \frac{C_3}{t^2} = 0 \tag{11.22}$$

$$\frac{\partial C(t,t_2)}{\partial t_2} = \frac{1}{2}(P-R)\frac{R}{P}\left[-2C_1 + 2(C_1+C_2)t_2\frac{1}{t}\right] = 0 \tag{11.23}$$

最优存储策略各参数值如下。

最优存储周期

$$t = \sqrt{\frac{2C_3}{C_1 R}}\sqrt{\frac{C_1+C_2}{C_2}}\sqrt{\frac{P}{P-R}} \tag{11.24}$$

经济订货量

$$Q^* = Rt = \sqrt{\frac{2C_3 R}{C_1}}\sqrt{\frac{C_1+C_2}{C_2}}\sqrt{\frac{P}{P-R}} \tag{11.25}$$

平均总费用

$$C = \frac{2C_3}{t^*} = \sqrt{2C_1 C_3 R} \cdot \sqrt{\frac{C_2}{C_1+C_2}} \cdot \sqrt{\frac{P-R}{P}} \tag{11.26}$$

缺货补足时间

$$t_2 = \frac{C_1}{C_1+C_2}t^* \tag{11.27}$$

开始补足时间

$$t_1 = \frac{P-R}{P}t_2^* \tag{11.28}$$

结束生产时间

$$t_3 = \frac{R}{P}t^* + (1-\frac{R}{P})t_2^* \tag{11.29}$$

最大存储量

$$S = R(t-t_3) = \sqrt{\frac{2C_3 R}{C_1}}\sqrt{\frac{C_2}{C_1+C_2}}\sqrt{\frac{P-R}{P}} \tag{11.30}$$

最大缺货量

$$B = Rt_1 = \sqrt{\frac{2C_1 C_3 R}{(C_1+C_2)C_2}}\sqrt{\frac{P-R}{P}} \tag{11.31}$$

例 11.2 某加工车间计划加工一种零件,这种零件需要先在车床上加工,每月可加工 5000 件,然后在铣床上加工,每月可加工 1000 件,一次车加工的准备成本为 40 元,车加工后的在制品保管费为每月每件 0.5 元,为了保证完成任务,需组织铣加工加班生产,每件产品增加成本 2 元,不计生产成本。试求:(1)车加工的最优生产计划;(2)车加工的在制品最大存储量;(3)铣加工的最大缺货量;(4)一个月的总成本。

解:由题意可设,$R=1000$,$P=5000$,$C_3=40$,$C_1=0.5$,$C_2=2$。

(1)

$$Q^* = \sqrt{\frac{2C_3R}{C_1}}\sqrt{\frac{C_1+C_2}{C_2}}\sqrt{\frac{P}{P-R}}$$

$$= \sqrt{\frac{2\times 40\times 1000}{0.5}} \times \sqrt{\frac{0.5+2}{2}} \times \sqrt{\frac{5000}{5000-1000}}$$

$$= 500(\text{件})$$

$$t^* = \frac{Q^*}{R} = \frac{500}{1000} = 0.5(\text{月})$$

(2)

$$S = \sqrt{\frac{2C_3R}{C_1}}\sqrt{\frac{C_2}{C_1+C_2}}\sqrt{\frac{P-R}{P}}$$

$$= \sqrt{\frac{2\times 40\times 1000}{0.5}} \times \sqrt{\frac{2}{0.5+2}} \times \sqrt{\frac{5000-1000}{5000}}$$

$$= 320(\text{件})$$

(3)

$$B = \sqrt{\frac{2C_1C_3R}{C_2(C_1+C_2)}}\sqrt{\frac{P-R}{P}}$$

$$= \sqrt{\frac{2\times 0.5\times 40\times 1000}{2\times(0.5+2)}} \times \sqrt{\frac{5000-1000}{5000}}$$

$$= 80(\text{件})$$

(4)

$$C = \sqrt{2C_1C_3R}\sqrt{\frac{C_2}{C_1+C_2}}\sqrt{\frac{P-R}{P}}$$

$$= \sqrt{2\times 0.5\times 40\times 1000} \times \sqrt{\frac{2}{2+0.5}} \times \sqrt{\frac{5000-1000}{5000}}$$

$$= 160(\text{元})$$

11.2.4 模型 4:允许缺货,补充时间较短

本模型的假设条件除了允许缺货,其余条件皆与模型 1 相同,如图 11-7 所示。

模型的假设条件如下。

（1）单位时间的需求量为常数 R。

（2）无限供货率。

（3）允许缺货，且最大缺货量为 B。

（4）单位货物单位时间的存储费为 C_1。

（5）每次的订购（或生产准备）费为 C_3。

（6）单位时间缺少一个单位货物所支付的单位缺货费为 C_2。

（7）当缺货量达到 B 时进行补充，且很快补充到最大存储量 S。

本模型允许缺货，并把缺货损失定量化来加以研究。由于允许缺货，所以企业可以在存储量降至零后，还可以等一段时间再订货。这就意味着企业可以少付几次订货的固定费用，少支付一些存储费用。一般情况下，当顾客遇到缺货时不受损失，或损失很小，而企业除支付少量的缺货费用外也无其他损失，这时发生缺货现象可能对企业是有利的。

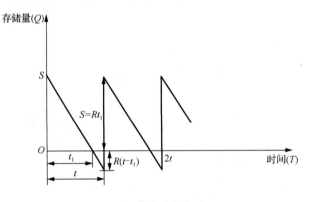

图 11-7　存储量变化图 3

假设最初存储量为 S，可以满足 t_1 时间的需求，t_1 时间的平均存储量为 $\frac{1}{2}S$，在 $(t-t_1)$ 时间的存储为零，平均缺货量为 $\frac{1}{2}R(t-t_1)$。由于 S 仅能满足 t_1 时间的需求 $S=Rt_1$，有 $t_1=\frac{S}{R}$。

在 t 时间内所需存储量

$$C_1\frac{1}{2}St_1=\frac{1}{2}C_1\frac{S^2}{R} \qquad (11.32)$$

在 t 时间内的缺货量

$$C_2\frac{1}{2}R(t-t_1)^2=\frac{1}{2}C_2\frac{(Rt-S)^2}{R} \qquad (11.33)$$

t 期间内的平均总费用

$$C(S,t) = \frac{1}{t}\left[C_1\frac{S^2}{2R} + C_2\frac{(Rt-S)^2}{2R} + C_3\right] \quad (11.34)$$

对式（11.34）中的 t 和 S 求偏导

$$\frac{\partial C(S,t)}{\partial S} = 0 \quad (11.35)$$

$$\frac{\partial C(S,t)}{\partial t} = 0 \quad (11.36)$$

最优存储周期

$$t = \sqrt{\frac{2C_3(C_1+C_2)}{C_1C_2R}} \quad (11.37)$$

经济订货量

$$Q^* = Rt^2 = \sqrt{\frac{2C_3R(C_1+C_2)}{C_1C_2}} \quad (11.38)$$

生产时间

$$t_p = t_1 = t_2 = t_3 = \cdots = \frac{C_1}{C_1+C_2}t \quad (11.39)$$

最大存储量

$$S = \frac{C_2R}{C_1+C_2}t = \sqrt{\frac{2C_2C_3R}{C_1(C_1+C_2)}} \quad (11.40)$$

最大缺货量

$$B = \frac{C_1R}{C_1+C_2}t^* = \sqrt{\frac{2C_1C_3R}{C_2(C_1+C_2)}}\cdot R \quad (11.41)$$

平均总费用

$$C^* = \frac{2C_3}{t^*} = \sqrt{\frac{2C_1C_2C_3R}{C_1+C_2}} \quad (11.42)$$

例 11.3 某公司每年需某种零件 10000 个。假定定期订购且订购后供货单位能及时供应，每次订购费为 25 元，每个零件每年存储费为 0.125 元。

（1）不允许缺货，求经济订货量及年订购次数。

（2）允许缺货，问单位缺货损失费为多少元时，一年只需订购 3 次？

解：由题意可设，$R=10000$，$C_3=25$，$C_1=0.125$。

（1）经济订货量

$$Q^* = \sqrt{\frac{2C_3R}{C_1}} = \sqrt{\frac{2\times25\times10000}{0.125}} = 2000(个)$$

年订购次数

$$t = \frac{R}{Q^*} = \frac{10000}{2000} = 5(次)$$

（2）允许缺货时，由经济订货量得

$$Q^* = \sqrt{\frac{2C_3 R(C_1 + C_2)}{C_1 C_2}}$$

$$= 2000\sqrt{\frac{0.125 + C_2}{C_2}}$$

$$= \frac{10000}{3}$$

$$25C_2 = 1.125 + 9C_2$$

从而解得：$C_2 = 0.0703$。

11.3 随机型存储模型

11.3.1 单周期随机型存储模型

在前面讨论的模型中，我们把需求看成固定不变的已知常量。但是，在现实生活中，大多数需求是一个随机变量。为此，在本节中我们将介绍需求是随机变量，典型的单周期随机型存储模型是"报童问题"，它是由报童卖报演变而来的，在存储论和供应链的研究中被广泛应用。

单周期随机型存储模型的假设条件如下。

（1）周期内只能提出一次订货。

（2）发生货物短缺时也不允许再提出订货。

（3）周期结束后，剩余货物可以处理。

存储策略的优劣通常以盈利的期望值的大小作为衡量标准。单周期随机型存储模型可选择的策略主要有三种。

① 定期订货：订货量需要根据上一个周期末剩余的货物数量决定。

② 定点订货：存储量降到某一确定的数量时开始订货，不再考虑订货间隔的时间。

③ 把定期订货与定点订货结合起来，隔一定时间检查一次存储量，若存储量高于数值 S，则不订货；若存储数量低于 S，则订货补充，订货量要使存储量达到 S。

报童问题：报童每天售出的报纸份数 r 是一个离散随机变量，每天售出 r 份报纸的概率为 $p(r)$（根据经验已知），且 $\sum_{r=0}^{\infty} p(r) = 1$；每售出一份报纸能赚 k 元；若报纸未售出，每剩一份赔 h 元。问报童每天应准备多少份报纸才能盈利最多？

第 11 章
存 储 论

解： 设报童每天准备 Q 份报纸。采用损失期望值最小准则确定 Q。

① 供过于求（$r \leqslant Q$），因报纸不能售出而遭到的损失期望值为

$$\sum_{r=0}^{Q} h(Q-r)p(r) \tag{11.43}$$

② 供不应求（$r > Q$），因缺货而少赚钱的损失期望值为

$$\sum_{r=Q+1}^{\infty} k(r-Q)p(r) \tag{11.44}$$

综合①、②两种情况，当订货量为 Q 时总的损失期望值为

$$C(Q) = h\sum_{r=0}^{Q}(Q-r)p(r) + \sum_{r=Q+1}^{\infty} k(r-Q)p(r) \tag{11.45}$$

报童需准备的报纸最佳数量 Q 应按下列不等式确定

$$\sum_{r=0}^{Q-1} p(r) < \frac{k}{k+h} \leqslant \sum_{r=0}^{Q} p(r) \tag{11.46}$$

记

$$F(Q) = \sum_{r=0}^{\infty} p(r)$$

损益转折概率

$$N = \frac{k}{k+h} \tag{11.47}$$

一般情况下

$$p(r < Q^*) \leqslant \frac{k}{k+h} \leqslant p(r \leqslant Q^*) \tag{11.48}$$

可以推出

$$p(r \leqslant Q^*) = \frac{k}{k+h} \tag{11.49}$$

若 $p(r)$ 服从均匀分布 $U[a,b]$ 则

$$p(r \leqslant Q^*) = \frac{Q^* - a}{b - a} = \frac{k}{k+h} \tag{11.50}$$

若 $p(r)$ 服从正态分布 $N(\mu, \sigma^2)$ 则

$$p(r \leqslant Q^*) = \varphi(\frac{Q^* - \mu}{\sigma}) = \frac{k}{k+h} \tag{11.51}$$

例 11.4 某商店拟出售某种商品，每单位成本为 200 元，售价为 280 元，如不能售出必须减价为 160 元，减价后一定可以售出。已知售出量 r 的概率服从泊松分布

$$p(r) = \frac{e^{-\lambda}\lambda^r}{r!} \text{（}\lambda\text{为平均售出数量）}$$

已知平均售出数量为 6 单位，问该店订购量应为多少单位合适？

解：
缺货损失每单位商品为：280-200=80（元）；

滞销损失每单位商品为：200-160=40（元）。
根据公式（11.51），其中 $k=80$，$h=40$，得

$$\frac{k}{k+h} = \frac{80}{80+40} = 0.667$$

$$P(r) = \frac{e^{-6}6^r}{r!}, \sum_{r=0}^{Q} P(r)\text{记作}F(Q)$$

得

$$F(6) = \sum_{r=0}^{6} P(r) = \sum_{r=0}^{6} \frac{e^{-6}6^r}{r!} = 0.6063$$

$$F(7) = \sum_{r=0}^{7} P(r) = \sum_{r=0}^{7} \frac{e^{-6}6^r}{r!} = 0.7440$$

因

$$F(6) < \frac{k}{h+k} < F(7)$$

故订货量应为 7 单位，此时损失的期望值最小。

例 11.5 新年挂历，出售盈利：$k=20$ 元/本；年前未售出赔付：$h=16$ 元/本；市场需求近似服从均匀分布 $U[550, 1100]$。该书店应订购多少本新年挂历，可使损失期望值最小？

解：由于需求服从均匀分布 $U[a,b]$ 则

$$P(r \leqslant Q^*) = \frac{Q^* - a}{b-a} = \frac{Q^* - 550}{1100 - 550} = \frac{k}{k+h} = \frac{20}{20+16} = \frac{5}{9}$$

$$Q^* = 856(\text{本})$$

所以，该书店应订购 856 本新年挂历，且挂历剩余的概率为 $\frac{5}{9}$，挂历脱销的概率为 $\frac{4}{9}$。

例 11.6 液体化工产品，需求近似服从正态分布 $n(1000, 100^2)$，售价 20 元/kg，生产成本 15 元/kg；需求不足时，购买价格为 19 元/kg；剩余处理时，价格为 5 元/kg。求：生产量为多少时，可使盈利期望值最大？

解：

$$k = (20-15) - (20-19) = 4(\text{元}/\text{kg}) \quad （\text{需求不足时损失}）$$

$$k = 15 - 5 = 10(\text{元}/\text{kg}) \quad （\text{生产过剩时损失}）$$

由于需求服从正态分布 $N(\mu, \sigma^2)$ 则

$$P(d \leqslant Q^*) = \varphi(\frac{Q^* - \mu}{\sigma}) = \frac{k}{k+h} = 0.286$$

查表得

$$\frac{Q^* - 1000}{100} = -0.56$$

$$Q^* = 944(\text{kg})$$

所以，生产量为944kg时，盈利期望值最大，且产品有剩余的概率为0.286，缺货的概率为0.714。

11.3.2 多周期随机型存储模型

多周期随机型存储模型要解决的基本问题和多周期确定型存储模型是一样的：确定订货时间和数量的问题，由于需求和订货提前期的不确定性，为了避免出现库存为零发生缺货现象，因此要合理设置订货点和数量（安全库存）。多周期随机型存储模型的特点：需求量、订货提前期至少一个为随机变量。多周期随机型存储模型分为以下四种。

1. (Q,s)制存储模型

订货量 Q 的计算按照总存储成本最小原则，(Q,s)制存储模型的储量状态变化图如图11-8所示。

设一次订货成本为 C_2，单件年存储成本为 C_1，年需求量 D（随机变量），其均值为 $\overline{D}$，则全年订货次数为 $\overline{D}/Q$，全年订货成本为 $C_2 D/Q$，平均库存量为 $Q/2+s$（由于最大库存与最小库存不确定，因此用此式近似），那么全年存储成本为 $(Q/2+s)C_1$，全年总费用为 $C_z = (Q/2+s)C_1 + C_2 D/Q$，对此式求导并令导数为零，解得 $Q^* = \sqrt{2C_2 D/C_1}$，与确定型存储模型的经济订货量计算方法类似。

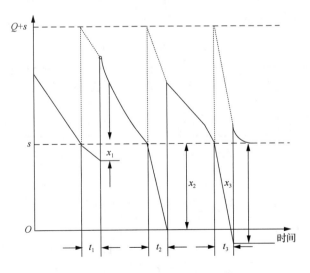

图11-8 (Q,s)制存储模型的储量状态变化图

订货点的计算：由于设置了安全库存，因此在求订货点时需要考虑安全库存量，设 t 为订货提前期（为随机变量），s_s 为安全库存量。设订货点 $s = \overline{D}t + s_s = Dt + s_s$，$Dt$ 为订货提前期的需求量。

由于安全库存等于安全系数乘以订货提前期内需求的标准差，因此，在这个模型中，订货提前期内需求为 Dt，$s_s = K\sigma_{Dt}$

$$s_s = K\sigma_{Dt} = K\sqrt{\overline{t^2}\sigma_D^2 + \overline{D^2}\sigma_D^2\sigma_t^2} \tag{11.52}$$

如果供货条件稳定，订货提前期基本确定不变，即唯一固定值，那么，σ_t 为 0，只有 D 为随机变量，通过 $s_s = K\sigma_{Dt}$ 求出安全库存，即可求得订货点。

例 11.7 某工厂某规格零件日需求量的统计资料见表 11-2，该零件单价 V=1.2 元，存储费率 r=0.08 元/年，每次订货成本 C_2=80 元，订货提前期的统计资料见表 11-3，管理人员决定采用 (Q, s) 制存储模型，并规定安全系数 K=1.5，试求订货量 Q，库存量 s 的值。

表 11-2 日需求量统计

单位：个

日需求量 Q_i	0	1	2	3	4	5	6	7	8	9
出现天数 n_i	5	7	19	40	73	90	66	38	16	6

表 11-3 订货提前期统计资料

单位：天

t_i	1	2	3	4
出现天数 m_i	5	28	35	2

解：本题一年天数按 360 天计算，根据表 11-2 得出日需求概率，见表 11-4。

表 11-4 日需求量统计及概率

日需求量 Q_i	0	1	2	3	4	5	6	7	8	9
出现天数 n_i	5	7	19	40	73	90	66	38	16	6
概率 p_i	0.014	0.019	0.053	0.111	0.203	0.250	0.183	0.106	0.044	0.017

求出年需求量均值 $\overline{D}$ 和 t 的均值和日需求量 M_i 方差及 t 的均值和方差。

日需求量均值 $\overline{M_i}$ 为

$$\overline{M_i} = \sum p_i M_i = 4.865（个\cdot日）$$

年需求量均值 $\overline{D}$ 为

$$\overline{D} = \overline{Q} \times 360 = 4.865 \times 360 \approx 1751（个\cdot年）$$

$$\sigma_M^2 = \sum p_i (M - \overline{M_i})^2 = 3.035$$

由表 11-3 得出表 11-5 的订货提前期的概率。

表 11-5 订货提前期的概率

t_i	1	2	3	4
出现天数 m_i	5	28	35	2
概率 q_i	0.071	0.408	0.500	0.029

$$\bar{t} = \sum q_i \cdot t_i = 2.487(\text{天})$$
$$\sigma_t^2 = \sum q_i(t - \bar{t}_i)^2 = 0.45$$

所以，$Q = \sqrt{2\overline{D}C_2/rV} = \sqrt{2 \times 1751 \times 80/0.08 \times 1.2} = 2050(\text{个})$

$$s = \overline{M} \cdot \bar{t} + K\sqrt{\bar{t}^2 \sigma_M^2 + \overline{M}^2 \sigma_t^2 + \sigma_t^2 \sigma_M^2}$$
$$= 4.865 \times 2.487 + 1.5 \times \sqrt{2.465^2 \times 3.035 + 4.865^2 \times 0.45 + 3.035 \times 0.45}$$
$$= 20(\text{个})$$

2. (S, s) 制存储模型

(S, s) 制存储模型是 (Q, s) 制存储模型的改进，唯一区别在于订货量不同，(Q, s) 制存储模型是库存量下降到订货点或订货点以下时，发出经济订货量；(S, s) 制存储模型是库存量下降到接近订货点时，发出的经济订货量，(S, s) 制存储模型是为了使名义库存量达到 S（最大库存量），(S, s) 制存储模型的储量状态变化图如图 11-9 所示。

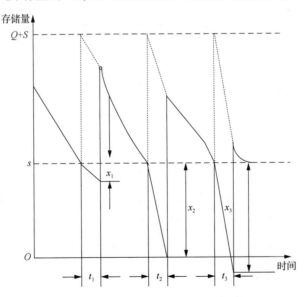

图 11-9 (S, s) 制存储模型的储量状态变化图

因此，最大库存量为 $S = Q^* + s$，Q^* 为经济订货量的理论值，并不是实际订货量。而实际每次订货量是不同的，订货批量为 $Q_i = S - s_i$，s_i 是发料时的实际库存量，由于每次发料时实际库存量不一定相同，因此，每次订货量不一定相同。订货点求法与 (Q, s) 制存储模型相同。

3. (R, S, s) 制存储模型

(R, S, s) 制存储模型属于定期盘点制，每隔 R 天盘点一次，记一次账，存储量变化需要 R 天才能在账面上反映，管理工作量小。(R, S, s) 制存储模型的储量状态变化图如图 11-10 所示。

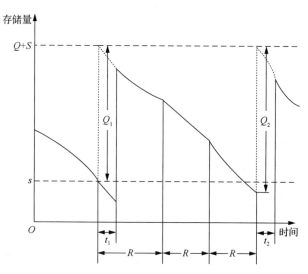

图 11-10 (R, S, s) 制存储模型的储量状态变化图

这种存储模型计算涉及的参数包括记账期、订货点、订货量。

记账间隔期一般按式（11.53）估算

$$R = \left(\frac{1}{2} \sim \frac{1}{4}\right) \frac{S-s}{\overline{D}} \tag{11.53}$$

订货点的确定：

订货点必须满足 $(R+t)$ 时间内的平均需求量和随机增大部分。$(R+t)$ 时间内需求量为 $D(R+t)$（D 和 t 为随机变量），均值 $D(R+t) = \overline{D}(R+t)$，需要设置安全库存，安全库存为 $K\sigma_{D(R+t)}$，$s = \overline{D}(R+\bar{t}) + K\sigma$，然后求最大库存量，计算公式为 $S = Q^* + s$。

4. (t, S) 制存储模型

(t, S) 制存储模型是每隔 t 时间检查库存并发出订货，采用这种存储模型，往往需要较高的安全库存量。订货周期 t 一旦固定下来，长时间不会变动。但需求量 D、订货提前期是随机变量，(t, S) 制存储模型的储量状态变化图如图 11-11 所示。

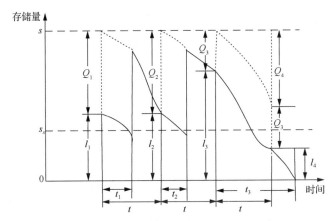

图 11-11 (t, S) 制存储模型的储量状态变化图

这种存储模型没有订货点，因为每隔固定间隔期就会补充库存。这种存储模型往往需要设置较高的安全库存，一般将安全库存 S 设置为 $\overline{D}t + K\sigma_{D(t+\bar{t})}$，是订货提前期内需求的均值加上一个订货周期和一个订货提前期内的需求的标准差。

$$\overline{D}\bar{t} + K\sigma_{D(t+\bar{t})} = \overline{D}t + K\sqrt{D^2\sigma_{(t+\bar{t})} + (t+\bar{t})^2\sigma_D + \sigma_{t+\bar{t}}\sigma_D} \quad (11.54)$$

订货周期 t 一般由式 $Q/\overline{D}$ 计算，Q 由 $\sqrt{2DC_2/C_1}$ 来确定，t 确定下来，一般不再变动。由于 t 为固定值，因此 $\sigma_{(t+\bar{t})} = \sigma_{\bar{t}}$，$S = \overline{D}t + K\sqrt{D^2\sigma_t + (t+\bar{t})^2\sigma_D + \sigma_t\sigma_D}$，最高库存量利用式 $S_s = \overline{D}t + S$ 求出即可。

例 11.8 某种零件一年中每个月的实际需求量分别为 317 个、254 个、213 个、182 个、178 个、160 个、264 个、258 个、420 个、317 个、217 个、137 个。订货提前期 t 的均值为 $t=1$ 月，标准差 $\sigma=1.2$ 月，已知每次订购费为 112 元，存储费为 0.30 元/（个·年），现决定采用 (T, S) 制存储模型，并希望安全系数 $K=1.65$，求订货周期和最高库存量。

解：

$\overline{D} = 1/12(317 + 254 + 213 + 182 + 178 + 160 + 264 + 258 + 420 + 317 + 217 + 137)$
$= 243(\text{个}/\text{月})$

$\sigma_D^2 = 1/11[(317-243)^2 + (254-243)^2 + \cdots + (137-243)^2] = 6429$

$\bar{t} = 1(\text{月})$，$\sigma_t^2 = 1.44$

$Q = \sqrt{2\overline{D}C_2/C_1} = \sqrt{2 \times 243 \times 112 / 0.025} = 1476(\text{个})$

$T = Q^* / \overline{D} = 1476/243 = 6(\text{月})$

$S = \overline{D}t + K\sqrt{D^2\sigma_t + (t+\bar{t})^2\sigma_D + \sigma_t\sigma_D}$
$= 243 \times 1 + 1.65 \times \sqrt{243^2 \times 1.2 + (6+1)^2 \times 80.18 + 1.2 \times 80.18}$
$= 695(\text{个})$

最大库存量 $S_s = \overline{D}t + S = 243 \times 6 + 695 = 2153(\text{个})$。

11.4 习题

1. 设某工厂每年需用某种原材料 1800t，不需每日供应，但不得缺货。设每吨每月的保管费为 60 元，每次订购费为 200 元，试求经济订货量。

2. 某汽车公司每年使用某种零件 150000 件，每件每年保管费为 0.2 元，不允许缺货，试比较每次订购费为 1000 元和 100 元两种情况下的经济订货量。

3. 某工厂每月需要某种机器零件 2000 件，每件成本为 150 元，每年的存储费用为成本的 16%，每次订购费 100 元，求经济订货量及年最小费用。

4. 在例 11.3 中如允许缺货，求库存量 S 及最大缺货量，设缺货费 C_2 =200 元。

5. 对某产品的需求量为 350 件/年（设一年以 300 工作日计），已知每次订购费为 50 元，该产品的存储费为 13.75 元/（件·年），缺货时的损失为 25 元/（件·年），订货提前期为 5 天。该种产品由于结构特殊，需用专门车辆运送，在向订货单位发货期间，每天发货量为 10 件。试求：

（1）经济订货量及最大缺货量；

（2）年最小费用。

6. 在不允许缺货，生产时间很短的确定性存储模型中，计算得到经济订货量为 Q^*，若实际执行时按 $0.8Q^*$ 的批量订货，则相应的订购费与存储费是最优订货批量时费用 C^* 的多少倍？

7. 某公司采用无安全存量的存储策略，每年需电感 5000 个，每次订购费为 500 元，保管费用每年每个 10 元，不允许缺货。若采购少量单价为 30 元的电感，一次采购 1500 个以上则每个电感单价为 18 元，问该公司每次应采购多少个？

提示：本题属于订货量多，价格有折扣的类型，即订购费 $C_3 + KQ$（K 为阶梯函数）。

8. 已知某产品所需要的三种配件的有关数据见表 11-6。

表 11-6 产品所需配件相关的数据

配件	年需求/件	订购费/元	单价/元	年存储费占单价的百分比（%）
1	1000	50	20	20
2	500	75	100	20
3	2000	100	50	20

若订货提前期为零，不允许缺货，又限定这三种配件年订购费的总和不超过 1500 元。试确定各自的经济订货量。

9. 某汽车厂的多品种装配线轮换装配各种牌号汽车。已知某种牌号汽车每天需 10 台，装配能力为 50 台/d。该牌号汽车成本为 15 万元/台，当更换产品时需准备结束费 200 万元/次。若规定不允许缺货，存储费为 50 元/（台·d）。试求：

（1）该装配线最佳的装配批量；

（2）若装配线批量达到每批 2000 台时，汽车成本可降至 14.8 万元/台（存储费、准备结束费不变），该厂可否采纳此方案。

10. 某产品的单价为 10 元/件，每个时期的存储费为 1 元/件，对该产品需求量为 X 的概率见表 11-7。

表 11-7　产品需求量为 X 的概率

需求量 X	0	1	2	3	4	5	6	7	8
p_i	0.05	0.1	0.1	0.2	0.25	0.15	0.05	0.05	0.05

试求缺货损失的费用值在什么范围内变化时，该产品的最佳订货批量为 4 件。

11. 某工厂对原材料需求的概率见表 11-8。

表 11-8　原材料需求概率

需求量 r/t	20	30	40	50	60
概率 $p(r)(\sum p(r)=1)$	0.1	0.2	0.3	0.3	0.1

每次订购费 C_3=500 元，原材料每吨价 K=400 元，每吨原材料存储费 C_1=50 元，缺货费每吨 C_2=600 元。该厂希望采用 (S,s) 制存储模型，试求 S、s。

12. 某航空公司在 A 市到 B 市的航线上用波音 737 客机执行飞行任务，已知该飞机有效载客量为 138 人。按照民用航空的有关条例，旅客因有事或误机，机票可免费改签一次，此外也有在飞机起飞前退票的。为避免因此发生的空座损失，该航空公司决定每个航班超量售票（即每班售出票数为 138 张），但会发生持票登机旅客人数多于座位数量的情况。这种情况下，航空公司规定，对超员旅客愿意改乘本公司后续航班的，机票免费（即退回原机票款）；若换乘其他航空公司航班的，按机票价的 150% 退款。据统计，前一类旅客占超员中的 80%，后一类旅客占超员中的 20%。又据该公司长期统计，每个航班旅客退票和改签发生人数（i）的概率 $[p(i)]$ 见表 11-9。

表 11-9　航班旅客退票和改签发生人数的概率

人数 i	0	1	2	3	4	5	6	7	8
概率 p_i	0.18	0.25	0.25	0.16	0.06	0.04	0.03	0.02	0.01

试确定该航空公司从 A 市到 B 市的航班每班应多售出的机票张数 S，使预期的盈利最大。

第 12 章 决 策 论

决策论是运筹学的一个分支,它运用数量方法寻找或选取最优的决策方案。在实际生活和生产中,对同一个问题经常会面临几种不同的自然情况或状态,解决的方案也不同,这就构成了一个决策的问题。决策者根据某种决策准则,比较各种方案的优劣,从中得出最优的解决方案。

按照不同的维度,决策可以分为不同的类型:按决策环境不同,决策分为确定型决策、风险型决策和不确定型决策;按要达到的目标多少,决策可以分为单目标决策和多目标决策,等等。本章首先介绍决策分析的基本问题,然后介绍四种类型的决策问题,不确定性决策的五种基本类型,风险型决策的定义和方法,解决多目标决策问题的层次分析法和效用理论在决策论中应用。

12.1 决策分析的基本问题

决策是人们在政治、经济、技术以及日常生活中普遍遇到的一种选择方案的行为。其困难是如何从多种方案中作出正确的选择,以便获得好的结果或达到预期的目标。美国管理学家、诺贝尔经济学奖获得者西蒙认为管理就是决策,就是说管理的核心是决策。决策是由直观经验决策发展到科学民主的决策。将现代科学技术和现代文明的成就应用于研究决策,称为决策科学。决策科学是在研究决策活动基本规律的基础上,总结出一套进行决策必须遵循的原则、规则、程序、方法和技术。

研究决策的问题包括:决策的基本原理、决策的程序、决策的信息、决策的方法(定量与定性的方法)、决策的风险、决策中的人为因素、决策的思维方式、决策的组织、决策的实施等。决策科学包括的内容十分广泛,涉及社会学、决策心理学、决策行为学、决策的量化方法和评价、决策支持系统和决策自动化等多学科和多领域的综合应用。

第12章 决策论

1. 决策分析的基本要素

决策分析的基本要素包括以下几个方面。

（1）决策者：决策过程的主体。

（2）行动方案：可供选择的行动方案或策略。

（3）决策目标或准则：衡量方案优劣的评价标准。

（4）自然状态：不能被决策者所控制的客观存在的环境。

（5）决策结果：选择每一种方案后所导致的后果，即收益或损失。

（6）决策者的价值观：人们对各种方案、目标、风险的偏好倾向。

2. 决策系统的构成

状态空间、策略空间和损益函数共同构成了决策系统。

（1）状态空间：不以人的意志为转移的客观因素。设状态空间表示符号为 S_i，有 m 种不同状态，其集合记为

$$S = \{S_1, S_2, \cdots, S_m\} = \{S_i\}, \quad i = 1, 2, \cdots, m \tag{12.1}$$

式中，S 为状态空间；S_i 为 S 的元素的状态变量。

（2）策略空间：人们根据不同的客观情况，可以做出主观的选择。设一种策略方案为 u_j，有 n 种不同的策略，其集合为

$$U = \{u_1, u_2, \cdots, u_n\} = \{u_j\}, \quad j = 1, 2, \cdots, n \tag{12.2}$$

式中，U 为策略空间；U 的元素 u_j 称为决策变量。

（3）损益函数：当状态处在 S_i 情况下，人们做出决策 u_j，从而产生损益值 V_{ij}，V_{ij} 是 S_i 和 u_j 的函数，即

$$V_{ij} = v(S_i, u_j), \quad i = 1, 2, \cdots, m; \quad j = 1, 2, \cdots, n \tag{12.3}$$

当状态变量是离散型变量时，损益值构成的矩阵叫作损益矩阵。

决策系统 D 可以表示为上述三个因素的函数，即

$$D = D(S, U, V) \tag{12.4}$$

3. 影响决策质量的关键因素

决策目标、决策所依据的信息和内外因条件是影响决策质量的三个关键因素。首先，决策目标是决策方案选择的依据。其次，决策的实施是否有效，还必须考虑外部环境条件的变化，考虑各种可能出现的意外情况。处理意外情况成功将使决策产生截然相反的实际效果。最后，正确的决策必须以信息完全为前提。所以无论是在军事上还是在商战中，人们都把情报工作视为重中之重。

4. 决策的分类

（1）按决策问题的内容和层次分类。

① 战略决策：是关于某个组织生存发展的全局性、长远性问题的重大决策。比如新品和新市场的开发方向、工厂厂址的选择、科教兴国战略的确立，等等。

② 战术决策：是为了保证完成战略决策规定的目标而进行的决策。比如对一个企业来说，产品规格的选择、工艺方案的制订、厂区的合理布置，等等。

③ 执行决策：是按照战术决策的要求对执行方案的选择。比如制定产品合格标准、日常生产调度等。

（2）按决策问题的重复程度分类。

① 程序型决策：一般是有章可循，规格化，且可以重复。

② 非程序型决策：一般是无章可循，凭借经验和直觉等进行的，往往是一次性的，有战略性的。

（3）按决策方法分类。

① 定性决策：定性方法如专家经验、启发式方法、心理学、社会学、行为科学，适用于非结构化的决策问题。

② 定量决策：可用数学模型来表示的决策，适用于结构化的决策问题。

（4）按决策环境分类。

① 确定型决策：是指自然环境完全确定，做出的选择也是确定的。

② 不确定型决策：是指决策者对将要发生结果的概率无法确定或者一无所知，只能凭借主观意向进行的决策。

③ 风险型决策：是指自然环境不完全确定，但其发生的概率是可以推算或者已知的。

（5）按要达到的目标多少分类。

① 单目标决策：只考虑单个方面的影响，研究单个目标函数。

② 多目标决策：考虑多个方面的影响，研究多个目标函数。

5. 决策分析的步骤

决策分析的步骤如下。

（1）确定决策模型。形成决策问题，包括提出各种方案，确定目标及各方案结果的度量等。

（2）确定主观概率。对各方案出现不同结果的可能性进行判断，这种可能性一般是用概率来描述的。

（3）评价行动方案。利用各方案结果的度量值（如效益值、效用值、损失值等）对各方案进行分析。

（4）灵敏度分析。所选择方案是否可靠，可以用灵敏度分析进行检验。

（5）选择方案。综合前面得到的信息，选择最优的方案。

决策分析的步骤如图12-1所示。

6. 决策模型参数

建立决策模型时，常用到以下集合以及变量。

决策模型的基本结构为

$$(A, N, p, V) \quad (12.5)$$

基本结构（A, N, p, V）常用决策表、决策树等表示。

A 表示行动方案集：

$$A = \{s_1, s_2, \cdots, s_m\} \quad (12.6)$$

N 表示自然状态集：

$$N = \{n_1, n_2, \cdots, n_k\} \quad (12.7)$$

p 表示自然状态发生概率：

$$p = p(s_j), \quad j = 1, 2, \cdots, m \quad (12.8)$$

V 表示效益（函数）值：

$$V = f\{s_i, n_j\} \quad (12.9)$$

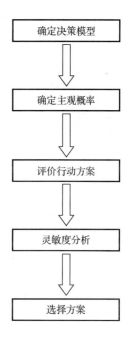

图 12-1　决策分析的步骤

7. 决策分析的准则

在科学理论的指导下，通过科学的方法，做出有科学依据的决策。做出科学的决策必须遵循以下准则。

（1）信息准则：决策应以可靠的、高质量的信息为基础。

（2）预测准则：通过预测为决策提供有关未来的信息，使决策具有远见卓识。

（3）系统准则：要考虑决策涉及的整个系统和相关系统，还应使系统和环境能彼此协调，决策的结果应让系统处于最佳状态，不能顾此失彼。

（4）可行准则：决策涉及系统的人力、物力、财力资源及技术水平等，要建立在可行的基础上。

（5）反馈准则：决策不可能十全十美，应把实践中检验出的不足和变化的信息及时反馈给决策者，以便据此做出相应的调整。

12.2　不确定型决策

不确定型决策是指决策者知道采用的几种行动方案在各个不同的自然状态下所获得

的相应收益值,但决策者不能预估或计算出各种自然状态出现的概率。由于在不确定型决策中,各种决策环境并不确定,因此对于同一个决策问题,采用不同的方法求解,将会得到不同的结论。决策者一般根据自己的主观倾向进行决策,由于决策者的主观态度不同,决策准则可分为5种基本类型:悲观准则、乐观准则、折中准则、等可能准则和遗憾值准则。在现实生活中,在进行不确定型决策的过程中,决策者的主观意志和经验判断居主导地位,同一个决策问题,由于决策者的偏好不同,也会使处理相同问题的方法或准则不同。

例 12.1 设某决策问题有 5 种策略行动方案,记作 $\{A_i\}, i=1,2,3,4,5$。经分析会发生 4 种销售情况,记作 $\{S_j\}, j=1,2,3,4$。每个方案-状态分别对应的收益值见表 12-1。分别采用 5 种不同决策准则计算最优方案收益值。

表 12-1 方案-状态分别对应的收益值

方案	状态			
	S_1	S_2	S_3	S_4
A_1	4	5	6	7
A_2	2	4	6	9
A_3	5	7	3	5
A_4	3	5	6	8
A_5	3	5	5	5

1. 悲观准则

决策者从最不利的角度去考虑问题:先选出每个方案在不同自然状态下的最小收益值(最保险),如表 12-2 所示,然后从这些最小收益值中取最大值,从而确定行动方案。

应用悲观准则求解例 12.1。

令收益值矩阵 $A=(a_{ij})_{5\times 4}$,每个方案的最小收益值为

$$u(A) = \min_{1 \leq j \leq 4}\{a_{ij}\}, (i=1,2,\cdots,5) \tag{12.10}$$

最小收益值中最大值为 $u(A_i^*) = \max_{1 \leq i \leq 5}(A_i^*) = \max_{1 \leq i \leq 5} \min_{1 \leq j \leq 4}\{a_{ij}\} = 4$ (12.11)

表 12-2 悲观准则收益值

方案	状态				$u(A)$
	S_1	S_2	S_3	S_4	
A_1	4	5	6	7	4
A_2	2	4	6	9	2

续表

方案	状态				$u(A)$
	S_1	S_2	S_3	S_4	
A_3	5	7	3	5	3
A_4	3	5	6	8	3
A_5	3	5	5	5	3

根据悲观准则公式计算可得例 12.1 的最优方案收益值为

$$\max V_i = \max(4,2,3,3,3) = 4 \tag{12.12}$$

2. 乐观准则

决策者从最有利的角度去考虑问题：先选出每个方案在不同自然状态下的最大收益值（最乐观），如表 12-3 所示，然后从这些最大收益值中取最大值，从而确定行动方案。

应用乐观准则求解例 12.1。

令收益值矩阵 $A = (a_{ij})_{5\times 4}$，每个方案的最大收益值为

$$u(A) = \max_{1 \leqslant j \leqslant 4}\{a_{ij}\},(i=1,2,\cdots,5) \tag{12.13}$$

最大收益值中最大值为 $u(A_i^*) = \max_{1 \leqslant i \leqslant 5} u(A^*) = \max_{1 \leqslant i \leqslant 5} \max_{1 \leqslant j \leqslant 4}\{a_{ij}\} = 9$ \hspace{1em} （12.14）

表 12-3 乐观准则收益值

方案	状态				$u(A)$
	S_1	S_2	S_3	S_4	
A_1	4	5	6	7	7
A_2	2	4	6	9	9
A_3	5	7	3	5	7
A_4	3	5	6	8	8
A_5	3	5	5	5	5

根据乐观准则公式计算可得例 12.1 的最优方案收益值为

$$\max V_i = \max(7,9,7,8,5) = 9$$

3. 折中准则

决策者取乐观准则和悲观准则的折中方案：先确定一个乐观系数 $\alpha(0<\alpha<1)$，然后计算标准收益值 CV_i，$CV_i = \alpha \cdot \max_j[f(s_i,n_j)] + (1-\alpha) \cdot \min_j[f(s_i,n_j)]$，如表 12-4 所示，然后从这些标准收益值 CV_i 中选取最大值，从而确定行动方案。

应用折中准则求解例 12.1。

若 $(a_{ij})_{m\times n}$ 是收益矩阵时，设 $\alpha=0.8$，$CV_i = \alpha \max\limits_{1\leq j\leq 5}\{a_{ij}\} + (1-\alpha)\min\limits_{1\leq j\leq 4}\{a_{ij}\}$ （12.15）

标准收益值最大值为 $CV_i^* = \max\limits_{1\leq i\leq 5}\{CV_i\}$ （12.16）

表 12-4 折中准则收益值

方案	状态				$CV_i(\alpha=0.8)$
	S_1	S_2	S_3	S_4	
A_1	4	5	6	7	6.4
A_2	2	4	6	9	7.6
A_3	5	7	3	5	6.2
A_4	3	5	6	8	7.0
A_5	3	5	5	5	4.6

根据折中准则公式计算可得例 12.1 的最优方案收益值为

$$CV_i^* = \max\{CV_i\} = \max(6.4, 7.6, 6.2, 7.0, 4.6) = 7.6$$

4. 等可能准则

等可能准则是 19 世纪数学家拉普拉斯提出来的。当决策者无法事先确定每个自然状态出现的概率时，就可以把每个状态出现的概率定为 $1/n$，n 是自然状态数，然后按照最大期望值准则进行决策。

例 12.1 的等可能准则收益值，如表 12-5 所示。

表 12-5 等可能准则收益值

方案	状态				自然状态出现的概率
	S_1	S_2	S_3	S_4	
A_1	4	5	6	7	5.50
A_2	2	4	6	9	5.25
A_3	5	7	3	5	5.00
A_4	3	5	6	8	5.50
A_5	3	5	5	5	4.50

根据等可能准则公式计算可得例 12.1 的最优方案收益值为

$$\max\{V_i\} = \max(5.50, 5.25, 5.00, 5.50, 4.50) = 5.50$$

5. 遗憾值准则

决策者从后悔程度最小的角度去考虑问题：把在不同自然状态下的最大收益值作为

理想目标，把各方案的收益值与这个最大收益值的差称为未达到理想目标的后悔值，如表 12-6 所示，然后从各方案最大后悔值中取最小值，从而确定行动方案。

应用遗憾值准则求解例 12.1。

$$\bar{a}_{ij} = \max_{1 \leq j \leq 4} \{a_{ij}\}, i = 1, 2, \cdots, 5 \qquad (12.17)$$

$$b_i = \max_{1 \leq i \leq 5} \{a_{ij} - \bar{a}_{ij}\} \qquad (12.18)$$

$$A_i^* = \min\{b_i\} \qquad (12.19)$$

表 12-6 遗憾值准则收益值

方案	状态				b_i
	S_1	S_2	S_3	S_4	
A_1	4	5	6	7	3
A_2	2	4	6	9	7
A_3	5	7	3	5	4
A_4	3	5	6	8	5
A_5	3	5	5	5	2

根据遗憾值准则公式计算可得例 12.1 的最优方案收益值为

$$A_i^* = \min_{1 \leq i \leq 5}(3, 7, 4, 5, 2) = 2$$

12.3 风险型决策

风险型决策是指决策者在目标明确的前提下，对客观情况并不完全了解，存在着决策者无法控制的两种或两种以上的自然状态，但对于每种自然状态出现的概率可以进行估计，并可计算出在不同状态下的效益值，主要应用于战略决策或非程序化决策中。

风险型决策的主要特征如下。

（1）存在决策者希望达到的一个明确目标（收益最大或损失最小）。

（2）存在两种或两种以上的自然状态。

（3）出现各种自然状态的概率可以预估或计算出来。

（4）存在可供决策者选择的两个或两个以上的行动方案。

（5）不同的行动方案在不同自然状态下的效益值（或损失值）可以计算出来。

1. 风险型决策的期望值法

期望值法是根据各可行方案在各自然状态下收益值的概率平均值的大小，决定各方案的取舍。风险决策表见表 12-7。

表 12-7 风险决策表

方案	状态			
	S_1	S_2	…	S_n
	P_1	P_2	…	P_n
A_1	a_{11}	a_{12}	…	a_{1n}
A_2	a_{21}	a_{22}	…	a_{2n}
⋮	⋮	⋮	⋮	⋮
A_n	a_{m1}	a_{m2}	…	a_{mn}

每一方案的期望收益值为

$$E(A_i) = \sum_{j=1}^{n} P_j a_{ij}, i=1,2,\cdots,m \quad (12.20)$$

从期望收益中选取最大值

$$A_i^* = \max_{1 \leq i \leq m} E(A_i) \quad (12.21)$$

例 12.2 某石油公司拥有一块土地，根据土地可能出油的多少，将该块土地分为 4 种类型：产油量 50 万桶、产油量 20 万桶、产油量 5 万桶、无油。公司目前有 3 种方案可供选择：自行钻井；无条件地将该块土地租给其他生产者；有条件地租给其他生产者。若自行钻井，打出一口有油井的费用是 10 万元，打出一口无油井的费用是 7.5 万元，每一桶油的利润是 1.5 元。若无条件出租，不管出油多少，公司收取固定租金 4.5 万元；若有条件出租，公司不收取租金，但当产油量为 20 万桶至 50 万桶时，每桶公司收取 0.5 元。根据以上条件计算得到该公司的可能利润收入表见表 12-8。根据以往的经验，该块土地属于上面 4 种类型的可能性分别为 10%，15%，25% 和 50%。该公司应选择哪种方案，可获得最大利润？

表 12-8 石油公司的可能利润收入表

项目	50 万桶（S_1）/元	20 万桶（S_2）/元	5 万桶（S_3）/元	无油（S_4）/元
自行钻井（A_1）	650000	200000	-25000	-75000
无条件出租（A_2）	45000	45000	45000	45000
有条件出租（A_3）	250000	10000	0	0

解：

$E(A_1) = 0.1 \times 650000 + 0.15 \times 200000 + 0.25 \times (-25000) + 0.5 \times (-75000) = 51250$（元）

$E(A_2) = 0.1 \times 45000 + 0.15 \times 45000 + 0.25 \times 45000 + 0.5 \times 45000 = 45000$（元）

$E(A_3) = 0.1 \times 250000 + 0.15 \times 10000 + 0.25 \times 0 + 0.5 \times 0 = 40000$ （元）

根据期望收益最大原则，应选择方案 A_1，即自行钻井。

2. 贝叶斯决策准则

当决策者碰到的问题是没有掌握充分的信息时，需通过调查及做试验等途径获得更多、更确切的信息，以便掌握各事件发生的概率。当处理风险决策问题时，需要知道各种状态出现的概率：$p(\theta_1), p(\theta_2), \cdots, p(\theta_n)$，这些概率称为先验概率。

风险是由信息不充分造成的，在决策过程中还可以不断地收集信息，如果收集到进一步信息 S，对原有各种状态出现概率估计可能会有变化，变化后的概率为 $p(\theta_j|S_i)$，此条件概率表示在追加信息 S 后对原概率的一个修正，所以称为后验概率。贝叶斯法就是一种后验概率方法。

$p(\theta_j|S_i)$ 通过概率论中贝叶斯公式计算得出

$$p(\theta_j|S_i) = \frac{p(\theta_j)p(S_i|\theta_j)}{p(S_i)} \tag{12.22}$$

式中，$p(S_i)$ 是预报为 S_i 的概率；$p(\theta_j|S_i)$ 是状态 θ_j 被调查预报为 S_i 的概率。

追加信息的获取一般有助于改进对不确定型决策问题的分析。为此，需要解决两方面的问题。

（1）如何根据追加信息对先验概率进行修正，并根据后验概率进行决策？

（2）由于获取信息通常要支付一定的费用，这就产生了一个需要将有追加信息情况下可能的收益增加值与为获取信息所支付的费用进行比较，当追加信息带来的新的收益大于信息本身的费用时，才有必要去获取新的信息。

3. 决策树

有些决策问题，当进行决策后又产生一些新情况，并需要进行新的决策，接着又有一些新情况，又需要进行新的决策。这样决策、情况、决策……构成一个序列，称为序列决策。描述序列决策的有力工具之一是决策树。决策树是由决策点、状态点及结果点构成的树形图（图 12-2）。一般选用最大收益期望值和最大效用期望值或最大效用值作为决策准则。

决策树法有利于决策人员使决策问题形象化，可把各种能更换的方案、可能出现的状态、可能性大小及产生的后果等，简单地绘制在一张图上，以便计算、研究与分析，同时还可以随时补充不确定型情况下的决策分析。如果不只有一个状态，各状态出现的可能性的大小又不确定，便称为不确定型决策。

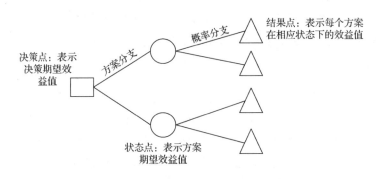

图 12-2 决策树

决策树的基本操作步骤如下。

（1）画决策树。对某个风险型决策问题的未来情况和结果所作的预测，用树形图的形式反映出来。

（2）预测事件发生的概率。概率值的确定，可以凭借决策人员的估计或者历史统计资料的推断。

（3）计算损益值。在决策树中，由末梢开始按从右向左的顺序推算，根据损益值和相应的概率值算出每个决策方案的数学期望。

例 12.3 某开发公司拟参加某企业承包新产品的研制与开发任务的投标工作。已知投标的准备费用为 40000 元，中标的可能性是 40%。如果不中标，准备费用得不到补偿。如果中标，可采用两种方法进行研制开发：方法一成功的可能性为 80%，费用为 260000 元；方法二成功的可能性为 50%，费用为 160000 元。如果研制开发成功，该开发公司可得到 600000 元，如果合同中标，但未研制开发成功，则开发公司需赔偿 100000 元，如图 12-3 所示。问题：（1）是否参加投标？（2）若中标了，采用哪种方法研制开发？

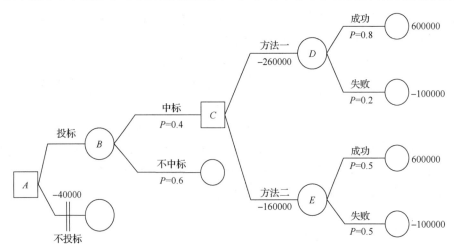

图 12-3 某开发公司参加投标的决策树

解：按逆序法算出各状态点的期望效用值如下。

节点 D：$E(D) = 0.8 \times 600000 + 0.2 \times (-100000) = 460000$（元）；

节点 E：$E(E) = 0.5 \times 600000 + 0.5 \times (-100000) = 250000$（元）。

$E(D) > E(E)$，因此采用方法一。

节点 C：$460000 - 260000 = 200000$（元）；

节点 B：$0.4 \times 200000 + 0.6 \times 0 = 80000$（元）；

节点 A：$80000 - 40000 = 40000$（元）。

因此，可以参加投标，若项目方案中标，可以采用方法一研制开发。

12.4 效用理论在决策论中的应用

12.4.1 效用的概念

通过一个简单的例子来说明效用的含义。

例 12.4 有甲、乙两人，甲提出要请乙掷硬币，并约定：如果出现正面，乙可获得 50 元；如果出现反面，乙要向甲支付 10 元。现在，乙有两个选择，接受甲的建议（掷硬币，记为方案 A）或不接受甲的建议（不掷硬币，记为方案 B）。如果乙不接受甲的建议，其期望收益为 $E(B) = 0$；如果接受甲的建议，其期望收益为 $E(A) = 0.5 \times 50 + 0.5 \times (-10) = 20$（元）。根据期望收益最大化原则，乙应该接受甲的建议。现在假定乙是一个穷人，10 元钱是他一家两天的口粮钱，而且假定乙手头现在仅有 10 元钱。这时，乙对甲建议的态度很可能会发生变化，他很可能不用这 10 元钱去冒投机的风险。

例 12.4 说明：同一决策者，所处环境不同，对风险的态度不同；同一货币量，在不同环境下，给决策者带来的满足程度不同。根据方案决策者需求欲望的满足程度，选择最大效用值的方案。

效用是衡量决策方案的总体指标，反映决策者对决策问题中各种因素的总体看法。使用效用值进行决策，首先把要考虑的因素折合成效用值，然后使用决策准则选出效用值最大的方案作为最优方案。

效用函数如下

$$0 \leqslant u(x) \leqslant 1 \begin{cases} x, & \text{货币值} \\ u(x), & \text{效用值} \end{cases} \quad (12.23)$$

12.4.2 效用曲线的类型

由于不同决策者对待风险的态度不同，因而会得到不同形状的效用曲线。效用曲线一般可分为保守型、中间型和风险型，如图 12-4 所示。

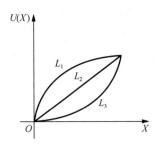

图 12-4 效用曲线图

L_1：保守型，其特点是当收益值较小时，效用值增长速度较快；随着收益值增大，效用值增长速度变慢。这表明保守型的人对收益增加反应比较迟钝，相反对收益损失反应比较敏感。

L_2：中间型，其特点是收益值和效用值成正比，表明该类决策者，不用效用函数，只利用期望益损值作为选择决策的标准就可以了。

L_3：冒险型，其特点是当收益值较小时，效用值增长速度较慢；随着收益值增大，效用值增长速度变快。这表明冒险型的人对收益损失反应比较迟钝，相反对收益增加反应比较敏感。

12.4.3 效用曲线的确定

确定效用曲线的基本方法有两种，一种是直接提问法，另一种是对比提问法。

1. 直接提问法

直接提问法是向决策者提出一系列问题，要求决策者进行主观衡量并作出回答。例如，向某决策者提问："今年你的企业盈利 100 万元，你是满意的，那么盈利多少，你会加倍满意？"假设决策者回答 200 万元。这样不断提问与回答，可绘制出这名决策者的盈利效用曲线。显然这种提问与回答是十分含糊的，很难确切，所以应用较少。

2. 对比提问法

设决策者面临两种可选方案 A_1、A_2。其中，A_1 表示可无任何风险地得到一笔金额 x_2；A_2 表示可以概率 p 得到一笔金额 x_1，或以概率 $(1-p)$ 损失金额 x_3；且 $x_1>x_2>x_3$，设 $U(x_1)$ 表示金额 x_1 的效用值，若在某条件下，这名决策者认为 A_1、A_2 两方案等价时，可表示为

$$pU(x_1)+(1-p)U(x_3)=U(x_2) \tag{12.24}$$

确切地讲，这名决策者认为 x_2 的效用值等价于 x_1、x_3 的效用期望值。于是可用对比提问法来测定决策者的风险效用曲线。从式（12.24）可见，其中有 x_1、x_2、x_3、p 4 个变量，当其中任意 3 个为已知时，可向决策者提问第 4 个变量应取何值。提问的方式大致有 3 种。

（1）每次固定 x_1、x_2、x_3 的值，改变 p 的值，问决策者："p 取何值时，认为 A_1 与 A_2 等价。"

（2）每次固定 p、x_1、x_3 的值，改变 x_2 的值，问决策者："x_2 取何值时，认为 A_1 与 A_2 等价。"

（3）每次固定 p、x_2、x_3（或 x_1）的值，改变 x_3（或 x_1）的值，问决策者："x_3（或 x_1）取何值时，认为 A_1 与 A_2 等价。"一般采用改进的 V-M（Von Neumann-Morgenstern）法，即每次取 $p=0.5$，固定 x_1、x_3，利用

$$0.5U(x_1)+0.5U(x_3)=U(x_2) \tag{12.25}$$

改变 x_2 的值 3 次，提问 3 次，确定 3 个点，即可绘出决策者的效用曲线，下面用数字说明。

设 $x_1=1000000$，$x_3=-500000$ 取 $U(1000000)=1$，$U(-500000)=0$

$$0.5U(x_1)+0.5U(x_3)=U(x_2)$$

问题一："你认为 x_2 取何值时，式（12.25）成立？"若回答为"在 $x_2=-250000$ 时"，那么 $U(-25000)=0.5$，那 x_2 的效用值为 0.5。在坐标系中给出第一个点，如图 12-5 所示。使用如下公式

$$0.5U(x_1)+0.5U(x_3)=U(x_2') \tag{12.26}$$

问题二："你认为 x_2' 取何值时，式（12.26）成立？"若回答为"在 $x_2'=75000$ 时"，那么 $U(75000)=0.5\times1+0.5\times0.5=0.75$，即 x_2' 的效用值为 0.75，在坐标系中给出第二个点。使用如下公式

$$0.5U(x_2)+0.5U(x_3)=U(x_2'') \tag{12.27}$$

问题三："你认为 x_2'' 取何值时，式（12.27）成立？"若回答为"在 $x_2''=-420000$ 时"，那么 $U(-420000)=0.5\times0.5+0.5\times0=0.25$，即 x_2'' 的效用值为 0.25，在坐标系中给出第三个点。

这就可以绘制出这决策者对风险的效用曲线，如图 12-5 所示。

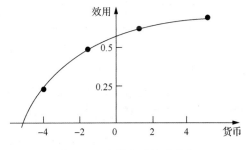

图 12-5 决策者的效用曲线

从以上向决策者提问及回答的情况来看，不同的决策者会选择不同的 x_2、x_2'、x_2'' 的值，使式（12.25）、式（12.26）、式（12.27）成立，这就能得到不同形状的效用曲线，并表示了不同决策者对待风险的不同态度。效用函数图如图 12-6 所示。

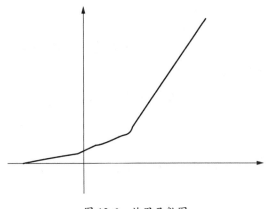

图 12-6　效用函数图

例 12.5　求表 12-9 中显示问题的最优方案（万元）：某公司面临着两笔进口生意，项目 A 和项目 B，这两笔生意都需要现金支付。鉴于公司目前财务状况，公司只能做项目 A、项目 B 中的一笔生意，根据以往的经验，各自然状态商品需求量大、中、小的发生概率以及在各自然状况下做项目 A 或项目 B 以及不作任何项目的收益见表 12-9。

表 12-9　各自然状况下各需求量发生概率及收益

单位：万元

行动方案	自然状态		
	n_1（需求量大） $p(n_1)=0.3$	n_2（需求量中） $p(n_2)=0.5$	n_3（需求量小） $p(n_3)=0.2$
S_1（做项目 A）	60	40	-100
S_2（做项目 B）	100	-40	-60
S_3（不做项目）	0	0	0

把表 12-9 中的最大收益值 100 万元的效用定为 10，即 $U(100)=10$；最小收益值 -100 万元的效用定为 0，即 $U(-100)=0$。以收益值作横轴，以效用值作纵轴，连接 A、B 两点作一条直线，其中 A 点的坐标为（最大收益值，10），B 点的坐标为（最小收益值，0），要求某问题的所有的收益值与其对应的效用值组成的点都在此直线上，如图 12-7 所示。

直线方程为：$y = \dfrac{1}{20}x + 5$，于是求得：$U(-60)=2$，$U(-40)=3$，$U(0)=5$，$U(40)=7$，$U(60)=8$。

用这样的效用值进行期望值决策。得出该公司期望决策表见表 12-10。

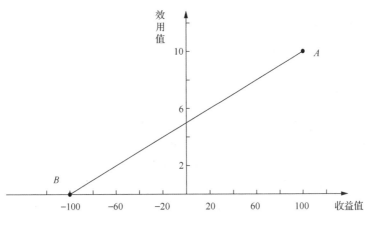

图 12-7 某公司效应曲线

表 12-10 该公司期望决策表

行动方案	自然状态			$E[U(S_i)]$
	n_1（需求量大）$p(n_1)=0.3$	n_2（需求量中）$p(n_2)=0.5$	n_3（需求量小）$p(n_3)=0.2$	
S_1（做项目 A）	8	7	0	5.9
S_2（做项目 B）	10	3	2	4.9
S_3（不做项目）	5	5	5	5

12.5 层次分析法在交通中的应用

层次分析法（Analytic Hierarchy Process，AHP）是由美国运筹学家萨蒂于 20 世纪 70 年代提出的，是一种解决多目标复杂问题的定性与定量相结合的决策分析方法。层次分析法用决策者的经验，判断各衡量目标能否实现标准的相对重要程度，并合理地给出每个决策方案各标准的权数，利用权数求出各方案的优劣次序。

下面举例说明如何使用层次分析法解决多目标决策问题。

交通管理部门的管理人员需要对修建一项交通工程项目进行决策，可选择的方案是修建通往旅游区的高速路（简称建高速路）或修建城区地铁（简称建地铁）。除了考虑经济效益，还要考虑社会效益、环境效益等因素，这是多目标决策问题，选择运用层次分析法来解决。

12.5.1　建立递阶层次结构

应用 AHP 解决实际问题，先分析要决策的问题，然后将其进行条理化、层次化，理出其递阶层次结构。

AHP 要求的递阶层次结构一般由以下三个层次组成。

（1）目标层（最高层）：指问题的预定目标。
（2）准则层（中间层）：指影响目标实现的准则。
（3）方案层（最底层）：指促使目标实现的方案。

通过对复杂问题的分析，首先明确决策的目标，并将该目标作为目标层的元素，目标层只有一个元素。

然后找出影响目标实现的准则，作为目标层下的准则层元素。在复杂问题中，影响目标实现的准则可能有很多，需详细分析各准则元素之间的相互关系，将准则元素分成不同的层次和组。不同层次元素间一般存在隶属关系，即上一层元素由下一层元素构成，并对下一层元素起支配作用；同一层元素形成若干个组，同组元素性质相近，一般隶属于同一个上一层元素（受上一层元素支配），不同组元素的性质不同，一般隶属于不同的上一层元素。

最后分析为了解决决策问题（实现决策目标），在上述准则下，有哪些最终解决方案（措施），并将它们作为措施层因素，放在递阶层次结构的最下面（最底层），即方案层。明确各个层次的元素及其位置，并将它们之间的关系用连线连接起来，就构成了层次分析法的递阶层次结构。

例 12.6　对交通工程建设项目进行决策，并建立递阶层次结构。

解：在交通工程建设项目决策问题中，交通管理人员希望通过选择不同的交通工程项目，使综合效益达到最高，即决策目标是"合理建设交通工程项目，使综合效益最高"。

为了实现这一目标，需要考虑的主要准则有三个，即经济效益、社会效益和环境效益。通过对目标进行深入分析，决策人员认为还必须考虑直接经济效益、间接经济效益、方便日常出行、方便假日出行、减少环境污染、改善城市面貌等因素（准则），从相互关系上分析，这些因素隶属于主要准则，因此放在下一层次考虑，并且分属于不同准则。

假设本问题仅考虑这些准则，那么需要明确为了实现决策目标并在上述准则下有哪些方案可供选择。本问题有两个解决方案，即建高速路或建地铁，这两个因素作为方案层元素放在递阶层次结构的最下层。

将各个层次的因素按其上下关系摆放好位置，并将它们之间的关系用连线连接起来。同时，为了方便后面的定量表示，一般从上到下用 A，B，C，D……代表不同层次，同一层次从左到右用 1，2，3，4……代表不同因素。该项目的递阶层次结构如图 12-8 所示。

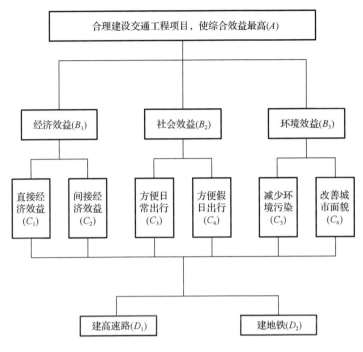

图 12-8 该项目的递阶层次结构

12.5.2 构造判断矩阵并赋值

根据递阶层次结构就能很容易地构造判断矩阵。

构造判断矩阵的方法是：每一个具有向下隶属关系的元素（被称为准则）作为判断矩阵的第一个元素（位于左上角），隶属于它的各个元素依次排列在其后的第一行和第一列。

大多数判断矩阵填写的方法是：向填写人（专家）反复询问，针对判断矩阵的准则，其中两个元素相比较哪个重要，并对重要性程度按 1～9 赋值（重要性标度含义表见表 12-11）。

表 12-11 重要性标度含义表

重要性标度	含义
1	表示两个元素相比，具有同等重要性
3	表示两个元素相比，前者比后者稍重要
5	表示两个元素相比，前者比后者明显重要
7	表示两个元素相比，前者比后者强烈重要
9	表示两个元素相比，前者比后者极端重要
2、4、6、8	表示上述判断的中间值
倒数	若元素 i 与元素 j 的重要性之比为 A_{ij}，则元素 j 与元素 i 的重要性之比为 $A_{ji} = 1/A_{ij}$

设填写后的判断矩阵为 $A=(A_{ij})_{n\times n}$,判断矩阵具有如下性质。

(1) $A_{ij}>0$;

(2) $A_{ji}=1/A_{ij}$;

(3) $A_{ij}=1$。

根据上面的性质,判断矩阵具有对称性,因此在填写时,通常先填写 $A_{ij}=1$ 部分,然后填写上三角形或下三角形的 $n(n-1)/2$ 个元素即可。

在特殊情况下,判断矩阵可以具有传递性,即满足等式 $A_{ij}\cdot A_{jk}=A_{ik}$,当上式对判断矩阵所有元素都成立时,则称该判断矩阵为一致性矩阵。

例 12.7 交通工程建设项目决策:构造判断矩阵并请专家填写。

解:征求专家意见后,填写的判断矩阵如图 12-9 所示。

A	B_1	B_2	B_3
B_1	1	1/3	1/3
B_2		1	1
B_3			1

B_1	C_1	C_2
C_1	1	1
C_2		1

$B2$	C_3	C_4
C_3	1	3
C_4		1

$B3$	C_5	C_6
C_5	1	3
C_6		1

C_1	D_1	D_2
D_1	1	5
D_2		1

C_2	D_1	D_2
D_1	1	3
D_2		1

C_3	D_1	D_2
D_1	1	1/5
D_2		1

C_4	D_1	D_2
D_1	1	7
D_2		1

C_5	D_1	D_2
D_1	1	1/5
D_2		1

C_6	D_1	D_2
D_1	1	1/3
D_2		1

图 12-9 判断矩阵

利用一定的数学方法对判断矩阵进行层次排序。

12.5.3 层次单排序及其一致性检验

层次单排序是指每一个判断矩阵各因素针对其准则的相对权重,所以本质上是计算权向量。计算权向量方法有特征根法、和法、根法、幂法等,这里简要介绍和法。

第 12 章
决 策 论

和法的原理是：对于一致性判断矩阵，每一列归一化后就是相应的权重。对于非一致性判断矩阵，每一列归一化后近似其相应的权重，再对这 n 个列向量求取算术平均值作为最后的权重。具体的计算公式是

$$W_i = \frac{1}{n}\sum_{j=1}^{n}\frac{A_{ij}}{\sum_{k=1}^{n}A_{kl}} \tag{12.28}$$

需要注意的是，在层次排序中，要对判断矩阵进行一致性检验。只有通过检验，才能说明判断矩阵在逻辑上是合理的，才能继续对结果进行分析。

一致性检验的步骤如下。

（1）计算一致性指标 C.I.（Consistency Index）。

$$\text{C.I.} = \frac{\lambda_{\max} - n}{n - 1} \tag{12.29}$$

式中，$\lambda_{\max}$ 为判断矩阵的特征根最大值。

（2）查表确定相应的平均随机一致性指标 R.I.（Random Index）。

根据判断矩阵不同阶数（图 12-9），得到平均随机一致性指标 R.I.。例如，对于 $n=5$ 阶的判断矩阵，查表 12-12 得到 R.I.=1.12。

表 12-12 平均随机一致性指标 R.I. 表

矩阵阶数	1	2	3	4	5	6	7	8
R.I.	0	0	0.52	0.89	1.12	1.26	1.36	1.41
矩阵阶数	9	10	11	12	13	14	15	
R.I.	1.46	1.49	1.52	1.54	1.56	1.58	1.59	

（3）计算一致性率指标 C.R. 并进行判断。

$$\text{C.R.} = \frac{\text{C.I.}}{\text{R.I.}} \tag{12.30}$$

当 C.R.<0.1 时，认为判断矩阵的一致性是可以接受的，而当 C.R.>0.1 时，认为判断矩阵不符合一致性要求，需要对该判断矩阵进行重新修正。

例 12.8 交通工程建设项目决策：计算权向量及检验。

解：由例 12.7 计算所得的权向量及检验结果如图 12-10 所示。

A	权值	B_1	权值	B_2	权值	B_3	权值
B_1	0.1429	C_1	0.5000	C_3	0.7500	C_5	0.7500
B_2	0.4256	C_2	0.5000	C_4	0.2500	C_6	0.2500
B_3	0.4286	CR	0.0000	CR	0.0000	CR	0.0000
CR	0.0000						

C_1	权值	C_2	权值	C_3	权值	C_4	权值
D_1	0.8333	D_1	0.7500	D_1	0.1667	D_1	0.8750
D_2	0.1667	D_2	0.2500	D_2	0.8333	D_2	0.1250
CR	0.0000	CR	0.0000	CR	0.0000	CR	0.0000

C_5	权值	C_6	权值
D_1	0.1667	D_1	0.2500
D_2	0.8333	D_2	0.7500
CR	0.0000	CR	0.0000

图 12-10 例 12.7 计算所得的权向量及检验结果

12.5.4 层次总排序与结果分析

层次总排序是指每一个判断矩阵各因素针对目标层（最上层）的相对重要性的排序权重，这一权重的计算采用自上而下的方法，逐层合成。

例 12.9 交通工程建设项目决策：层次总排序。

解：由例 12.7 得出的层次总排序见表 12-13 和表 12-14。

表 12-13 C 层次总排序（C.R.=0.0000）表

C_1	C_2	C_3	C_4	C_5	C_6
0.0714	0.0714	0.3214	0.1071	0.3214	0.1071

表 12-14 D 层次总排序（C.R.=0.0000）表

D_1	D_2
0.3408	0.6592

可以看出，总排序 C.R.<0.1，认为判断矩阵的整体一致性是可以接受的。

例 12.10 交通工程建设项目决策：结果分析。

解：从方案层总排序的结果看，建地铁（D_2）的权重（0.6592）远远大于建高速路（D_1）的权重（0.3408）。因此，最终的决策方案是建地铁。

12.6 习题

1. 某地方书店希望订购最新出版的图书，根据以往经验，新书的销售量可能为 50 本、100 本、150 本或 200 本，假定每本新书的订购价为 4 元，销售价为 6 元；剩余图书的处理价为每本 2 元。求：

（1）建立损益矩阵；

（2）分别用悲观准则、乐观准则及折中准则决定该书店应订购的新书数量；

（3）采用遗憾值准则决定书店应订购的新书数。

2. 在习题 1 中，书店根据以往统计资料预计新书销量的规律见表 12-15。

表 12-15 预计新书销量的规律

需求数	50	100	150	200
占比（%）	20	40	30	10

求：

（1）分别用期望值法和遗憾值准则决定订购数量；

（2）如某市场调查部门能帮助书店调查销售量的确切数字，该书店愿意付出多少的调查费用？

3. 某公司需要决定建大工厂还是建小工厂来生产一种新产品，该产品的市场寿命为 10 年，建大工厂的投资费用为 280 万元，建小工厂的投资费用为 140 万元。10 年内销售状况的离散分布的状态如下：高要求量的可能性为 0.5；中等需求量的可能性为 0.3；低需求量的可能性为 0.2。

公司进行了成本-产量-利润分析，在工厂规模和市场容量的组合下，它们的条件收益如下：

大工厂，高需求，每年盈利 100 万元。

大工厂，中等需求，每年盈利 60 万元。

大工厂，低需求，由于开工不足，引起亏损 20 万元。

小工厂，高需求，每年盈利 25 万元（供不应求引起销售损失较大）。

小工厂，中等需求，每年盈利 45 万元（销售损失引起的费用较低）。

小工厂，低需求，每年盈利 55 万元（因工厂规模与市场容量配合得好）。

用决策树方法进行决策。

4. 将习题 3 用层次分析法进行决策。

5. 计算下列人员的效用值。

（1）甲失去 500 元时效用值为 1，得到 1000 元时效用值为 10；他自己解释肯定能得到 5 元与发生下列情况对他无差别：概率 0.3 失去 500 元和概率 0.7 得到 1000 元。问：甲 5 元的效用值为多少？

（2）乙失去 10 元时效用值为 0.1；得到 200 元时效用值为 0.5，他自己解释肯定能得到 200 元和以下情况无差别：概率 0.7 失去 10 元和概率 0.3 得到 2000 元。问：乙 2000 元的效用值为多少？

（3）丙失去 1000 元时效用值为 0；得到 500 元时效用值为-150，并且对以下事件效用值无差别：肯定得到 500 元或概率 0.8 得到 1000 元和概率 0.2 失去 1000 元。问：丙失去 1000 元的效用值为多少？

6. A 先生失去 1000 元时效用值为 50，得到 3000 元时效用值为 120，并且在以下事件上无差别：肯定得到 10 元或以概率 0.4 失去 1000 元和概率 0.6 得到 3000 元。B 先生在-1000 元与 10 元时效用值与 A 先生相同，但他在以下事件上态度无差别：肯定得到 10 元或概率 0.8 失去 1000 元和概率 0.2 得到 3000 元。问：

（1）A 先生 10 元的效用值为多少？

（2）B 先生 3000 元的效用值为多少？

（3）比较 A 先生与 B 先生对风险的态度。

7. 某人有 20000 元钱，可以拿出其中的 10000 元去投资，有可能全部赔掉或第二年获得 40000 元。

（1）用期望值法计算全部赔掉的概率为多少时该投资仍然有利；

（2）如该效用函数为 $U(M)=\sqrt{M+50000}$，重新计算全部赔掉概率为多少时该投资仍然有利。

8. 某投资商有一笔投资，如投资于 A 项目，一年后肯定能得到一笔收益 C；如投资于 B 项目，一年后或以概率 p 得到收益 C_1，或以概率（1-p）得到收益 C_2，已知 $C_1<C<C_2$。试依据乐观准则讨论 p 为何值时，投资商将分别投资于 A 项目、B 项目，或两者收益相等？

9. 有一款游戏为掷两颗骰子。其规则为当点数和为 2 时，游戏者输 10 元，当点数和为 7 或 11 时，游戏者赢 X 元；当为其他点数时均输 1 元。试依据乐观准则讨论 X 为何值时，对游戏者有利？

10. 某甲的效用函数 $U(X)=\sqrt{X}$，根据表 12-16 给出的资料，确定 p 为何值时方案 A 具有最大的期望效用值。

表 12-16　损失值表

单位：万元

方案	损失值	
	状态 1	状态 2
A	25	36
B	100	0
C	0	49
概率	p	$1-p$

参 考 文 献

曹阳，2019. 研究性教学方法在交通类专业运筹学教学中的探索[J]. 教育教学论坛，(45):181-182.
曾铮，2016. 应用型高校交通运输专业运筹学课程教学研究[J]. 西部素质教育，2(17):45.
陈华友，2015. 运筹学[M]. 北京：人民邮电出版社.
陈香萍，2016. 工程运筹学原理与实务[M]. 重庆：重庆大学出版社.
韩伯棠，2015. 管理运筹学[M]. 4版. 北京：高等教育出版社.
姜占峰，2015. 浅谈运筹学在交通运输管理中的体现[J]. 黑龙江科技信息，(19):35.
李昕光，潘福全，杨晓霞，等，2022. 面向专业认证的运筹学教学改革[J]. 中国冶金教育，(2):39-40.
刘柏秀，李刚，齐晨，2016. 浅谈运筹学在交通领域的应用[J]. 黑龙江交通科技，39(7):151-152.
谢家平，梁玲，张广思，2021. 管理运筹学：管理科学方法[M]. 4版. 北京：中国人民大学出版社.
邢丽，王艳娜，曾松林，2022. 高等院校运筹学课程建设改革探析[J]. 创新创业理论研究与实践，5(5):31-33.
徐选华，2018. 管理运筹学：微课版[M]. 北京：人民邮电出版社.
张文会，2014. 交通运筹学[M]. 北京：机械工业出版社.